JN437957

해취解醉, sober

해취 解酔, sober

초판 1쇄 인쇄일 | 2018년 4월 18일
초판 1쇄 발행일 | 2018년 4월 25일

저　자 | 이종수
펴 낸 이 | 차영미

편　집 | 디자인그룹 여우비
펴 낸 곳 | 도서출판 서정문학

주　소 | 서울시 강동구 천중로30길 5-11, 203호
전　화 | 02-720-3266　FAX | 0505-115-3266

홈페이지 | http://cafe.daum.net/seojungmunhak.com
이 메 일 | sjmh11@hanmail.net
등　록 | 2008. 3. 10 제324-2014-000060호

ISBN 978-89-94807-66-9 03810
정가 12,000원

국립중앙도서관 출판예정도서목록(CIP)

해취 = Sober : 이종수 수필집 / 저자: 이종수. -- 서울 : 서정문학, 2018
p. ; cm. -- (서정문학대표수필선 ; 06)

한자표제: 解酔
ISBN 978-89-94807-66-9 03810 : ₩12000

한국 현대 수필[韓國現代隨筆]

814.7-KDC6
895.745-DDC23　CIP2018011994

서정문학대표수필선 · 06
| 이종수 작가의 여섯 번째 수필집 |
해 취
解醉, sober
이종수 지음
서정문학

프롤로그

지난해 연말로 31년여의 직장생활이 마무리되었다. 이제는 자연인으로 돌아와 생활하는데 익숙해져야한다. 언젠가 그런 얘기를 들었다. 오랜직장생활 이후 갑남을녀의 평범인으로 돌아가는데 소요되는 기간이 최소 2년이 걸린다. 누구네 아버지라고 명명되는데 대하여 적응하는 시간이 그렇게 필요하다는 얘기다. 직장내에서 윗사람으로 대우받고 예우받는 것에서 하루아침에 나락으로 떨어져 일반인으로 생활을 해나가야 하는 것이 쉽지 않을 것이라는 얘기였다. 세상이 달라보이고 세상이 돌아가는 게 신기할 뿐이고 이리저리 둘러보아도 만만한 일거리가 없어보인다.

1년여 동안 심혈을 기울여 온 옥고들이 한 권의 책으로 엮여져 나온다는 것에는 항상 뿌듯한 보람을 느낀다. 여섯 번째 산문집 『해취』를 펴내고 보니 감회가 새롭다. 이제는 언제 이렇게 책을 펴낼 수 있을지 모를 일이다. 본래 옛사람들이 하는 말에 늙으면 말이 많아진다고 했다. 하나씩 버리고 하나씩 지워나가고 불필요한 것들을 치우는 것이 필요한 것이 아닌가.

세상은 온통 평창 동계올림픽 준비로 인해 정신이 없다. 세계적인 축제가 될 것이고 평화올림픽이 될 것이다. 남북한 단일팀도 구성이 되었고 모처럼 맞는 남북한의 화해무드가 계속 지속되어 올림픽 후까지 계속 이어지질 기대해 본다. 설 명절도 얼마남지 않았다. 차가운 한파가 몰아치고 있다. 오늘은 그런대로 한파가 물러간 듯한데 또 주말이 오면 한파가 몰려올 것이라 하니 마음을 편하게 가질 수가 없다. 겨울의 소중함을 다시 느끼고 왔었던 남쪽지방 여행이 있기도 했다. 겨울이 없는 나라가 얼마나 편안하고 좋을까 라고 생각하면 크게 오산이라는 것이다. 그곳에서는 눈도 구경할 수 없고 혹한이라는 것도 없지만 또다른 애로와 걱정이 많았다. 어디에서 어떻게 살든 사람에게는 모두 번뇌망상이 있고 오욕칠정이 똑같이 상존하는 것이 세상사 이치임을 새삼스럽게 느낄 수 있었다. 혹독한 추위와 엄동설한의 고통이 있어야 찬란한 봄을 맞이할 수 있다는 것을 깨우쳐야 하리라. 왜 그렇게도 사람의 심금을 울리고 감동을 불러일으키는 세계적인 명작들이 러시아에서 많이 나왔는가를 생각해보면 겨울이 주는 인간의 내면의 정화 또는 통찰의 힘을 느껴볼 수 있으리라.

이제는 충분히 휴식하면서 재충전의 기회를 가져야 하리라. 내 인생에 가을이 온다면이라는 전제를 달면 많은 회한과 아쉬움을 토로하게 되는 것이 인지상정일 것이다. 이제 충분히 세상을 겪었고 경험했으니 경거망동할 것이 아니라 자중자애하고 자신의 행동거지에 생의 연륜이 묻어나도록 처신하고 운신하는 것이 필요해질 것이다. 이제는 세상을 사는 지혜가 무엇인지 어떻게 삶을 살아야 하는지를 자연적으로 터득하게 되지 않았을까. 미혹되지 않고 천방지축으로 분노하고 절제되지 않은 감정에 휩쓸려 일을 그르치는 행동에는 이르지 않을 수 있으리라.

자식을 낳고보면 자식이 자신을 닮아가는 부분에 관해 자신이 얼마나 제대로 삶을 살아야 하는지를 느끼게 되리라. 자신이 자신의 삶에 관해 명확하고 분명한 철학을 가지지 못하면 자신의 자식도 그렇게 되리라는 부분에서 삶의 위험성을 직감했을 것이다. 이제 더 나이들고 보면 그 자식에게서 또다시 손자가 태어난다면 그리고 그 손자가 할아버지를 닮는다고 가정하면 얼마나 올곧게 자신의 삶에 철두철미해야 하는지를 새롭게 느껴보게 되지 않을까.

자식들을 위해서 부모로서 어떻게 훈육했고 어떻게 세상을 살아야 한다고 가르쳤다면 그다음 손자에게는 어떻게 삶을 살도록 가르치고 키워야 할런지를 고민해야 할 것이다. 요즘 세상을 살면서 그런 것을 느껴본다. 우리에게 기본이라든가 원칙이라는 것이 얼마나 제대로 교육되어져 왔는가 하는 부분이다. 너무나 급속한 성장 발전을 이루면서 원칙과 기본이 무너지는 것이 당연시되고 무조건적으로 최대의 성과나 결과만을 강조해왔던 것은 아닌가 하는 반성을 하게 되는 것이다.

승부에서는 무조건 이겨야 하고 어떤 방법과 과정을 거치더라도 승리만 하면 된다는 식으로 우리를 정당화해 왔지 않는가. 제대로 규칙과 과정을 밟아서 정상적인 성취와 목표달성을 이뤄야 하는 것이 필요하지 않았던가. 고속도로를 세계에서 최단기간내에 건설해서 급속한 성장을 이루는 것도 중요하지만 제대로 과정을 거치고 안전하고 탄탄한 도로를 건설하고 그것에 합당한 재료를 투입해서 오랫동안 사용할 수 있는 기반공사 그런 것이 기초를 다지는 초석으로 이뤄졌다면 계속해서 고치고 보수하고 새롭게 고속도로를 만드는 일이 있었을까. 100년을 내다보고 50년 후를 내다본 먼 안목에서의 기반 산업의 육성이나 기초를 튼튼히 한 안정적 성장이 보다더 장기적이고 거시적 관점에서 바람직한 나라의 발전 방향은 아니었을까.

누구라도 한사람 만이라도 제대로 한국사회의 발전에 관한 청사진을 제시하고 갈 길을 제시했더라면 그것에 합당한 결론을 도출할 수 있었을까. 아직도 갑론을박하고 방향을 잡지 못하는 것을 보면 어쩌면 공염불일 수도 있으리라. 200년씩 걸린 서구의 민주화나 산업화를 50년만에 성취해낸 부분에 대해서는 그 위대성을 격하시키려는 것은 결코 아니다. 이제는 새롭게 우리를 돌아보고 제대로의 발전지향적인 국가로의 진입을 위해 우리의 위상과 앞으로 가야할 길을 되짚어봐야 할 것이다.

올해가 지나면 우리는 이제 국민소득 3만불시대를 맞이하게 된다. 제대로된 선진화를 이루기 위해서는 우리 국민 그리고 국가 기타 등등 모든 것이 제대로된 국격을 갖춘 나라다운 나라를 만들기 위해서 지나온 50년만큼 그렇게 또 앞으로 50년동안 우리를 성장시키고 발전시켜나가야 할 것이다. 문화예술에 융성을 기대할 수 있고 세계문화국가로서의 위상을 갖추기 위해서 끊임없이 천착해나가야 하리라. 우리가 자만하고 잘못되거나 더 이상 발전하지 못하면 다시 나락으로 떨어질 수 있으며 더 힘들어질 수도 있음을 알아야 할 것이다. 잘사는 나라가 아니라 살고싶은 나라 행복한 나라 모두가 즐겁게 세상을 살고 살아가는 것이 기쁨을 가질 수 있는 나라로 만들어가는 것이 필요하리라. 인문학적 가치가 각광받고 그런 부분에 더욱 깊은 관심을 가지고 선진국 위상에 걸맞는 그런 일류국가로의 발전을 이뤄내야 하리라.

이제 세상은 노인이 엄청 많은 비중을 차지하는 초고령화 사회로 가고 있는 세상이다. 새삼스럽게 건처사재우健妻事財友가 생각나는 요즘이다. 나이가 들면 필요한게 건강과 아내가 아닌가 한다. 모든 노인들이 편안하게 세상을 살아갈 수 있는 세상이 올지 모를 일이다. 아무튼 세상은 변화하고 있고 나아가고 있다. 정체되어 있을 수는 없는 것이 세상이치 아니겠는가. '해취' 를 통해서 세상의 섭리를 깨우치는 날이 오길 기대해본다.

Contents

4 프롤로그

1부

14 무술년 새해맞이

18 무술년 새해맞이 2

22 갈비뼈

28 건강검진

32 정유년 중추절

37 청첩장을 접으며

43 축사

47 장뚱어 잡는 아내

51 은둔자의 삶

55 역경 극복

59 알렉스 퍼거슨

64 상견례

69 산수연

73 팔순 잔치

77 경주 가족행사

82 임플란트

2부

88 남한산성

93 레일웨이맨

97 살인자의 기억법

102 스틸 앨리스

106 언브로큰

110 엑스 마키나

115 일 포스티노

119 택시운전사

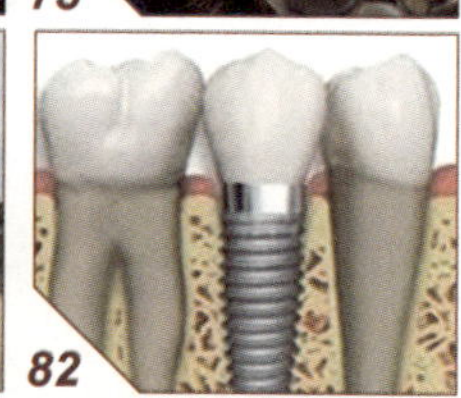

125 티베트에서의 7년

130 핑거스미스와 아가씨

135 침묵 그리고 침묵의 목격자

140 돈키호테 1

144 돈키호테 2

3부

150 누님의 고희연

154 늦가을 하루

158 도리사와 금오산에서

164 커피

169 민물매운탕

173 생곡리 출근

177 아내의 생일

125

130

135

140

144

150

154

158

164

169

173

177

181 직장생활 7(2014~2015)

189 직장생활 8

195 구미를 떠나며

199 화순에서

203 2016 리더십 컨퍼런스

219 돌아갈 배를 침몰시켜라

237 몽골 러시아 여행기

271 앙코르와트

287 앙코르와트 에피소드

305 대만여행기

315 대만여행기 에피소드

332 에필로그

1부

무술년 새해맞이

작년 마지막 날에 무술년 새해맞이를 위해 집을 나섰다. 본래 계획은 6시에 출발하는 것으로 되었는데 1시간이 늦어져 7시에 출발했다. 1박 2일간의 새해맞이를 위해 삼척으로 출발을 한 것이다. 집에서 차를 끌고 나와 일단 88도로를 탔다. 휴일인 탓에 그리고 이른 시간이라 평소와 같은 정체는 없었다. 끝자락까지 와서 중부고속도로로 내려갔다. 그리고 제2 영동고속도로를 타다가 영동고속도로로 접어들었다. 산속의 풍경은 어디 설국이라도 온 것처럼 완전 백색의 세상이었다. 평창휴게소쯤에서 아침식사를 했다. 출발한지 2시간 30분쯤이 지났다. 우리는 계속 눈을 구경할 수 있으리라 믿었는데 전혀 그런 상황이 아니었다. 태백산맥 줄기를 벗어나자 눈은 흔적도 없었다. 강원도는 눈이 많은 곳이라는 것을 실감할 수 있었다. 주유는 내가하고 나머지 하이패스카드 충전과 밥값은 집사람이 계산했다. 식사는 국밥으로 먹었다. 손님들도 많았다. 첫 목적지로 설정한 곳은 강릉의 오죽헌이었다. 강릉의 대표적 명소였다. 사임당과 율곡의 기념관 등으로 구성되어져 있었다. 문화해설사가 얘기하는 것을 귓등으로 들었는데 600년이 된 것이 세 가지 있다고 했다. 첫째는 오죽헌이고, 둘째는 배롱나무, 셋째는 홍매화였다. 배롱나무는 오죽헌 앞마당에 있었고 홍매화는 뒤뜰에 있었다. 입구에는 율곡선생의 동상이 세워져 있고 글씨가 한켠에 새겨져 있었다. 견득사의見得思義라는 문

구였다. 다음으로 지난번 방송되었던 사임당에 관한 드라마 출연자들이 금속의 바닥에 손바닥을 찍은 핸드프린팅을 전시해 놓았다.

배롱나무에 얽힌 전설이 전해져온다. 어촌마을에 머리 셋 달린 이무기가 있었다. 매해마다 처녀를 공물로 바쳤다. 그러던 어느 날 용감한 장수가 나타나 여장을 하고 공물로 바쳐졌다. 그래서 그는 머리 두 개를 칼로 내리쳐서 잘랐는데 하나를 자르지 못했다. 처녀는 장수에게 당부해서 목숨을 살려준 은인이니 같이 살자고 했는데 장수는 아직 머리 하나를 자르지 못했으니 자르고 오겠다고 다시 갔다. 그가 간 백일동안 처녀는 지극정성으로 기도를 올렸다. 그런데 장수는 가면서 약조하기를 자기가 이무기를 죽이고 귀가할 때에는 성공하면 흰 천을 휘날릴 것이고 실패하면 붉은 천을 매달고 오겠다고 했다. 그는 무사히 이무기를 죽이고 흰 천을 매고 귀가하려 했는데 이무기가 죽으면서 그 피를 흰 천에 뿌리는 바람에 흰 천이 붉게 변하고 말았다. 뱃전에 휘날린 천이 붉은 것을 보고 낙담한 처녀는 절벽에서 바다로 뛰어내렸다. 그리고 그 뛰어내린 절벽에 예쁜 꽃이 피었는데 그것이 배롱나무의 붉은 꽃이 되었다. 자미화라고도 하고 간지름나무라고도 한다. 껍질을 벗기면 반질반질해지는데 그것의 모양새가 여자들의 나신과 비슷하다 해서 제대로 된 사대부 가문에서는 꼭 뒤뜰에 배롱나무를 심었다는 얘기다.

다음으로 전해오는 것은 율곡의 탄생과 관련된 얘기다. 파주에서 율곡의 아버지가 청룡과 백룡이 한꺼번에 자기 품속으로 달려오는 꿈을 꾸었다. 친척집에 가 있었던 사임당도 용이 승천하는 꿈을 꾸었다. 그리고 파주와 강릉의 중간쯤에 있었던 주막집 주모도 길몽을 꾸었다. 태몽을 꾼 이원수는 주막에 들르게 되었다. 그러자 주모가 이공의 좋은 기운을 받기위해 유혹의 손길을 뻗친다. 그러나 이원수는 거부하고 곧바로 강릉으로 발길을 돌린다. 사임당도 친척집에서 곧바로 집으로 돌아온다. 그리고 합방해서 율곡이 잉태된다. 며칠 지난 후 이공은 다시 파주로 돌아가는 길에 주막에 들렀다. 그리고 주모를 유혹해보려 했지만 주모는 택도 없다는 듯이 돌아앉는다. 그리고 이공은 스님은 만난다. 그리고 우환이 생길 것이라는 얘기를 듣는다. 그리고 그것을 막으려면 어떻게 해야 하는지 비법을 듣는다. 그것은 뒷산에 밤나무 천 그루를 심고 그것을 잘 가꿔서 희사해야 액운을 막을 수 있다는 것이다. 그렇게 해서 이공은 밤나무 천 그루를 심었고 그것으로 율곡의 액운을 방비할 수 있었다.

다음의 목적지로 정한 곳은 삼척의 환선굴이었다. 꽤 시간이 소요되는 거리였다. 목적지를 설정하고 고속도로로 접어들었다. 강릉에서 삼척 근덕까지 고속도로가 이어졌다. 그리고 국도로 빠져나와 환선굴로 향했다. 거의 목적지 부근에서 식사를 했다. 동굴식당이라는 곳이었다. 청국장과 막국수 그리고 메밀전을 시켰다. 워낙 양이 많아 메밀전은 포장해서 갖고 갔다. 종업원들이 다 마을의 노인네들로 보였다. 손님은 무척 많았다. 산나물 등도 맛있게 요리되어져 나왔다. 포식을 하고 환선굴로 올라갔다. 입구에서 입장권을 끊었고 다시 또 얼마간 올라간 후 모노레일 입장권을 끊었다. 그리고 길게 늘어선 줄에서 하염없이 모노레일을 기다렸다. 당부사항으로 굴에는 화장실이 없으니 충분히 배설을 하고 올라가라는 얘기였다. 40여분을 기다린 후에 5분의 모노레일을 탔다. 그리고 환선굴을 구경했다. 그 규모가 엄청났다. 굴을 다 돌아보는데 소요되는 시간이 1시간 30분이었다. 기암괴석이 즐비했고 각양각색의 모양들과 더불어 물도 많았다. 폭포도 있었고 통로를 모두 철제형식으로 만들어 놓았기에 이동에 불편함은 전혀 없었다. 곳곳에서 사진촬영을 했고 감탄사를 연발했다. 만리장성도 있었고 사랑의 샘도 있었다. 성모마리아 상도 있었다. 사자모양도 있었고 용모양, 양모양도 있었다. 환선굴의 구경을 마치고 나오니 밖은 완전히 어두워져 있었다. 다시 모노레일타고 내려와 오늘의 여행일정을 마쳤다.

무술년 새해맞이 2

그 붉은 위로 훌훌 움직여 도는데, 처음 났던 붉은 기운이 백지白紙 반 장 너비만큼 반듯이 비치며, 밤 같던 기운이 해 되어 차차 커 가며, 큰 쟁반만 하여 불긋불긋 번듯번듯 뛰놀며, 적색赤色이 온 바다에 끼치며, 먼저 붉은 기운이 차차 없어지며, 해 흔들며 뛰놀기 더욱 자주 하며, 항 같고 독 같은 것이 좌우로 뛰놀며, 황홀恍惚히 번득여 두 눈이 어질하며, 붉은 기운이 명랑하여 첫 홍색을 헤치고, 천중天中에 쟁반 같은 것이 수레바퀴 같아서 물속으로서 치밀어 받치듯이 올라붙으며, 항, 독 같은 기운이 없어지고, 처음 붉어 겉을 비추던 것은 모여 소 혀처럼 드리워 물속에 풍덩 빠지는 듯 싶더라. 일색日色이 조요照耀하며 물결에 붉은 기운이 차차 없어지며, 일광日光이 청랑晴朗하니, 만고천하萬古天下에 그런 장관은 견줄 데 없을 듯하더라.

- 동명일기 해돋이 장면 중 -

앞의 글은 동해 일출하면 생각나는 동명일기의 일부분을 옮겨놓은 것이다. 공교롭게도 이를 지은이는 의령 남씨라고 한다. 남편의 부임지로 이동하는 길에 보게 되는 여러 장면들을 글로 옮겨 놓은 것인데 대단한 필력을 자랑하는 듯하다. 역동적으로 일출장면을 묘사하는 것이 압권이다. 폐일언하고 새해맞이로 돌아가 환선굴의 관광을 마친 후 향한 곳은 새천년횟집이라는 곳이었다. 일단 숙소로 가서 정비를 하고 조금 휴식을 취한 후 차를 몰고 그곳으로 갔다. 거의 지척인 거리라 금방 도착했다. 바닷가가 나왔지만 야밤이라 풍광을 제대로 볼 수는 없었다. 거의 실루엣 수준의 파도만 볼 수 있을 뿐이었고 어슴푸레하게 보였고 소리도 나지막하게 들려왔다. 우리처럼 새해맞이를 하러온 탓인지 손님들로 장사진을 치고 있었다. 곳곳이 다 횟집이었고 네온사인 불빛이 불야성을 이루었고 휘황찬란했다. 자리를 잡고 앉아 모둠회 소자를 시켰다. 집사람과의 실랑이 끝에 술은 소주 한 병 반으로 합의가 되었다. 반병은 숙소에 가서 먹을 집사람의 몫이었다. 먼저 밑반찬부터 나왔다. 싱싱한 해물과 멍게 그리고 오징어회도 맛을 볼 수 있을 만큼 나왔다. 건배를 하며 가는 해를 아쉬워했고 오는 해를 반겼다. 금방 시간이 흘렀다. 31년 3개월 총 개월 수로 375개월의 직장생활이 오늘로 종지부를 찍게 된 것이다. 회한도 많았고 아쉬움도 남았지만 훌훌 털어낼 수 있었다. 마지막에는 매운탕에 식사를 하고 자리에서 일어났다. 바닷가 해변을 좀 걸은 후 귀로에 올랐다. 숙소에 와서 집사람이 술을 좀 마셨다. 나는 곧바로 곯아떨어졌는데 집사람은 망상에 휩싸여 새벽녘까지 잠을 자지 못했다. 본래의 속설에 섣달그믐날 밤은 하얗게 새야한다는 것이 정설이었다. 그렇지 않으면 눈썹이 하얗게 변색이 된다고 했다.

아무튼 무술년 새해가 밝았다. 6시쯤부터 채비를 해서 호텔을 나왔다. 체크아웃을 하고 차를 타고 보니 빠뜨리고 나온 것이 있었다. 하지만 그것을 찾으러 갈만큼 중요한 것들은 아니어서 그냥 버린 셈 쳤다. 삼척항의 바닷가는 해맞이객들로 인해 혼잡이 극에 달하고 있었다. 여기저기에서 자원봉사자들이 나와서 차량을 안내하고 있었고 차량들은 주차할 자리를 찾느라 여념이 없었다. 우리도 이리저리 헤매다가 겨우 한자리를 차지해서 차를 주차해 두고 백사장으로 나섰다. 아직 해가 뜨려면 한참 시간이 남았지만 모두들 마음이 급했는지 삼삼오오 백사장으로 모여들고 있는 중이었다. 한켠에서는 계속적으로 소망등이 바다를 향해 떠오르고 있었다. 두 가지 색상이었다. 하나는 붉은 등이었고 또 하나는 녹색등이었다. 종이모양으로 종모양을 거꾸로 해 놓은 형상이고 밑에 불을 붙일 수 있도록 되어져 있었다. 철사로 되어졌고 라이터로 불을 붙이면 그것이 연기를 발산하고 그 연기의 힘에 의해 소망등이 하늘높이 날도록 구성되어 있었다. 하나 둘 나르기 시작한 소망등이 나중에는 헤아릴 수 없을 만큼 지천으로 날았다. 도저히 바닷가의 찬바람을 견딜 수 없어 한편에서는 화톳불을 피우고 있기도 했다. 소망등의 가격은 3천원이었다. 어떤 이들은 소망등을 제대로 하늘로 높이 띄우지 못해 발을 동동 구르기도 했다. 이것이 방향을 잘 잡아 물위로 떠올라야 하는데 어떤 것은 옆으로 나둥그러져 그냥 바다 속으로 빠져들기도 했다. 어떤 이들은 추위를 견디기 위해 담요를 가지고 나오기도 했다. 모두들 간절한 마음으로 한해를 비추는 해가 떠오르기를 기다리고 있었다. 우리도 추위를 피해 유리문으로 된 건물에 잠시 바람을 피했다가 일출예정시간 7시 40분의 5분전쯤에야 그곳을 빠져나오기도 했다. 계속 여명에서부터 사진을 찍기 시작했고 해가 뜨는 순간에는 동영상으로 그 장면을 촬영하기도 했다. 금방 일출장면은 끝나고 말았다. 조금씩 수평선에서 떠오르기 시작한 해는 순식간에 그 자태를 드러냈다. 모두들 간절한 바람으로 기도를 올렸고 새해 소망을 빌었다. 해맞이 행사를 여러번 다녀봤지만 이렇듯 제대로 해맞이행사를 해본적도 별로 없었던 듯했다. 우리는 매서운 바람을 피해 곧장 차로 가서 서울로 향하는 귀로에 올랐다. 집사람은 이제야 긴장이 풀렸는지 곯아떨어졌다. 무술년 새해맞이가 마무리되었다. 올 한 해의 새해는 어떻게 될지 아무것도 정해진 것이 없는 상태로 시작이 된 셈이다. 일단은 당분간 휴식을 취하는 수밖에 달리 도리가 없다. 얼마만큼 휴지기를 가진 뒤 새롭게 제2의 인생을 시작해야 하리라. 30여 년간의 직장생활을 정리하고 새로운 기분과 각오를 가지고 새 인생을 시작할 수 있도록 해야 할 것으로 보인다. 이제 새롭게 한가정의 가장으로 출발하는 큰아들도 올해는 무척이나 중요한 한 해가 될 것으로 보인다. 둘째아들도 3월에 1차 시험이 있을 것이고 7월에 2차시험도 있게 된다. 집사람도 올해가 장학관으로서 제대로 직장생활을 하는 한해가 될 것으로 보인다. 우리 가족이 올 한해도 모두 건강하고 행복한 삶을 영위해 나가길 간구해본다.

갈비뼈

지난달 중순쯤이었다. 지원팀과 함께 식사를 하러 나갔다. 인근의 고기 집이었다. 넷이서 이러저런 얘기를 나누며 약주도 한잔했다. 회합을 마치고 숙소로 돌아왔다. 다음날 아침에 일어나려고 보니 왼쪽 가슴 쪽에 통증이 왔다. 어찌된 셈인지 알 수 없는 노릇이었다. 이틀을 버텼는데 도저히 참을 수 없을 지경이 되었다. 선산제일병원이라는 곳으로 급하게 진찰을 받아보러 갔다. 접수대에서 접수를 하고 진료를 받았다. 먼저 X-레이 사진을 찍고 오라고 해서 사진을 찍었다. 신경과 의사의 진단으로는 뼈는 문제가 없다고 했다. 근육통인 듯하니 주사를 맞고 약을 3일치 처방해 주겠다고 했다. 처방전을 받아 병원을 나왔다. 근처 약국에서 처방전을 제출하고 약을 받아서 교육원으로 돌아왔다. 이틀 정도가 지났다. 여전히 옆구리의 통증은 극심했고 약을 먹은 것도 소용이 없었다. 결국 다시 그 병원으로 갔다. 이제는 초음파를 해보자고 했다. 초음파를 하니 갈비뼈 8번 뼈에서 골절이 되었다는 소견이 나왔다. 그리고 복대를 대어 주었다. 5일치의 약을 처방받고 나왔다. 거의 6주정도가 소요될 것이라고 했다. 필요하면 입원을 해도 된다는 소견이었다. 처음에 X-레이 상으로 나타나지 않던 골절이 새롭게 초음파를 통해서 나타난다는 것도 좀 특이했다.

일주일의 교육원 생활을 마치고 서울로 귀경했다. 그래도 복대를 하고 있으니 움직임이 좀 편했다. 기침을 해도 통증이 왔고 일어섰다 앉았다 하는 것도 쉽지 않았다. 모든 힘이 그쪽 갈비뼈 쪽으로 집중되는 느낌이었다. 팔을 쓰는 것도 왼쪽 팔을 들어 올리면 그쪽으로 힘을 받아서 그런지 통증이 동반되었다. 일상적인 생활자체도 쉽지 않는 지경이었다. 어떻게 생겨난 것인지 원인도 모른 채 갈비뼈 골절상을 입은 것이다. 식구에게서의 핀잔은 말 못할 또 하나의 고충이었다. 다음날 서울의 정형외과 병원으로 다시 진찰을 받으러 갔다. X-레이를 찍었다. 원장의 얘기는 7번, 8번, 9번 뼈의 골절이라고 명확하게 판정을 내려주었다. 이제는 분명하게 이상상황을 파악할 수 있게 된 셈이다.

집사람은 이로 인해 토요일의 목포선원 법회 참석도 못하는 일이 벌어졌다. 복대에 골판지 판을 좀 대고 있으면 그런대로 견딜만할 것이라고도 했다. 달리 처치를 할 상황은 아니라고 했다. 반듯하게 누워 있거나 자세를 바르게 하는 수밖에 별다른 처치나 처방은 없다고 했지만 혹시 몰라서 기침을 제어하고 통증을 감퇴시키는 약을 처방해 주어 그것으로 약국에서 약을 지어왔다. 다음 주에는 월요일만 부득이 출근을 했고 4일간 휴가를 냈다. 종합병원의 검진을 예약하려니 보통 까다로운 절차가 필요한 게 아니었다. 진료의뢰서와 X-레이 초음파 등에 대한 CD를 가지고 오라는 것이었다. 처음에는 보라매로 했다가 금요일 밖에 진료가 되지 않는다고 해서 결국 다시 서울성모로 병원을 바꿨다. 진료과는 흉부외과였다. 수요일에 진료를 받으러갔다. 일단 접수처에서 CD를 등록하라고 해서 1층으로 가서 CD를 등록했다. 그리고 진료를 받았다. 분명하고 확실한 진단을 받을 수 있었다. 골절에 대한 얘기를 분명하게 들을 수 있었다.

어느 여배우의 얘기가 새삼스럽게 다가왔다. 그녀는 갈비뼈를 다치고 나서 일상의 소중함과 세상에 대해 감사한 마음을 갖게 되었다고 했다. 그녀의 심정에 공감되는 부분이 많았다. 사지육신이 멀쩡하게 작동되고 가동된다는 것이 얼마나 고맙고 감사한 일인가 하는 것을 그렇게 아파보고 경험해보면 저절로 터득하게 된다. 소소한 일상생활의 문제가 그냥 그렇게 흘러가고 따분해하고 권태로워하고 귀찮아하던 일상들이 그렇게 소중할 수가 없고 운신하고 일상생활을 영위하는 것 자체가 소담스러운 것이고 귀중한 것임을 다시 한 번 되새기게 되는 부분이었다. 아침에 일어나서 세면하고 양치하고 머리감고 머리를 말리고 출근준비를 하고 출근하고 일상적인 업무를 보고 퇴근하고 하는 것들이 그냥 예사로이 그렇게 흘려보냈던 일상들이 그렇게 그리울 수가 없고 그것이 오랫동안 타성으로 굳어져 왔지만 그것이 얼마만큼 습관화 되어져 왔고 그것에 익숙해져 있는가를 다시 느껴보게 되는 것이다. 예전에 그런 동영상을 보고 눈시울을 적셨던 적이 있었다. 그것은 그렇게 유별나고 색다른 부분이 아니었다. 어느 한 방송사에서 기획하고 제작한 동영상이었다. 호주에서 워킹홀리데이를 하는 젊은 청춘들에게 엄마가 가서 집밥 한 끼를 만들어 먹이는 것이었다. 그들은 아무 생각 없이 그냥 그대로 밥을 먹었는데 그것이 그들에게 그렇게 익숙했고 짜증스러워했던 고국의 일상에서 먹었던 그 밥이요 반찬이요 된장국이고 그릇이었던 것이다. 그러던 순간에 엄마가 나타나 감동의 포옹을 나누며 자신이 원했던 바의 그 일상속의 소중함을 다시 한 번 일깨워주는 것이었다. 엄마들은 그 한 끼의 밥을 준비하기 위해 10시간을 비행해서 호주로 갔고 그들이 일상적으로 사용했던 모든 그릇 등을 다 준비해 가는 프로젝트였다. 가장 소중한 엄마밥일 수밖에 없었다.

워킹 홀리데이란 나라 간에 협정을 맺어 젊은이들로 하여금 여행 중인 방문국에서 취업할 수 있도록 특별히 허가해주는 제도이다. 해외여행을 하면서 합법적으로 일을 하여 부족한 경비를 충당할 수 있도록 마련한 제도이다. 보통의 관광비자로는 방문국에서 취업할 수 없으나 젊은이들에게 미지의 세계를 탐구할 수 있는 기회를 제공함으로써 국가 간의 상호이해를 높이고 교류를 증진하기 위한 목적으로 특별히 마련된 예외적 제도이다. 이를 위하여 발급하는 비자를 워킹홀리데이비자라고 하며, 관광취업비자라고도 한다. 이 비자는 만 18세에서 30세의 젊은이를 대상으로 각 해당국에 한하여 1회만 발급하며, 실제 체류기간 1년을 인정한다. 입국 목적은 여행이며, 여행경비를 충당하기 위한 목적으로 노동권을 합법적으로 보장받는다. 단기관광에 비하여 장기적으로 현지 문화를 체험할 수 있는 장점이 있으며, 학생비자와는 달리 여러 도시에서 그 나라의 생활을 체험할 수도 있다. 2013년 현재 한국은 뉴질랜드·대만·덴마크·독일·스웨덴·아일랜드·영국(YMS)·오스트리아·이탈리아·일본·체코·캐나다·프랑스·호주·홍콩·헝가리·이스라엘과 워킹홀리데이비자 협정을 맺고 있다. 여기에 나오는 이들은 서울, 구미, 진주 등 대한민국 각지에서 워킹홀리데이를 위해 취업해 근무하는 이들이 등장한다. 호텔의 청소를 돕는 이도 나오고 네일아트로 일하는 이도 나오는 젊은 청춘들이다. 동영상의 멘트를 몇 개 소개하자면 이렇다. 우린 꿈을 향해 달려가는 청춘들에게 특별한 선물을 해주기로 했다. 꿈을 향해 달려가는 이들에게 언제나 어려움이 닥치고 외롭고 괴로운 순간을 마주하게 된다. 그 순간 가장 큰 힘이 되는 것은 가족이 든든하게 자신들을 믿고 기다리고 있다는 것이다. 늘 했던 것처럼 그렇게 엄마밥을 해서 그들이 결코 호주에서는 맛보지 못했던 음식을 새롭게 맛보면서 엄마밥의 소중함을 느껴보도록 했다.

예전에 그런 얘기를 들은 적도 있었다. 한 젊은 친구가 군에 갔다. 그런데 그 친구가 좋아했던 것이 잔치국수였다. 그래서 엄마는 면회를 가면서 그 잔치국수를 해서 갖고 갔다. 아들이 허겁지겁 먹는 모습을 보고 엄마가 정말 행복해 했다는 얘기였다. 우리가 소중히 해야 할 것들은 일상적으로 흘러가는 평범한 하루하루 일 것이다. 그러나 그 속에 우리의 애환이 달려있고 그렇게 일상적인 것이 그렇게 그리워지고 소담스럽게 느껴지는 때를 맞이하면서 영화 곡성에서 유행시킨 '뭣이 중한디' 라는 말이 새삼 떠오른다. 갈비뼈의 골절을 통해서 새롭게 세상을 보게 되었고 어떤 부분이든지 이제는 호랑방탕하게 무모했던 모든 것들을 다시 되돌아보며 해취해서 제대로 된 삶을 살아야 하는 것이 필요해 보인다. 인간이 술이나 환상, 유혹 등에 취해 있다가 깨어나서 제정신을 회복한 상태를 테니슨은 'sober' 라고 한다. 즉 해취解醉, 젊은 시절에는 깨닫지 못했던 것을 인생의 가을이 되면 깨달아야 한다는 뜻이다. 갈비뼈로 인해 건강을 새삼스럽게 돌아보게 되고 철이 들어가는 것은 아닌지 모르겠다.

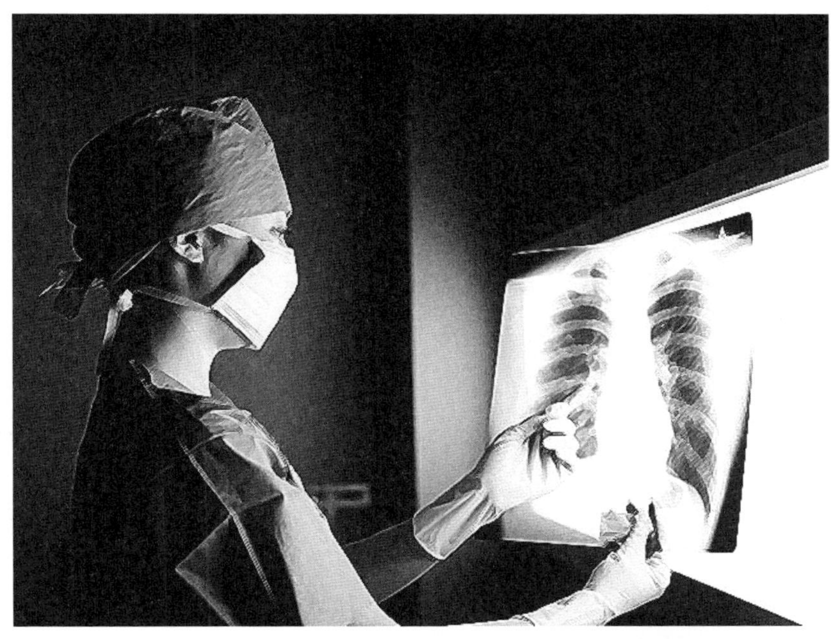

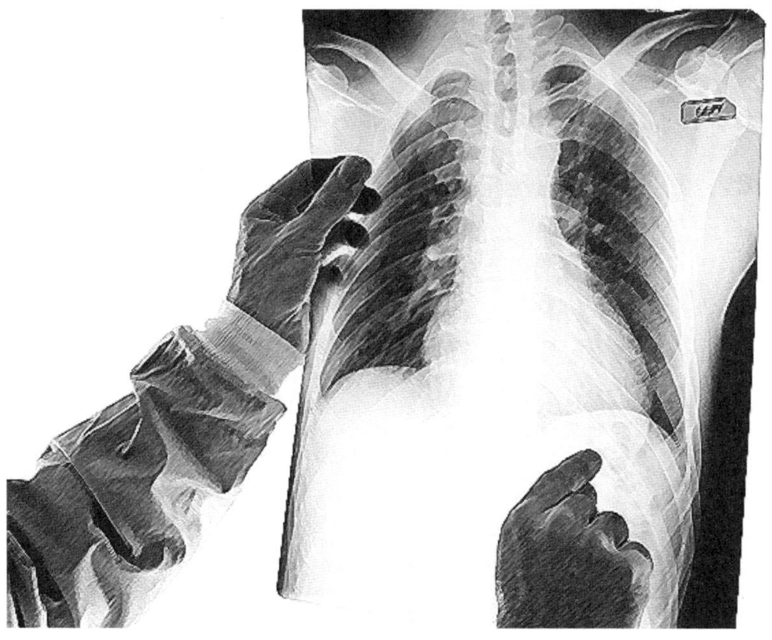

건강검진

지난주 목요일이었다. 본래 예정은 월요일로 예약이 되었는데 집사람의 부득이한 사정에 의해 목요일로 일정이 변경되었다. 이제는 검진도 이번으로 직장에서의 건강검진은 마지막인 셈이다. 내년부터는 별도의 부담으로 건강검진을 받아야 될 것이다. 건보도 관련이 없으니 어떻게 받을 수 있을지 모를 일이다. 집사람과 함께 집을 나섰다. 예년처럼 대장내시경은 실시하지 않는 관계로 전날부터 호들갑을 떨지는 않아도 되었다. 정신없이 학교생활을 하고 있던 집사람으로서는 엄청나게 바쁜 시기에 검진을 하게 되었는지 채변도 제대로 하지 못한 채로 검진에 임하게 되었다. 문진표도 작성을 하다가 병원으로 왔다. 나도 채변을 한지 좀 시간이 지났기에 "새롭게 할 필요가 있지 않느냐" 라고 했더니 굳이 "그럴 필요가 없다." 라는 집사람의 조언에 따라 관두기로 했다. 오랫동안 건강검진을 수차례 해왔던 곳이라 편하게 할 수 있으리라는 기대를 안고 그곳으로 갔다.

수면내시경에 대한 비용을 별도로 계산하고 검진을 시작했다. 옷을 갈아입고 소변검사를 해두고 본격 검진에 들어갔다. 통상 하던 대로 이곳저곳을 돌아다니며 검진에 임했다. 검진을 하는 곳마다 최선을 다하고 있었고 친절하게 응대하는 것이 상당히 교육훈련이 잘 되었다는 인상을 주었다. 매 검사가 끝날 때마다 몇 번방으로 가라고 안내를 하고 고객을

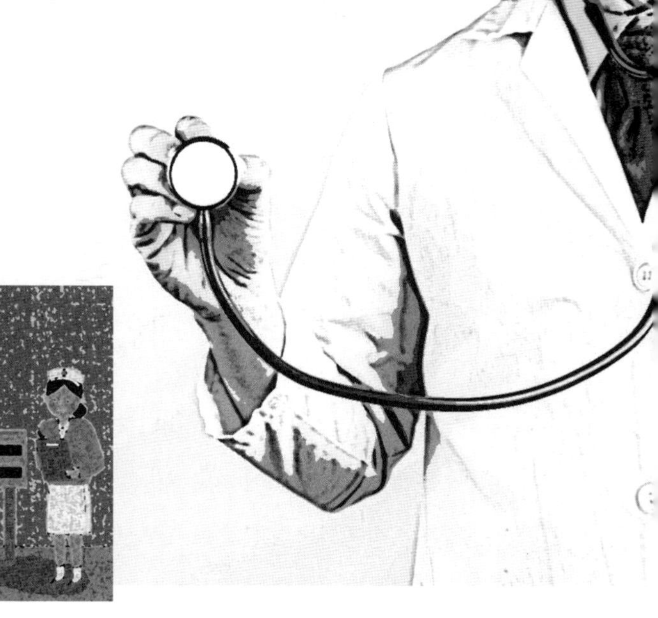

응대하는데 소홀함이 없는 듯 보였다. 초음파를 하는 곳에서는 콩팥에 물혹이 보인다고 소견을 얘기해 주었다. 문제는 폐활량 검사였다. 검사자가 숨을 들이마시고 내뱉으라고 하는데 따라서 잘 해야 하는데 그것이 말처럼 쉽지 않았다. 여러 차례 반복을 하다 결국은 퇴짜를 맞고 다음에 다른 검진을 한 연후에 다시 오라는 엄명이 떨어졌다.

오래전 생각이 났다. 폐활량 검사를 하면서 호흡이 가빠져서 건강의 적신호로 받아들였고 그 원인이 흡연에 있음을 깨우쳤다. 그리고는 곧바로 금연에 들어갔다. 10여 년 전의 일로 아득한 세월이 흘렀다. 한참 검진을 받으면서 유심히 로비를 살폈는데 집사람은 흔적도 보이지 않았다. 혈액을 채취하고 최종 내시경 검사실에 태그를 찍고 나서야 겨우 집사람과 만날 수 있었다. 혈액을 채취하면서는 내시경을 위해 주사바늘을 삽입한 채 놔두었다. 내시경시 마취제 등의 용도로 사용하기 위함이었다. 여자와 남자간의 검진 사항도 틀리고 다른 부분으로 인해 쉽게 만날 수 없었던 점도 있었다. 내시경에 관한 주의사항을 안내받았다. 간호사는 신신당부를 했다. 어지러울 수 있으니 결코 운전을 해서는 안 된다는 얘기였다. 굳이 운전을 하게 되면 꼭 대리운전을 불러서 이동을 하는 것이 필요하다는 얘기였다. 내복약과 가스제거제를 먹고 내시경실로 들어갔다. 왼쪽으로 누워서 눈을 감았다. 입을 벌리고 편안한 상태로 가수면 상태로 들어갔다. 최종적으로 내시경 후 위의 상태에 관해 설명을 듣고 최종 검진이 종료되었다. 두어 시간의 건강검진에 애를 쓴 느낌이었다. 대기의자에 앉아 잠깐 쉬면서 숨을 골랐다. 검진 후 집사람과 함께 식당에서 간단히 아침식사를 했다. 그리고 집사람을 학교에 출근시키고 귀가했다. 집사람은 다음날에 채변을 해서 병원에 가져다주었다. 문진에 관한 부족한 부분도 검진을 받으면서 짬짬이 시간을 내어 다 작성한 후 제출하게 되었다. 항상 우려되는 부분은 암의 문제이고 그것은 결국 조기발견이 관건일 것이다. 우리나라 사람들 사망률 1위의 질병으로 되어 있다. 그리고 심혈관질환도 만만치 않은 부분이다. 심장과 뇌부분 그것은 결국 혈관과 관련이 있는 것으로 보인다. 혈압, 심박 수, 혈당, 콜레스테롤 등의 수치와 밀접한 관련이 있다고 했다. 언젠가 그런 얘기를 들은 적이 있었다. 통상적이고 일상적인 건강검진에서는 잘 나타나지 않는 것들이 정밀검사를 하고 집중적으로 검사를 하면 그때서야 제대로 발견이 되고는 한다는 것이다. 너무 많은 이들이 건강검진을 하는 시대이고 그러다보니 다소 통상적이고 의례적인 검진으로 세밀하게 관찰해야 하는 부분 등에 관해서는 항상 정밀하게 검사를 해야 하고 세밀한 검사가 필요해지기도 한다는 것이다. 또 어떤 이는 건강검진을 통해서 조기에 큰 병을 발견해서 위기를 넘기기도 한다는 얘기도 있었다. 일주일쯤 후면 이제 건강검진의 결과가 나오게 되고 우편으로 통보를 받을 수 있으리라. 우리나라 격언에 돈을 잃는 것은 조금 잃는 것이요 명예를 잃는 것도 많이 잃는 것이지만 건강을 잃는 것은 전부를 잃는 것이라는 얘기가 있다.

예화 하나가 있다. 유명한 철학교수가 강의를 하러 교실로 들어왔다. 그리고 4각의 플라스틱 통을 들고 왔다. 그리고 그 속에 탁구공을 넣었다. 그리고 학생들에게 물었다. 다 찼습니까. 그러자 학생들이 그렇습니다 라고 대답했다. 다음에는 자갈을 넣고 또다시 물었다. 다 찼습니까. 그러자 이번에도 학생들이 그렇습니다 라고 답했다. 이번에는 모래를 쏟아 부었다. 그리고 다시 또 물었다. 다 찼습니까. 그러자 학생들이 이번에도 그렇습니다 라고 답했다. 그러자 마지막으로 교수가 홍차를 한잔 쏟아 부었다. 그리고 말했다. 이 플라스틱 통은 여러분의 인생입니다. 탁구공은 가족, 건강, 친구를 의미합니다. 다음의 자갈은 일과 취미를 의미합니다. 모래는 자질구레한 일을 뜻합니다. 여러분은 인생에서 무엇을 가장 중요하다고 생각하십니까. 자질구레한 일을 하다보면 자칫 중요한 것을 놓칠 수도 있습니다. 그런 과오를 범해서는 안 되지요. 엉뚱하게 일을 하다 건강을 잃는 경우도 부지기수입니다. 그러자 한 학생이 질문을 했다. 그러면 마지막의 홍차는 어떤 의미입니까. 그것은 여유입니다. 인생에서 어떤 경우 또는 어떤 상황에서도 차 한 잔을 마실 수 있는 여유는 항상 가져야할 필요가 있습니다. 아무튼 건강검진은 통상적이고 일상적인 일이 되었지만 항상 유념해야하고 조심해야 할 건강의 마지막 보루로 충실하게 임해야 하고 주기적으로 받아야 하고 체크를 하는 것이 필요한 세상이 되었다.

정유년 중추절

정유년 중추절은 10월 4일이다. 9월 30일부터 10월 9일까지 연휴이다 장장 10일간의 연휴다. 본래 10월 2일이 근무하는 날이었는데 정부에서 임시공휴일로 지정을 했다. 100만 여명이 외국여행을 다녀왔다. 우리 가족의 중추절은 예년과는 달랐다. 새로운 식구가 들어왔기 때문이다. 한 달 전쯤에 결혼식을 올린 아들 내외가 있었다. 미리 예매를 해서 4장씩의 KTX표를 예매해 두었는데 아들 내외는 차로 다녀오겠다고 해서 표가 소용 없어졌다. 본래는 예약날짜에 표를 예매하는 것이 하늘의 별따기 같은 일이었는데 이후에 타이밍을 맞춰 예매를 할 수 있게 되었다. 처음에는 무궁화호였다가 다시 예매를 해서 ITX로 바꿨다가 최종적으로 KTX로 예매하게 되었다. 처음에는 5시경이었는데 최종적으로는 10시30분으로 되었다. 모든 것이 연휴가 길어진 덕분이었다. 아들 내외는 2일 날에 내려갔다. 이바지음식을 같이 보내야 했기에 한바탕 소란이 있었다. 집사람은 거의 평이한 수준에서 하자는 얘기였고 남편은 가당치 않다고 해서 무리를 했던 부분이 있었다. 어쨌든 우여곡절 끝에 아들내외는 11시경 짐을 잔뜩 싣고 처갓집인 전주를 향해 출발했다. 아직 본격적인 연휴를 시작하기 전이라 차량의 흐름도 원활할 것으로 예상했으나 평상시 3시간 정도 걸리는 거리였는데 2시간 정도가 더 걸렸다. 아무튼 무사히 귀성이 이뤄진 셈이었다. 사돈네에게서 집사람에게 감사인사 전화가 걸려왔다. 우리 부부는 다음날 옷가방만 들고 출발했다. 그런데 문제가 있었다. 평소대로 당연히 서울역이라고 알고 서부역으로 갔는데 도착하고 승차권을 살펴보니 발차역이 용산역이었다. 부랴부랴 택시를 타고 용산역으로 갔다. 하마터면 열차를 놓칠 뻔했다. 유유자적하게 열차로의 귀향을 즐길 수 있었다. 부산에 1시 10분쯤에 도착해서 택시를 탔다. 부모님 댁에 도착해서 휴식을 취했다. 아들내외도 전주에서 10시쯤 출발을 했는데 2시경에 도착을 한다고 했었는데 여의치 않았다. 항상 하던 식으로 남천동의 선미횟집에 회를 주문해 두었다. 그리고 오후 3시 30분에 찾으러 가기로 했다. 도저히 약속을 지킬 수 없을 것으로 보여 결국 한 시간을 늦춰두었다. 아들은 호텔을 정하고 그곳에서 한복으로 갈아입고 오느라고 늦어진 셈이었다. 오후 4시쯤 도착이 되었다. 곧바로 차를 몰고 남천동으로 갔다. 대목은 대목이었다. 혼잡하고 복잡한 것이 여느 때와는 확연히 달랐다. 시장통의 복잡함은 이루 말할 수 없을 지경이었다. 차들도 꼼짝 못하고 발이 묶였다. 거의 20분여를 정차한 후에 겨우 숨통이 트였다. 차를 주차해 두고 횟집으로 가니 횟집들도 다 만원사례였다. 전어도 다 동이 났다. 횟감을 받아들고 귀가했다. 35만 원어치였다. 너무 과도한 게 아닌가 하는 우려도 있었다. 야채 등도 사가지고 귀가했다. 6시쯤에 회를 안주 삼아 약주를 한잔 했다. 아들 내외와 우리 부부 그리고 부모님이었다. 3대가 한자리에 마주앉은 것이었다. 술은 한산 소곡주였다. 기념촬영도 했다. 부모님도 처음 맞은 손주며느리에게서 잔을 받았다. 지난번에 있었던 산수연잔치와 결혼식이 단연 화두였다. 식사를 마치고 아들내외는 숙소로 돌아갔다. 다음날 7시 30분까지 오라고 해 두었다. 아들내외는 광안리를 돌아보고 난 뒤 숙소에서 휴식을 취했다. 명절 음식 등은 여동생과 모친께서 오전 내내 준비를 다해 둔 터라 특별히 더 할 일은 없었다. 모친께 당부를 해서 이웃집에서 잘 키우고 있는 천리향 한그루를 좀 받을 수 있도록 해보라고 했다. 얼마전 오랫동안 키워왔던 천리향 세 그루가 다 죽어버리고 나서 천리향을 그리워하던 터였다. 그런데 집 입구에 잘 키워놓은 천리향이 우람하게 서 있는 것을 보고 욕심이 난 것이었다.

매년 왔던 명절 손님은 이번에는 오지 않았다. 막내동생네 식구들만 왔다가 저녁을 먹고 갔다. 동생만 회에 식사를 했다. 동생에게 회값의 몫을 받았다. 조카는 고3이어서 열심히 공부에 매진하고 있었다. 내년쯤 둘째 딸까지 서울로 가면 부부만 남게 되는 셈이었다. 이제 동생도 50을 넘긴 장년이 되었다. 내년쯤이면 외과과장의 보직을 맡게 될 것이라고도 했다. 외부에서 스카우트의 제의도 있어 고민에 빠졌다는 하소연도 있었다. 세상만사 어려움이 없어 보이는 가족이었다. 만사형통으로 풀려가는 형국이었다.

다음날 날이 밝았다. 정유년 중추절이다. 전형적인 가을 날씨답게 따사로운 햇살이 내리 쬐였고 하늘은 청명했으며 천고마비의 계절다운 날씨였다. 오곡백과가 무르익었고 조상들에게 올릴 제수도 아낌없이 준비가 되었다. 아들이 조카에게서 이쪽으로 온다는 연락을 받았다고 해서 소동이 있었다. 막내동생에게 픽업을 부탁하려 했는데 직접 큰댁으로 바로 오라고 연락을 한다고 해서 일단락이 되었다. 우리는 부친과 함께 차를 타고 큰댁으로 갔다. 제사를 모셨다. 병풍을 치고 제물을 올린 후 지

우를 부치고 절을 올렸다. 제주는 청와대에서 온 대통령 하사주였다. 소곡주라고 했는데 알콜도수가 보통 소곡주를 상회하는 것이었다. 아들내외는 따로 잔을 올렸고 둘이서 별도로 재배했다. 제사를 모신 후 아침식사를 했다. 사촌동생네는 벌써 손주가 돌을 지났을 만큼 세월이 흘렀다. 제사는 두 군데만 들르면 되었다. 다른 곳은 미리 아침 일찍 제사를 모시고 산소로 갔다는 소식이었다. 오촌 동생네는 12월에 딸의 혼사를 앞두고 있어 청첩장을 주었다. 예식장은 대전이었다. 아들 결혼식이 있은 후 3개월의 차이가 있었다. 제사를 마치고 집으로 돌아온 우리는 점심을 먹고 가족끼리 대화를 했다. 한참 추석장사 씨름대회가 구미에서 진행되고 있었다. 아들내외가 조금이라도 일찍 집은 나서는 편이 나을 것이라는 기대 하에 귀경길을 떠났다. 무척이나 걱정이 되는 귀경길이었다. 우리는 좀 더 앉았다가 급한 마음에 일찍 부모님 집을 떠났다. 무거운 짐은 아들의 차에 다 실었기에 우리는 덕분에 홀가분한 기분으로 KTX에 오를 수 있었다. 유명하다고 소문난 어묵집에 들러 어묵을 좀 사가지고 탑승했다. 7시 30분경에 용산역에 도착했다. 아들에게 전화를 했더니 김천쯤이라고 했다. 두 시간이면 도착했을 곳에 4시간 이상이 걸렸으니 도착을 할 수 없는 노릇이었다. 안타까운 일이지만 어떻게 해볼 도리가 없었다. 중간에 휴게소에서 충분히 휴식을 취하라고 권고했지만 제대로 실행할 수 있을지 의문이었다. 나중에 확인한 바로는 도착시간이 12시 30분이었다. 거의 9시간 이상이 소요된 셈이었다. 초행길에 며느리가 고생한 듯했기에 더욱 아쉬움이 컸다. 정유년 명절이 더욱 넉넉했고 풍요로웠던 것은 긴 연휴덕이었다. 모두들 한가위만 같아라라고 했던 조상님들의 은덕처럼 풍성하고 행복했던 중추절이었기를 소망해본다.

청첩장을 접으며

오곡백과가 무르익어가는 천고마비의 계절에 멀리 지방에서 서울 강남 결혼식장까지 찾아주신 친지, 이웃, 직장동료, 선후배 등 하객 여러분께 진심으로 감사의 인사를 올립니다.

얼마 전 아들을 장가보냈다. 무척이나 감개무량하고 뜻 깊은 날이었다. 사람으로 태어나 결혼을 하고 자식을 낳아 키웠던 것의 결정체로서 결혼이 이뤄지는 것이 하이라이트라 할만 했다. 30세가 되도록 제대로 성장을 시켰고 한 가정의 가장으로 새롭게 태어날 수 있도록 뒷바라지 했고 그 결실을 이뤄낸 것이었다. 날씨는 쾌청한 전형적인 가을날이었고 예식도 많은 날이었다. 아들도 나름대로 계획하고 준비했으며 실행에 옮기기까지 여러 가지를 검토했고 준비절차를 거쳤다. 언제 그런 날이 올까 하고 손꼽아 기다렸는데 꿈결처럼 그런 날이 왔다. 처음에는 볼을 꼬집으며 이것이 꿈일까 생시일까 의문이 들 정도로 실감이 나지 않았다. 직장의 선배들이 제대로 직장생활을 영위하고 마무리 했던 분들도 하기 힘든 부분이 직원으로 재직하는 중에 자녀결혼이었다. 어떻게 하든 어떤 의미에서든 직장의 연결고리를 갖고 있고자 했던 부분의 핵심요소였다. 물론 예외적인 경우는 허다하다. 어떤 분들은 재직 중에 일사천리로 자녀들을 다 여의는 경우도 있었다. 한 명만 결혼을 시키는 것도 마음처럼 쉽지 않았다. 평생 하나의 비원처럼 여겨지는 것이 재직 중의 자녀결혼이었다. 하루아침에 혼사가 이루어질 수는 없다. 충분히 심사숙고해야 하고 이것저것 따져보고 이모저모 살펴보고 고심해야 하는 부분이다. 서로간의 마음을 확인하고 확신을 가져야 하는 것은 기본이다. 그다음 양가 부모를 찾아 뵙고 허락을 받고 결혼의 당위성과 정당성을 당당하게 피력한 후 내락을 받아야 한다. 그런 연후에 양가의 상견례를 통해 나름대로의 통관절차를 거치고 혼약일을 받아야 한다. 웨딩촬영도 해야 하고 사성이 오가고 함이 처자의 집으로 가야하는 수순을 거쳐야 하기도 한다. 정말 세상에서 제일 복잡하고 어려운 수순을 거쳐 부부는 드디어 결혼식을 올리게 된다. 주례도 섭외해야 하고 사회도 정해야 한다. 신경을 써야하는 부분이 한두 가지가 아니다. 청첩장을 보내고 모든 것이 갖춰지면 이제 결혼식장으로 향하게 된다. 1년 정도의 기간을 갖고 준비를 했고 전략을 짰다. 우리 부부는 그냥 아들이 하는 대로 거의 지켜보는 정도였다. 식장준비도 둘이서 했고 웨딩촬영 등도 다 알아서 했다. 예복을 맞추고 예단을 보내고 받는 것도 날을 받아서 적정하게 밟았다. 2월쯤에 상견례를 했고 5월쯤에 웨딩촬영이 있었다. 7월쯤에 예단이 왔고 8월경에 예단을 보냈다. 주례도 한 달 보름 전쯤에 정했고 같이 식사를 하면서 상의를 했다. 주례께서 요구하는 내용에 대해 답변서를 작성해서 8월 말까지 보냈고 9월 초에 결혼식을 거행했다.

아들은 1988년 7월 18일 전남 고흥의 시골병원에서 태어났다. 한밤중에 진통이 왔다. 이역만리 떨어져 살았던 나는 3일 뒤에야 병원에 당도

했다. 득남 소식을 전해 들었을 때의 감흥은 정말 이루 말할 수 없을 만큼 구름 위를 나는 기분이었다. 일주일의 병원생활을 마치고 곧바로 아들은 본가에 맡겨졌고 1년여를 그곳에서 자랐다. 90년에 제주도로 근무지가 변경되었을 때 우리는 처음으로 가족이 한곳에 모여 살 수 있었다. 집사람이 3년간 휴직을 했기에 제대로의 신혼을 처음 느껴볼 수 있었다. 20평대의 아파트에서 단란하게 삶을 영위할 수 있었다. 1995년 쯤에 초등학교에 입학을 했다. 처음 학교생활이라 적응에 상당한 애로를 겪었다. 동생은 어린이집에 다니고 있었다. 6학년이 되었던 2000년에는 자신이 직접 녹색소년단을 해보고 싶어 했다. 아침마다 6시 30분부터 한 시간을 자전거로 훈련한 후 등교했다. 동생이 계속 이어받은 덕에 3년간 전국일주를 도왔다. 중학교는 광신중학교에 다녔다. 집에서 꽤 먼 거리였지만 그럭저럭 잘 적응했다. 고등학교는 용산고에 배정을 받았다. 역시 집에서 꽤나 먼 곳이었는데 그런대로 이골이 난 편이었던지 그럭저럭 적응해 나갔다. 고2시절이었던 2005년도에 서초동으로 이사를 했다. 평소 다녔던 학원이 서초동쪽에 있었는데 편익을 도모하기 위해서였다. 2007년도에 대학은 서울시립대학에 경제학과에 입학했다. 그리고 2008년에서 2009년까지 군복무를 했다. 파주 법원리 쪽의 포병부대에서 근무했다. 친구와 동반입대를 했다. 우리는 몇 번 면회를 갔었고 외출외박 휴가 등을 나왔다. 그리고 제대를 하고 복학했다. 본격적으로 보험계리사를 공부하겠다고 해서 집을 나갔다. 선배의 집에 기숙을 하며 수험생활을 한 셈이다. 방학 때에는 기숙사에 입소해서 공부했다. 어려운 관문을 뚫고 계리사가 되었다. 그리고 중간에 영국에 어학연수를 7개월간 다녀왔다. 1년 동안의 취업준비를 통해 농협손해보험에 입사했다. 1년여가 지난 후 보름양을 만났고 결혼에 골인하게 되었다.

결혼식 날이 되었다. 아들은 7시에 집을 나섰다. 우리는 10시 30분 쯤에 집을 나섰고 예식장 인근의 미용실에 갔다. 사돈네의 예약이 1시간 먼저였고 곧이어 우리차례였다. 남자들은 거의 10분 수준이었고 여자들이 오래 걸렸다. 집사람의 경우는 머리를 붙여 올림머리를 해야 했으므로 시간이 걸렸다. 화장을 마치고 내려갔더니 사무실 직원들이 막 도착하는 시간대였다. 어도라는 일식집으로 안내를 했고 곧바로 식권이 든 가방을 들고 예식장으로 갔다. 아직 전 예식이 끝나지 않은 탓에 어디 마땅하게 있을 곳도 없었다. 1시 30분경부터 손님들이 몰려오기 시작했다. 일주일 전에 예식장을 둘러보았고 음식도 맛을 보았지만 당일은 정신을 차릴 수 없을 지경이었다. 일찍 도착한 버스편의 부산팀도 곧바로 일식집으로 안내를 했다. 접수대 옆에서 복장을 갖추고 하객들을 맞이했다. 사람들로 북적거렸고 혼잡하기 그지없었다. 얼마의 시간이 지난 후 예식을 시작해야할 때가 되어 지정된 좌석에 착석했다. 양가 어머님의 촛불 점화부터 예식이 시작되었다. 신랑 입장, 신부 입장이 있었고 혼인서약, 주례, 축가, 양가 아버님의 당부말씀 그리고 행진이 이어졌다. 기념촬영이 이어졌고 다음은 폐백을 받을 순서였다. 며느리가 옷을 갈아입는 시간이 길었다. 결국 피로연장으로 내려가 하객들에게 인사를 먼저 했다. 그리고 올라와 폐백을 받았다. 대추와 밤을 던졌고 받았다. 약주도 한잔했다. 부모님께서는 부산편 버스의 출발시간이 임박해져서 초조해 했다. 하는 수 없이 여동생에게 전화해서 출발시간을 30분 더 늦췄다. 직원들이 접수를 보았다. 정산된 내역을 받았고 가방도 받았다. 예식장 직원과 계산룸에서 정산을 하고 마무리를 지었다. 차를 예식장 주차장에 주차해 두고 최종적으로 일식집에 가서 정산을 하고 귀로에 올랐다. 숨 가빴던 하루가 정리되었다. 아들은 인천공항 부근의 호텔로 이동하게 되었고 다음날 11시 비행기편으로 신혼여행지인 크로아티아로 떠나는 일정이었다. 다음 일요일에 귀국하고 수요일까지 처갓집을 다녀오고 목요일에 출근하기로 했다.

무척이나 많이 긴장되었고 걱정되었던 부분들은 별다른 문제없이 해소되었다. 하객의 과다로 인해 북새통을 이룰 것이라던 부분은 얼마만큼 일식집으로 손님을 분산시킴으로 인해 완화되었다. 장황하고 지루하리라 예상되었던 주례사도 적절하게 유머와 위트로 재미있는 진행이 되었다. 어떤 행사든 완전무결하게 결점없이 진행되는 것은 사실상 어려운 일이리라. 거의 밤 11시쯤이 되어서야 부산, 목포로 향했던 버스가 무사히 도착했다는 소식을 받고 안도할 수 있었다.

자고로 혼사는 인륜지 대사라 했다. 배필은 하늘이 정해준다고 해서 천정배필이라는 얘기도 있다. 많은 것을 배웠고 느꼈고 혼사가 이렇게 사람을 성숙시켜주는 것이구나 하는 느낌이었다. 일련의 과정과 절차를 통해서 가족 간의 화합 및 갈등해소 등도 있었고 한 가족을 받아들이는 것이 보통일이 아님을 절실하게 느껴볼 수 있었다. 번갯불에 콩 볶아 먹듯이 일사천리로 진행될 수도 있겠지만 격식과 절차 그리고 예의를 갖춰 진행되려면 많은 공부도 필요할 듯했다. 청첩장을 받으니 결혼을 한다는 것을 실감할 수 있었다고도 했다. 많은 하객들이 도와주고 성원해주시고 후원해주신 덕에 혼사를 무사히 마칠 수 있었음에 다시 한 번 하객분들께 감사의 인사를 드린다. 새롭게 인생을 시작하는 아들내외에게 행복과 화목함이 강물처럼 넘쳐나길 기원한다. 아무튼 청첩장을 접으며 인생의 새로운 묘미를 느꼈으니 그 속에 인생의 진정한 맛과 멋이 들어 있는 것은 아닐까.

축사

안녕하세요. 신랑아버지입니다. 우선 감사말씀부터 드리겠습니다. 오곡백과가 익어가는 천고마비의 계절에 공사다망하신 중에도 귀중한 시간을 내시어 이 자리를 빛내주신 이웃과 친척들, 그리고 멀리 지방에서도 이렇게 왕림해 주신 여러 하객분들에게 진심으로 감사의 인사를 드립니다. 그리고 결혼식이 있기까지 여러모로 세심하게 신경써주신 우리 사돈어른들께도 감사 인사를 드립니다.

저는 슬하에 아들 둘을 두고 있습니다. 여기 서 있는 신랑이 바로 제 큰 아들입니다. 나름대로 남에게 뒤처지지 않게 귀하게 키웠는데 제가 애지중지해온 만큼 20여년 자라는 동안 우리 아들도 바르게 성장해 주었으며 엄마, 아버지에게 크고 많은 기쁨을 선물해주었습니다. 어려운 여건 속에서도 공부를 열심히 해서 2007년도에 대학에 정상적으로 입학을 했습니다. 그리고 2015년도에는 농협손해보험에 입사도 했습니다. 그중에서도 이렇게 예쁘고 똑똑한 신부를 맞이하게 된 것은 제 인생일대에 가장 큰 선물입니다. 옛말에 이르기를 혼사에서 배필은 하늘이 정해준다고 해서 천정배필이라고 했습니다.

처음 아들이 여자를 사귄다고 했을 때 아비로서 걱정스런 마음도 있었습니다만 오늘의 신부인 나보름양을 처음 만나자마자 예쁘고, 바르고, 건강하고 활기차고, 밝고, 고운 모습을 보고 안도할 수 있었습니다. 또한 젊은 나이임에도 항상 예의를 지키고 말을 할 때와 침묵해야할 때를 가릴 줄 아는 모습에서 훌륭한 부모님 밑에서 제대로 된 가정교육을 받았다는 것을 알 수 있습니다. 보름양을 보면 볼수록 정이 드는 마음에 역시 내 아들이 나를 닮아 사람 볼 줄을 아는구나, 하는 생각에 가슴이 벅찼고 뿌듯했습니다.

지난 2월의 상견례 때에 사돈 어르신을 처음 뵈었는데 역시 나보름양을 보고 예상했던 그대로 깊은 배려심과 넓은 이해심을 가진 훌륭한 분들이라는 걸 알 수 있었습니다. 앞으로 부족한 사위지만 사랑으로 감싸주고 이끌어주실 것이라 생각하니 아들을 장가보내는 아쉬움은 즉각 사라지고 마음이 푸근해집니다. 그리고 나보름양은 부모님의 심성을 물려받은 데다 모두가 부러워하는 유수한 대학에서 모범적인 교육까지 받은 아름다운 규수이므로 앞으로 살아가는 동안 어떤 어려움이 닥치더라도 제 아들과 함께 지혜롭고 슬기롭게 역경을 극복해서 행복한 가정을 꾸려 백년해로하리라는 믿음을 갖습니다.

우리 며느리가 시댁 부모님에게 사랑을 가득 받는 만큼 우리 아들도 장인·장모에게 신뢰받고 사랑받기를 바라며, 앞으로 두 사람이 일굴 새로운 가정에 행복과 화목함 넘쳐나기를 기원합니다. 감사합니다.

아버님 어머님께

예비며느리 보름이 인사드립니다.

결혼을 앞두고 아버님 어머님께 감사하는 마음을 편지에 담고 싶어 펜을 들었습니다.

저는 요즘 결혼 준비를 하나하나 해나가고 있으려니 승환씨와 처음 만나 함께하며 즐거웠던 날들이 생각나기도 하고 앞으로 함께할 날들을 그려보기도 하며 무척 설레고 행복한 마음입니다.

배려심 깊고 다정한 승환씨를 낳아주시고 정성으로 키워주셔서 저와 인연이 닿을 수 있도록 허락해주신 두 분께 깊이 감사드립니다.

승환씨가 저와 결혼을 하여 새로운 가정을 이룬다니 기쁘기도 하고 한편으로는 서운하기도 하실 줄로 압니다. 부모님들께는 여전히 아이 같은 저희가 잘 해나갈 수 있을지도 걱정이 되시겠지요.

부모님들께 심려 끼쳐드리지 않도록 어려울 때는 서로 의지하고 늘 양보하며 서로에게 힘이 되어주는 지혜로운 부부가 되겠습니다.

저의 마음과 함께 저희 집에서 정성으로 준비한 예단을 전해드립니다. 정성으로 준비한 예단을 기쁘게 받아주시면 두 집안의 소중한 인연의 시작이 더욱 뜻 깊을 것 같습니다.

아버님 어머님 두 분께서 베풀어주신 사랑을 잊지 않고 언제나 부모님들의 자랑이자 기쁨이 되도록 열심히 살아가겠습니다. 두 분께서도 오래오래 건강하게 저희 곁에서 함께해 주세요.

– 2017년 7월 사랑을 담아 예비며느리 보름 올림

아버님 어머님께

아직 사위라는 이름이 어색한 예비사위 이승환입니다.

먼저 많이 부족한 사위이지만 따뜻하게 맞아주시고 가족으로 받아주신 두 분께 진심으로 감사드립니다.

예로부터 천정배필이라 하여 부부는 하늘이 정해준다 하지만 그동안 같이 걸어온 인연이 평생을 함께 할 반려자가 된다는 사실에 설레고 기쁩니다. 소중하게 키운 딸을 부족한 제게 보내주시고 저를 믿어주신 것에 대해 감사의 말씀 올립니다. 저의 부족함을 채워줄 수 있는 사람이 제 옆에 있다는 사실이 행복할 따름입니다.

두 분께서 주신 큰 사랑과 믿음 마음 깊이 새기고 앞으로 보름이와 부부로서 행복하게 살아가겠습니다. 처음 마음 그대로 변치않고 살아가는 저희를 지켜봐 주십시오. 감히 호강시켜준다는 약속은 드리지 못하지만 잘 맞는 금과 슬처럼 서로 의지하며 여고금슬하겠습니다.

두 집안의 소중한 인연됨을 감사해하며 준비한 작은 선물 기쁘게 받아주시면 감사하겠습니다. 장인어른, 장모님 사랑합니다.

– 예비사위 이승환 올림

장뚱어 잡는 아내

오늘도 날씨는 여전히 화창했고 바람이 시원하게 불었다. 이런 날씨에는 장뚱어를 잡기에 제격이었다. 아내는 남편에게 말도 하지 않고 갯벌로 나갔다. 갯벌을 휘저으며 장뚱어를 잡기에 여념이 없다. '잡았다' 라고 소리치며 신나게 장뚱어를 잡는다. 남편에게 맛난 장뚱어요리를 해줄 마음에 흐뭇해진다.

한편 집에서는 아무소리도 없이 장뚱어잡이를 나간 줄 모르는 남편이 이리저리 아내를 찾아다닌다. 이웃집에 가서 "진숙엄니 어디 갔는 줄 아시오" 라고 묻고 다닌다. 결국 마을회관의 경로당까지 찾아가 봤지만 허탕이었다. 마을회관에서 나와 먼 곳의 갯벌을 쳐다보니 아내가 일을 마치고 막 휴식을 취하는 참이다. 아무리 말려도 장뚱어잡이를 그만두지 못하는 아내에 대한 한탄이 쏟아진다. "어떻게 붙들어 매어놓을 수도 없고 참으로 고약한 노릇이구먼." 고민에 고민을 거듭하던 남편은 어느 날 말끔하게 차려입고 시내로 나간다. 그리고 핸드폰을 하나 사가지고 온다. 아내용 핸드폰이다. 예전에도 핸드폰을 사주었는데 어떻게 하다 보니 갯벌에 빠뜨리는 바람에 여태까지 핸드폰 하나 없이 살아온 셈이었다. 핸드폰을 받아든 아내는 기쁜 마음에 어쩔 줄 몰라 한다. 그녀는 그것을 자랑할 곳이 없으니 애꿎은 개에게 자랑질이다. "방울아 나 핸드폰 샀다. 부럽지" 남편은 아내에게 신신당부한다. "잘 간수하고 언제든지 전화하면 잘 받으소." "장뚱어 잡으러 가는 것은 허락할 테니 제발 허리 아프단 소리는 좀 하지 말고 건강 잘 챙기고 몸조리도 잘 하소."

오늘도 날이 맑아 장뚱어를 잡기에는 적격인 날씨다. 아내는 핸드폰을 비닐봉지에 잘 싸서 다라이 속에 넣고 장뚱어 잡이를 나간다. 갯벌은 여전히 푹푹 빠지는 뻘이다. 장뚱어를 한 바게쓰 잡아서 들어오는 길에 남편의 전화를 받았다. 얼떨결에 비닐봉지는 바람에 날려버렸다. 결국 핸드폰을 다라이에 넣고 오던 중에 그것을 뻘에 빠뜨려버리고 말았다. 오던 길을 다시 되돌아갔다. 그리고 갯벌을 샅샅이 뒤졌다. 그리고 겨우 그것을 찾았다. 하지만 한번 뻘에 빠진 핸드폰은 이미 작동이 멈췄다. 남편에게는 밧데리가 나갔다고 거짓부렁을 하고는 몰래 뒷간에 숨겨놓았다. 그리고 다음날 하필 그날은 장날이었다. 남편이 이웃집에 마실을 간 틈에 장에 다녀온다고 하고는 냉큼 집을 나섰다. 핸드폰을 들고 핸드폰 대리점에 들렀다. 고치는 값이 새로 사는 값보다 더하다고 하니 새로 사는 수밖에 도리가 없다. 그런데 새로 사고 보니 번호가 바뀌져 버렸다. 남편은 꿈에도 이런 사실을 모른 채 또 다시 옛번호로 전화를 건다. 그런데 이번호는 사용할 수 없다는 메시지가 나오니 환장할 노릇이다. 남편은 어깨가 아프고 아내는 허리가 아프다. 70을 훌쩍 넘긴 고령이니 이곳 저곳 탈이 날 수밖에 없다. 4남매를 다 출가시키고 이제는 두 노부부가 알콩달콩 살면 되는데 이렇듯 애를 끓이며 사는 것이다. 남편은 출타해서 아픈 어깨를 치료받고 오는 길에 사골을 사갖고 온다. 그리고 그것을 열심히 끓여놓는다. 방의 불을 지피고 하는 것은 남편의 몫이다. 항상 장뚱어를 잡는 일에만 몰두하고 있는 아내에게 신경을 쓰지 않을 수 없다. 밤이면 허리가 아프다고 파스를 붙여주는 것이 다반사이다. 장에 다녀온 아내에게 핸드폰에 관한 속사정을 다그친다. 그러자 아내는 핸드폰에 관한 사정을 실토한다. 남편은 토라져 밥도 먹지 않고 집을 나가고야 만다. 정성들여 만들어놓은 식사를 하지 않고 나가는 남편 때문에 아내는 속이 상한다. 아내는 속이 상한 남편에게 얘기한다. "화 많이 났소." 이번에는 갯벌로 나가서 남편이 좋아하는 굴을 따온다. 그리고 그것으로 푹 삶아서 가마솥에 안쳐두고는 모른 채 한다. 일을 나갔다온 남편은 아내가 자신의 속을 풀기위해 마련해 놓은 굴을 맛있게 먹으면서 화를 삭인다.

다음날 남편은 또다시 아내가 핸드폰을 잃어버리는 것을 방지하기 위해 시내로 나갔다. 그리고 핸드폰을 매달아 놓을 수 있는 목걸이처럼 생긴 줄을 사온다. 그리고 그것을 아내에게 건네고 다시는 핸드폰을 잃어버리지 말라고 당부한다. 그리고 남편은 글을 모르는 아내를 위해 본격적으로 선생노릇을 하기로 한다. 달력을 찢어 그것에 글자를 써놓고 그것을 따라 쓰도록 공부를 가르쳐 주기로 한다. 100개의 단어를 적어놓고 일주일 후에 시험을 보기로 한다. 공부에 매달린 아내는 밤늦도록 그것에 몰입한다. 이제는 글자도 알게 되고 문자도 할 수 있게 된 것이다. 문자는 이웃집 아낙에게 가서 문자 보내는 법을 배운다. 그리고 남편에게 문자를 보낸다. 문자를 받아본 남편은 아내의 정성에 감복해서 더할 나위 없이 행복감에 젖는다.

드디어 일주일이 지나고 시험을 보는 날이 되었다. 열심히 공부한 아내는 시험에서 성적이 잘 나올지 알 수 없는 노릇이다. 남편은 아내의 답안지를 고쳐서 원하는 만큼의 동그라미를 쳐준다. 선물은 아내가 원하는

바를 들어주는 것이다. 아내는 마음껏 장뚱어를 잡을 수 있게 해달라는 것이 소원이다. 남편은 아내의 소원을 들어주고 아내는 기쁜 마음으로 장뚱어를 잡으러 나간다. 소박한 아내의 일상과 남편의 마음속을 들여다 볼 수 있는 장면들이 연출되었다. 우리 모두 서로의 감정에 익숙하지 못하고 남편과 아내의 삶으로 수십 년을 산 부부임에도 서로의 마음을 헤아려 줄줄 모른다. 참으로 안타까운 노릇이다. 또한 답답함을 금할 수 없는 것이 세상사임을 다시 한 번 확인시켜준다.

전라남도 보성군 벌교읍에 사는 이들의 애틋한 사연이 담긴 내용으로 얼마 전 방송된 '사노라면'이라는 프로그램에서 소개된 내용을 정리한 것이다. 남편은 남편대로 아내는 아내대로 서로를 위해서 마음 쓰고 아픔을 보듬고 챙겨가면서 위해가는 삶속에서 정을 쌓아가는 것이 세상사를 살아가는 모습이라는 것을 보여주었다. 남편은 김옥봉(78세)씨였고 아내는 이홍엽(71세)였다. 남편을 위해 장뚱어를 잡는 모습에서 애틋한 부부애를 엿볼 수 있었다. 배필은 하늘에서 정해준다고 했었다. 서로를 믿고 정분을 쌓아가는 모습에서 오늘날 삶을 살아가는 이들 모두에게 큰 귀감으로 작용하지 않을까 여겨진다. 부부로의 연을 맺기 위해서 엄청난 업이 관련되어져야 한다고 했다. 제대로 된 인연을 천생연분이라고 하지 않던가. 백년해로하는 이들의 진정한 부부애를 느껴볼 수 있었던 시간이었다.

은둔자의 삶

어느 날 은둔자는 길을 떠난다. 60Km나 떨어진 바이칼호숫가의 오두막집을 향해서 간다. 조그만 차에 6개월 치의 식량을 싣고 떠난다. 책과 보드카와 커피만 있으면 된다고 여겼다.

6개월간의 은둔자의 삶이 시작된다. 그가 제일 먼저 한 일은 눈 속에 보드카를 던지는 것이다. 2월에 갔는데 3개월이 지나 눈이 녹으면 보드카를 찾을 수 있으리라. 40세를 맞이하게 될 것이다. 일어나서 제일 먼저 하는 일은 창틀에 밀, 옥수수 등 곡물을 놓고 그것을 창가에 놓는 것이다. 그러면 새들이 와서 모이로 그것을 먹는 것이다. 오전에는 독서를 한다. 가져간 책은 까뮈, 니체, 쇼펜하우어, 그리고 가볍게 읽을 수 있는 추리소설 등이다. 그리고 오후에는 일상적인 것에 매달린다. 장작을 패야하고 물도 길러야 한다. 오로지 혼자서 모든 것을 해내야 한다. 1.5m의 두꺼운 얼음을 뚫어야 물도 얻을 수 있고 식량을 위한 물고기의 낚시도 가능해진다. 문명의 이기와도 결별이다. 전기도 수도도 없다. 간간이 개들이 지나가기도 한다. 2월부터 8월까지 6개월 동안의 삶이다. 아무도 방해하는 이 없고 대화를 나눌 이도 없다. 오로지 자신과의 싸움이고 고독과의 대화이다. 눈 위에 시를 쓴다. 봄이 하얀 겨울을 몰아낼 수 있다. 가상의 친구를 상정해 놓고 그와 대화하며 술잔을 기울인다. 겨울 산행을 나선다. 눈이 푹푹 빠지는 산길을 올라 정상에 오른다. 로빈슨 크로소우와 같은 삶을 영위해 보는 것이다. 세상을 바꾸고자 하는 것이 아니라 자신의 삶을 바꿔보기 위해서였다.

산은 나의 감옥이다. 숲은 나의 왕국이다. 고독은 우리의 곁을 떠나지 않는 유일한 연인이었다. 망원경을 목에 걸고 산에 오른다. 얼음은 살아있다. 그것이 깨어지는 소리에 잠을 깨고 그 속에서 자연의 신비를 경험한다. 눈의 결정체 속에 우주의 방정식이 속에 숨어 있을까. 자연과의 대화를 통해서 삶의 이치를 깨우친다. 신비로운 아름다움을 엿보는 것의 즐거움이 있다. 3월이 되자 60Km 떨어진 친구를 찾아 떠난다.

3월이 되자 외로움을 견디지 못한 그는 결국 채비를 해서 길을 떠난다. 스케이트로 얼음이 언 바이칼 호수를 통과해서 2박 3일간의 여정을 통해 인근에 살고 있는 사람을 만나러 간다. 가족과 함께 생활하는 이들의 세계로 들어간 것이다. 식사를 함께하며 세상사는 얘기를 나누고 생활에 필요한 것들을 얻고 구해서 다시 또 2박 3일간의 여정을 통해 오막살이로 돌아간다. 중간에 1박을 하면서 버려진 오두막에서 하루를 보낸다. 체스를 두면서 지루함을 이겨낸다. 비숍의 눈부신 활약에도 불구하고 백팀이 흑팀에 패하고 만다. 중간에 얼음을 보관하고자 하는 어부들을 만난다. 그들은 3계절 동안 쓸 얼음을 채취하기 위해 동분서주한다.

2박 3일간의 여행 끝에 세르게이 부부를 만난다. 그들은 자연보호구역에서 기상관측을 하면서 살아간다. 그 이웃에 사는 기상관측소 직원 레나에게서 늑대를 쫓아낸 얘기를 듣는다. 어느 날 바깥으로 나가보니 소들이 몰려오는 것이다. 어떤 일이 발생했는지 궁금해 했는데 보니 뒤에 늑대들이 추격전을 벌이고 있다. 레나는 분노해 늑대들을 향해 돌팔

매질을 한다. 그러자 늑대들은 도망가고 소들도 다시 늑대를 공격하기 위해 방향을 바꾼다.

4월이 되자 바이칼 호수의 얼음이 녹기 시작한다. 산림경비원이 개 두 마리를 두고 간다. 아이크와 배카다. 이제는 동무가 생겼다. 5월이 되자 바이칼호의 얼음이 갈라진다. 곧이어 6월이 되자 계절의 변화가 완연하다. 생명의 약동을 느껴볼 수 있다. 침묵은 시간이 지나가면서 내는 소리다. '잃어버린 시간 속에서' 라는 그런 제목의 책을 써 보고 싶다. 의식이 시작된다. 개미는 활동영역을 넓혀간다. 보드카를 찾았다. 이제는 생동하는 대지의 기운을 느껴볼 수 있다. 허무주의자는 바이칼 호수에 찾아온 봄의 생기를 이길 수 없다. 자살도 생각했고 그렇게 실행할 꿈도 꾸었지만 생은 그렇게 호락호락하지 않다. 이 세상의 심오함과 아름다움을 다 탐험하지 못하지 않았는가. 위로가 되는 부분은 세상은 넓고 할 일은 많다는 것이리라. 지루함을 견디기 위해 주어진 것을 즐기고 매 순간을 축복으로 여겨야 한다.

7월이 되었다. 체념하는 법을 배우게 되는 것이 낚시다. 바늘에 고기가 걸릴 수도 있지만 허탕일 때도 부지기수다. 이제는 세상에 열정적인 연인들로 가득하다. 곤충, 나비, 장수하늘소 등 삶의 의미를 찾아 노력하는 이들의 정성이 갸륵하다. 등산을 갔다. 생명의 약동을 새롭게 느꼈다. 곰이 부지런히 움직인다. 생존을 위한 몸부림이다. 먹을 것을 찾고 부양 가족의 생계를 위해 동분서주한다.

8월이 되었다. 삶이란 덧없는 것이다. 자작나무에 흔적을 남기고자 어록을 새긴다. 하늘에 안부를 전해다오. 다음은 호수가 돌에 문장을 새긴다. 세상 속으로 들어가고 싶다. 굴곡 가득한 삶을 살고 싶다. 영원한 그림자에 닿기 전에 빛을 맛보고 싶다. 오두막은 실험실이다. 잉크, 담배, 술이 필요하다. 이제 개 두 마리는 산림경비원에게 맡겼다. 다시 돌아올 것을 알고 떠난 것이다.

내가 은둔자의 삶을 보게 된 것은 우연한 기회였다. 바이칼 호수를 간다는 것 때문이었다. 여러 개의 VTR을 봤다. 그중에 한 개가 은둔자의 삶이었다. 하나는 바이칼 호수에서 오믈이라는 생선을 낚으며 생활하는 어부들의 삶이 담겨진 것이었다. 또 다른 하나는 블라디보스톡에서 대륙횡단열차를 타고 바이칼 호수로 여행한 러시아문학 교수의 여행기였다. 마지막은 은둔자의 삶이었다. '인간은 사회적 동물이다' 라는 얘기가 있었다. 고독함 속에 자신의 내면을 들여다보고자 했던 은둔자의 삶 속에서 삶이란 것이 어떤 의미라는 것을 깨우쳤을 은둔자의 절대 고독에서 인간에게 다가오는 것은 무엇이었을까. 동양에서는 불혹이라고 얘기했다. 40세가 되면 미혹됨에 흔들리지 않는다는 의미다. 어떤 유혹에도 중심을 잡고 자신의 소신 또는 철학에 의해 삶을 살아갈 수 있어야 하리라. 아주 짧은 6개월 동안의 삶이었지만 자신과의 독백, 대화, 삶에 관한 성찰을 통해 깨달음을 얻었으리라. 은둔자는 6개월간 바이칼호숫가 오두막집에서의 생활을 통해 시간을 다스리는 법을 배우게 되었다고 후일담을 내놓는다.

역경 극복

요즘 한창 대학의 졸업시즌이다. 인생에서 졸업은 마무리이기도 하지만 새로운 출발을 위한 시작이기도 하다. 치열하게 경쟁해야하고 어려운 취업의 관문을 뚫어야 하는 시대이기도하다. 새롭게 세상을 나서고 사회에 첫출발하는 이들에게 꼭 필요한 것이 역경지수를 높이는 것이다. 통상 사람들이 알고 있는 지수는 지능지수와 감성지수 정도이다.

근래에 와서 주목받고 각광받는 것이 역경지수이다. 미국의 커뮤니케이션 이론가인 폴 스톨츠 박사가 주창主唱하는 것이 역경지수이다. 역경지수는 세 개의 범주範疇로 나뉜다. 첫째는 쿼터, 둘째는 캠퍼, 셋째는 클라이머이다. 쿼터는 역경이 닥치면 포기하고 주저앉는 형이다. 캠퍼는 거의 80%에 해당하는 유형으로 역경이 닥치면 그것에 순응하고 그것에 안주하는 형이라 할 수 있다. 반면 클라이머는 그런 것을 뛰어넘는 형이다. 역경을 이겨내고자 하고 벗어나고자 적극적으로 노력하는 형이라는 것이다. 세상사에서 리더가 되려면 역경을 극복할 수 있어야 한다.

역경 극복의 화신 에이미 멀린스는 지난해에 우리나라를 다녀갔다. 세상에서 가장 아름다운 여인 50인에 들었던 사람이다. 조윤선 여성가족부장관의 초청으로 우리나라를 방문했고 전방 지뢰 폭발사고로 다리를 잃은 장병을 위문하기도 했었다. 그녀는 발이 없고 의족으로 생활한다.

그녀는 말한다. 장애란 억눌린 영혼이다. 역경逆境이야말로 우리의 자아와 능력을 일깨우고 우리자신에게 선물을 가져다준다. 그녀는 어떻게 장애를 극복하고 이겨냈는가. 4살 때였다. 그녀를 치료하던 주치의主治醫 피주틸로 박사는 그녀에게 이렇게 말했다. “넌 정말 강하고 힘이 넘치는 소녀로구나. 고무밴드쯤 얼마든지 끊을 수 있을 것이다. 그것을 끊으면 100달러를 주마.” 그것은 마치 우리의 감동영화 ‘말아톤’에서 엄마가 초원이에게 해주는 말과 똑같은 의미를 담았다. “초원이 다리는 백만 불짜리 다리” 에이미 멀린스에게 자신감을 심어주었고 도전정신을 불어넣어 자신이 처한 역경을 슬기롭게 대처하며 견뎌낼 수 있게 해 주었다. 그리고 그녀는 종아리뼈가 없이 태어났고 한 살 때에 다리를 절단했음에도 그런 위기와 역경을 슬기롭게 극복해서 1996년에 장애인 올림픽에 출전하기도 했고 패션모델로 활동하기도 했으며 영화배우로도 우뚝 설 수 있었다. 그녀는 2002년도 메튜 바니의 영화 ‘크레마스터 3’에 출연하기도 했다.

두 번째는 산악인 크리스 보닝턴에 관한 얘기다. 그는 영국출신의 산악인이었다. 43세 되던 해에 동료 스컷이라는 이와 바인터 블락이라는 에베레스트를 오른다. 어느 순간 정상부근에서 7000m 아래로 순식간에 추락한다. 자신은 갈비뼈가 부러지고 동료는 발목이 골절되었다. 5km의 거리를 기어서 5일 동안 눈 속을 헤쳐서 기적적으로 나온다. 베이스캠프에 있던 이들은 모두 그들이 살아있으리라고 상상도 못했다. 버닝턴 이후 20년간 바인터 블락을 오른 이는 없었다고 한다. 크리스 보닝턴은 그런 불굴의 의지로 역경을 이겨낸 공로로 영국 정부로부터 기사 작위를 수여받는다. 우리나라에도 방문한 적이 있었다.

마지막 사례는 우리나라의 역경을 극복한 성악가 최승원에 관한 이야기이다. 그는 4살 때 소아마비를 앓았다. 그 시절 그의 소원은 한번 뒤집어 보는 것이었다. 어려움 속에서도 학업을 계속했고 한양대학까지 다녔다. 한양대학의 음악대학에 등교하려고 하면 100개의 계단을 올라야 했다. 그는 불굴의 의지로 학업을 마쳤고 진로를 모색했다. 그러나 장애아에 대한 냉대는 극심했다. 합창단의 일원이 되는 것도 거절당했다. 그는 손아귀의 힘이 약해 악보를 쥘 수도 없는 상황이었다. 그는 결국 부모님을 설득해서 다시 한번 시도해 보기 위해 미국으로 건너갔다. 그곳에서 스승을 만났다. 81세의 오스트리아 출신으로 메조소프라노 성악가였고 이름은 헤르타 글라츠라는 분이었다. 그가 오페라 가수로 입문하려고 하는 것이 자신의 처지로서는 어렵다고 하소연하자 그녀가 준 충고는 '와이 낫Why not?' 이었다. 왜 안 된다고 생각하느냐고 반문한 것이다. 최 교수는 그래도 반신반의하면서 80%의 의심을 가지고 도전을 했다. 유수한 콩쿠르에서 우승을 했다. 뉴욕의 비평가들은 그의 목소리를 평가하기를 황금 목소리라고 했다. 혹자는 제2의 파바로티가 탄생했다고 했다. 그는 이제 거리낄 것이 없었다. 세계의 주목을 받았고 승승장구했다. 마이클 잭슨을 만나고 레이건 대통령을 만나고 영국의 대처수상을 만나는 영광을 얻기도 했다. 그는 스승이 일러준 생각의 전환을 통해 완전하게 새롭게 세상을 바라보게 되었고 마음자세를 다르게 가질 수 있었다. 그는 세바시라는 곳에 나가서 강의를 했다. '세상을 바꾸는 시간' 이라는 의미를 갖고 있다. 그는 10여 분간 그가 걸어왔던 길에 관해 설명을 했고 노래를 불렀다. 클래식에 속한 아리아 등이 아닌 팝송곡이었다. 그것은 정부단체에서 청소년을 위해 불러주었으면 좋겠다는 요청에 의해 부르게 된 노래였다. 곡명은 프랭크 시나트라의 '마이 웨이My way' 였다. 열창을 했고 객석에서는 우레와 같은 함성과 박수가 나왔다. 그러자 그는 앵콜송으로 화답했다. 그것은 '지금 이 순간' 이란 노래였다. 본래 세바시의 주어진 시간은 15분이었다. 그런데 그가 강의한 시간은 20분이 넘었다. 노래가 끝나자 객석에서는 전 관객이 감동으로 기립박수를 보냈다. 어려움과 위기를 딛고 일어서 자신의 길을 개척한 이에게 보내는 감동과 찬사의 박수였다.

혹자는 위기는 기회라고도 한다. 역경지수가 높은 이는 치열한 경쟁시대에 겸손하게 지혜롭게 강하고 뿌리 깊게 조직사회를 만든다. 리더가 되려면 역경지수를 높여야 한다. 리더는 역경을 극복할 수 있는 지혜와 전략을 수립할 수 있어야 하고 조직을 위기에서 구해내야 한다. 이제는 세상에 새롭게 사회에 첫발을 내딛는 새내기들이 역경을 이겨내는 힘을 가지고 새 출발하고 새로운 각오를 다지는 마음으로 역경과 위기를 극복하는 클라이머로서 굳건하고 올곧게 사회에 첫발을 내딛기를 기대해 본다.

알렉스 퍼거슨

세계 최고의 축구명장이란 칭호가 아깝지 않은 인물이 알렉스 퍼거슨이다. 그는 1941년 영국에서 조선소에 근무했던 아버지 비튼 퍼거슨과 어머니 엘리자베스 하디 사이에 태어났다. 어린 시절 그는 혹독한 근무규율을 지켜야 했던 조선소에서 생활을 하기도 했다. 57년 파크 FC에 정식으로 데뷔해서 공격수로 이름을 날렸다. 최고 득점선수가 되기도 했지만 1973년 32세의 나이로 에어 유나이티드 FC감독이 된다. 여러 구단을 전전하면서 감독 경력을 쌓았다. 그런 후 1986년 맨유에 입성한다. 그는 엄청난 규율과 혹독한 훈련을 시키는 것으로 유명하다. 팀이 이동 중에는 반드시 셔츠, 재킷, 넥타이를 착용하게 규율을 정했다. 시간을 어기거나 규칙을 지키지 않은 이에게는 출전권이 박탈되었다. 그러나 그라운드에서 헤어드라이어기라는 별명이 있을 정도로 가혹했고 혹독했지만 언론으로부터 질타를 당하는 선수에 대해서는 적극적으로 변호하고 바람막이가 되어 주었다. 38년간의 감독생활을 하면서 49번 우승하는 금자탑을 쌓았다. 1999년에는 트레블을 이뤘다. 그것은 리그 우승, FA컵 우승, UEFA우승을 동시에 달성하는 것이다. 이로 인한 공적을 인정받아 그는 영국 왕실에서 수여하는 기사의 작위에 서임되었다. 2010년 12월 19일 맷 버즈비의 기록을 넘으면서 가장 오랫동안 맨유에 재임한 감독이 되었다. 가족처럼 선수들을 키웠고 지켰고 훈련시켰으며 인정해 주었고 신뢰를 쌓았다.

한번은 크리스마스 다음날 주축인 세 선수가 술을 마시고 다음날 경기장에 나왔다. 전력에 차질이 예상되었지만 방법이 없었다. 결국 맨유는 그날 경기에서 패했지만 그의 원칙은 지켜졌다. 26년 6개월을 맨유의 감독으로 직을 유지했다. 2013년을 끝으로 은퇴했다. 그의 사무실에는 오래된 흑백사진이 한 장 걸려있다. 철골조 구조물에 걸터앉은 11명의 건설노동자 사진이다. 항상 그는 견습생들에게 그 그림의 의미를 깨우쳐 준다고 했다. 팀은 언제나 최우선의 과제이고 팀워크를 이뤄나가는 것이 선수와 감독의 최고의 가치라고 얘기한다. "규율을 포기하는 순간 성공과 영원히 이별하게 되고 무대는 난장판이 될 것이다. 11명의 선수가 훈련에 최선을 다하고 체중 유지는 물론 충분한 숙면도 취하며 정확한 시간에 경기장에 나타난다면 승리의 절반은 이미 이룬 셈이다." 그는 언제나 승리에 목말라 했고 더 많은 경기에서 승리하기를 원했다. 그의 리더십의 내용은 첫째 권한의 중시다. 둘째는 치밀한 일정관리이다. 셋째는 명확한 의사소통이다. 넷째는 동기부여이다. 다섯째는 승리에 대한 집착이다. 알렉스 퍼거슨의 성공비결을 분석해 놓은 것으로 8가지가 있다. 그는 상황에 따라 감독의 역할도 달라져야 한다고 했다. 때로는 의사선생님, 아버지가 될 수 있어야 한다.

첫째 기초에서 시작하라. 맨유에 처음 감독으로 왔을 때 생각한 것은 오로지 하나 축구팀을 만드는 것으로 바닥부터 세우고 싶었다. 둘째 리빌딩을 두려워 하지 마라. 성공적인 팀의 주기는 4년 정도이다. 그 이후에는 변화가 필요하다. 항상 3~4년 앞날을 그려보고 계획을 세우고 결정

했다. 맨유에 그만큼 오래있었기 때문에 가능했다. 셋째 높은 기준을 정하고 팀원들에게 이를 따르도록 하라. 우리가 하는 모든 것은 축구팀으로서 세운 기준을 지키느냐에 관한 것이다. 나는 특히 스타선수에게 더 많은 기대치를 뒀다. 넷째 절대로 지휘권을 내려놓지 말라. 난 나보다 더 강한 자를 용납하지 않았다. 훈련과 휴식, 규율과 전술 등을 결정할 때 맨유의 감독이 선수들에게 휘둘리는 날이 온다면 그 팀은 더 이상 우리가 아는 맨유가 아니다. 다섯째는 이길 준비를 하라. 이기는 것은 내 본성이다. 다른 옵션은 없다. 우리가 경기에 막바지에 어떻게 뛰는지를 보면 알 수 있다. 내가 맡았던 모든 팀은 인내를 갖고 있었다. 포기한 적이 없다. 여섯째 관찰의 힘을 믿어라. 관찰은 내 지도 체계 중 최후의 부분이다. 지켜보면서 얻을 수 있는 것은 믿을 수 없을 정도로 값지다. 선수들의 행동이 바뀐다거나 열정이 식은 모습을 보면 그 선수를 더 신경 쓰게 됐다. 가끔은 선수 자신이 알아채지 못한 부상을 말해주기도 했다. 일곱째 적응을 멈추지 말라. 내가 감독을 시작할 때는 에이전트가 없었다. 경기는 중계방송 되었지만 미디어가 선수를 영화배우처럼 대하지 않았다. 선수들은 점차 보호를 받으며 살게 되었고 25년 전보다 훨씬 더 깨지기 쉬운 약한 존재가 되었다.

그의 성공비결에 관한 것은 리딩이라는 책에 잘 나와 있다. BBC에서 제작한 다큐멘터리에서는 영국 총리, 긱스, 호날두 등이 인터뷰에 응하면서 그의 감독의 일면을 잘 느껴볼 수 있도록 제작되었다. 영국 경영대학원에 리더십을 강의하는 형식으로 다큐는 제작되었는데 그곳에서 그는 첫머리에서는 가족정신이 맨유를 강하게 만들었다고 했고 맨 마지막에서는 일관성이 오늘의 자신을 있게 했다고 한다. 축구감독으로 전무후무한 불세출의 기록을 만든 천하의 명장으로 그는 전혀 손색이 없을 듯하다. 한 선수는 6주간 부상으로 출전을 못하게 되었는데 맛집을 찾아다니고 나이트를 돌아다니는 등 자유롭게 지내고 갔더니 그것을 감독이 다 알고 있더라는 것이고 맨유에 오래있으려면 그래서는 안 된다고 혼줄이 났다. 호날두는 얘기한다. 그는 그라운드의 아버지라고 말이다. 정말 무서운 호랑이 같은 아버지이기도 하지만 가정사에 문제가 생기니 먼저 아버지부터 챙기라고 그를 보내주기도 했던 자상한 감독이었다.

한국축구가 얼마 전 월드컵 본선 출전을 확정지었다. 감독이 경질되고 제대로 경기에서 이겨내지 못할 때마다 고질적인 병폐인 골결정력 등 우리의 축구수준에 분루를 삼켰던 아픈 기억이 남아있다. 오랫동안 월드컵이나 올림픽에서 16강이라는 벽을 뛰어넘을 수 없었던 한국축구였다.

국운이 최고 상승했던 2002년도에 우리는 정점을 찍었고 알렉스 퍼거슨 감독에 비견할 수는 없지만 그래도 우리는 히딩크라는 정말 훌륭한 감독을 가졌던 경험이 있다. 한국의 대통령으로 영입해야 한다는 우스갯소리가 나올 정도로 영웅대접이었다. 그는 러시아 월드컵에 일정부분 기여하기를 희망하는 인터뷰를 하기도 했다.

우리에게도 맨유에서 활약을 펼쳤던 박지성이라는 스타플레이어가 있었다. 항상 경기에서 승리할 수 있도록 제반 조건과 여건을 만들고 그것을 성취해내는 탁월한 리더십을 발휘했던 명장 알렉스 퍼거슨이 주는 교훈을 리더는 가슴속 깊이 간직해야 하리라.

상견례

지난 주말이었다. 아들의 상견례가 있었다. 토요일 오후 12시부터 예약을 해 두었다. 수서에 있는 필경제라는 곳이었다. 모든 가족이 채비를 해서 10시 35분에 집에서 출발했다. 한 시간쯤 소요되었다.

당초 예정은 세종문화회관 등도 고려했는데 촛불집회 등으로 인해 그곳부근이나 근처는 모두 배제하기로 했다. 어느 날 집사람이 수소문해서 알아온 곳이 필경제라는 곳이었다. 일주일 전에 사전에 답사를 위해 방문을 했는데 발 디딜 틈이 없을 정도였고 안내원의 말로는 답사자체도 불가능하다는 얘기였다. 주차할 곳을 찾기도 어려울 지경으로 혼잡이 극에 달했다. 필경제에 도착해서 들어가려고 보니 마침 아들이 사돈네를 모시고 막 출입문을 들어가는 뒷모습이 보였다. 마당에서 서로 인사를 하고 예약된 곳으로 들어갔다. 의자가 놓여 있었고 정갈하게 기본적인 세팅이 되어져 있었다. 일단 외투를 옷걸이에 걸어두고 좌정했다. 아들이 우리 쪽 가족을 소개했고 며느리가 자기 쪽 가족들을 간단히 소개했다. 소개를 할 때마다 당사자들이 일어나 인사를 하고 앉았다. 8명이 총 참석인원이었다. 우리 쪽에는 작은 아들이 추가되었고 며느리네는 오빠가 추가되었다. 여러 가지로 섭섭함이 있을 것으로 여겨졌다. 29년이나 고이 길러온 딸을 보내는 것이 쉽지 않은 결정이었을 것으로 보였고 무척이나 아쉬움이 남을 것 같았다. 예약된 시간보다 이른 시간이어서 음식

이 나오기까지는 시간이 좀 걸렸다. 1년여를 교제한 끝에 이제야 그 결실을 보게 된 순간이었다. 나와 집사람의 명함을 건넸다. 농협구미교육원 원장의 명함과 집사람의 직책인 경기고등학교 교감 명함이었다. 회갑이라는 사돈네는 아직도 정정해 보였고 건강해 보였으며 온후한 인상이었다. 사부인은 단아한 모습이셨고 올곧아 보이는 모습이 곱게 나이든 태가 났다. 거의 대화는 사부인과 집사람이 했다. 오랫동안 준비를 했고 학수고대했던 날이었는데 무난하게 상견례가 진행되었다. 본래 당초의 계획은 우리 쪽에서 전주로 가는 계획을 잡았었는데 굳이 또 오시겠다고 해서 이렇게 된 셈이었다. 언젠가 기회가 되면 전주로의 초대도 할 수 있다는 여지를 남겨두셨다. 신랑과 신부가 다 알아서 결혼날짜도 잡았고 예식장도 예약을 해 놓은 터여서 그렇게 진행되는 대로 쫓아가면 될 것으로 보였다. 술로 준비한 와인은 며느리가 준비했던 것이 한 병이었고 또 다른 한 병은 내가 따로 구한 것이었다. 이태리산이었고 상당히 고급 와인에 속하는 것으로 안토노리에서 생산된 구아도 알 타소 볼게리 슈페리오레 2012년이었다. 제대로 맛을 보려면 뚜껑을 따고 한 시간쯤 지난 후에 맛을 봐야 한다고 했다. 건배만 간단히 했다. 술을 마실 수 있는 이가 거의 없었다. 반잔쯤 드신 사돈네는 벌써 주기가 올라 얼굴에 표시가 확연했다. 집사람도 운전을 해야 했기에 대신 내가 마셨다. 아들도 운전을 해야 했기에 내가 마실 수밖에 없었다. 맨 먼저 나온 음식은 김치였다. 물김치류였는데 그것을 접시에 옮겨 담아서 먹도록 되어 있었다. 다음으로 나온 것은 문어였다. 아들이 인사를 갔을 때 음식을 잘 해주셔서 잘 먹고 온 얘기 등이 화제에 올랐다. 며칠 후면 발렌타인데이여서 신랑신부가 각각 가족들에게 초콜릿을 선물로 준비해서 전달하기도 했다.

지난해 늦은 가을쯤에 아들이 먼저 전주로 가서 부모님을 뵙고 결혼 승낙을 받았다. 그 후 며느리가 아들과 함께 우리 쪽으로 와서 식사를 하면서 인사를 했었다. 이제는 예물을 맞추고 웨딩 촬영을 5월에 하게 되고 사돈네간에 한복을 맞추는 수순을 밟아가야 하고 청첩장을 돌리고 예식을 치르면 되는 일정이었다. 집이나 신혼살림 등은 신랑신부가 협의해서 장만하면 될 것으로 보였다. 신혼여행에 대한 부분은 신랑이 예약하고 진행해서 가이드 역할을 하면 될 것으로 여겨졌다. 영국에서 7개월가량 어학연수를 했고 유럽전역을 순회한 터여서 특별히 문제될 만한 것은 없어 보였다. 동유럽 쪽인 크로아티아 쪽으로 갈 것이라고 했다.

음식은 계속해서 나왔고 정갈해 보였고 담백한 맛을 느끼게 해 주었다. 식사가 끝나고서는 바깥에서 기념촬영을 했다. 안에서도 간단히 종사원에게 부탁해서 사진을 찍었다. 앉은 자세였다. 결혼식 날짜도 미리

다 정해져 있었다. 9월 9일 오후 2시 30분이었다. 강남의 예식장으로 예약까지 잡아놓은 상황이었다. 아들과 며느리는 그저 싱글벙글이었고 정말 빛나 보였다. 가장 아름다운 순간이었고 기쁨 가득한 순간으로 여겨지는 시간들이었다.

아들은 이제 농협손보에 입사한지 1년여가 지났고 며느리는 일산병원에 입사한지 5년 정도를 보낸 베테랑 직장인이었다. 아들은 사돈네를 기차역까지 모셔다 드렸고 우리는 집사람이 운전해서 귀가했다. 작은 아들은 곧바로 학원으로 갔다. 한시간 여의 상견례였는데 무척이나 어려운 자리로 여겨졌고 긴장이 많이 되었는데 그런대로 무난하게 회합을 한 것으로 느껴졌다.

전주로 가는 KTX에서 사부인이 집사람에게 보내온 카톡이다. "오늘 점심 맛있게 먹고 즐거운 시간이었습니다. 감사하고 고생하셨습니다. 고맙습니다." 답장을 보낸 집사람의 문자는 이랬다. "전주로 가시는 길이신가요. 보름이 부모님을 뵙고 보니 이쁜 보름이가 우리 집으로 오게 된 것이 참 고맙다는 생각이 듭니다. 편히 가십시오. 감사합니다."

일생일대의 대사라고 일컬어지는 결혼을 위한 통관의례요, 절차로 되어있는 상견례였다. 당사자보다 부모들의 마음이 더 긴장되고 다독여지는 것은 당연지사리라. 예비신혼부부가 좋은 인연으로 만나 잘 살아가길 기원해 본다.

산수연

지난 일요일이었다. 8월의 마지막 일요일이었다. 가족 넷이 KTX에 올랐다. 우리는 집에서 출발을 했고 예비며느리는 일산에서 출발해서 서울역 대합실에서 조우했다. 가방에는 양주가 들어 있었고 보자기에는 책이 들었다. 양주는 아들이 들었고 보자기는 내가 들었다. 7시 50분 발이었고 부산행이었다.

결혼식은 2주를 남기고 있었다. 거의 모든 결혼준비는 다 되었다. 주례사를 맡으신 분의 요구에 의해 신랑 신부가 회신을 해야 될 숙제의 마감날이 오늘이었다. 아들은 열차가 가는 동안 내내 과제에 매달렸다. 며느리가 커피를 네 잔 테이크아웃 해왔다. 집사람이 좌석의 앞 테이블에 놓았는데 그것이 쏟아졌다. 바닥이 커피로 뿌려진 셈이 되었다. 화장실에서 휴지를 뽑아오고 한바탕 소란이 있었다. 간단한 요깃거리로 가져온 키위, 에너지바, 감귤 등으로 아침 요기를 하고 휴식을 취했다. 두 시간 여만에 부산역에 도착이 되었다. 며느리가 긴장한 탓인지 소화제를 찾았다. 인근 편의점에서 소화제를 사먹고 화장실에 들렀다. 택시 승강장으로 이동해서 목적지로 향했다. 광안리 횟집타운이 목적지였다. 수정궁이라는 곳이었다.

시간이 좀 일렀다. 일단 카운터에 문의해서 행사장을 알았다. 5층이었다. 그곳에 짐을 놔두고 바깥으로 나왔다. 아직도 늦여름의 기운이 남아 햇볕은 따가웠다. 아들내외는 손을 꼭 잡고 해변주변을 거닐며 사진도 찍었다. 주변을 한 바퀴 돌아보고 다시 행사장으로 올라가려는데 막내 동생이 부모님과 여동생을 모시고 도착했다. 발레파킹을 부탁하려 했으나 직원이 없었다. 일단 부모님과 여동생이 먼저 행사장으로 올라갔다. 70석 정도 좌석이 마련되어져 있었다. 입구 쪽에 꽃바구니가 여러 개 당도해 있었다. 기념 타월을 비치해 놓았다. 먼저 가져온 양주를 각 테이블마다 비치해 놓았다. 발렌타인 30년산, 21년산, 러시아 보드카, 몽골 보드카 징키스 그리고 국산 양주 등이었다. 얼추 테이블당 양주가 한 병씩 놓여졌다. 날씨는 더할 나위 없는 화창한 날씨였다. 구름도 한 점 없는 전형적인 가을날이었다.

정오가 임박해지자 손님들이 몰려들기 시작했다. 담안회 회원들과 아버지의 종친으로 구성된 모임 월광회 멤버들이 거의 주축이었다. 60여명이 온 듯했다. 사회는 막내 동생이 했다. 맨 먼저 아버지의 소회와 인사말씀이 있었다. 그리고 가족 소개가 있었다. 손자들은 직접 자기소개를 하기도 했다. 특이한 부분은 누님 두 분도 인사를 했다. 담안회의 소개에서는 조자형께서 인사를 했다. 며느리가 경기고 교감을 하고 있다는 자랑부터해서 한창 사설을 늘어놓았다. 덕담과 함께 금일봉도 희사하셨다. 종친회의 월광회에서는 회장님의 축하인사가 있었다. 계속적으로 술과 음식들이 줄지어 나왔다.

친가 쪽의 사람들은 연락은 했음에도 참석이 없었다. 부친은 준비된 양주로 잔을 권했고 분위기는 무르익었다. 최종적으로 식사가 나왔고 얼마만큼 식사가 되었다고 여겨졌을 때 누님의 권주가 및 앵콜송이 있었다. 그리고 사회자의 안내 멘트에 의해 건너편의 노래방에서 유흥 시간을 더할 수 있도록 조치가 되었다. 나가시는 손님들에게 환송 인사를 했고 선물로 수건과 책자가 제공되었다. 일부는 청첩장도 돌렸다. 차를 가지고 온 이들은 수정궁의 주차장에 그대로 차를 둔 채 노래방으로 갔다. 세 개의 룸을 빌렸다. 하나는 월광회 회원들이 차지를 했고 또 다른 하나는 담안회에서 차지했다. 그리고 작은방은 손녀들의 차지였다. 일단 월광회 회원들의 방에서 탬버린을 치면서 분위기를 북돋았다. 집사람도 노래를 한곡 부르기도 했다. 다음은 담안회의 호실로 이동했다. 일부 참석인원은 모두 식사를 하고 귀가하기도 했다. 거의 3시정도의 시간이 되었다. 한 시간 정도의 유흥시간 밖에 없었다. 부친은 이쪽 저쪽에서 노래도 부르시고 분위기도 고조시키는 역할을 다했다. 하이라이트의 노래는 '천년을 빌려준다면' 이었다. 모친까지 옆에 서서 그 노래를 감상했다. 노래방 비용을 조자형이 냈다. 감사를 드렸다. 조자형께서는 노래방 회합이 끝난 후 곧바로 공항으로 이동해서 상경했다. 조자형을 시발로 해서 부모님께서 귀가하셨고 줄줄이 회합을 파하고 각자 귀가하는 형식이었다.

부친의 80평생은 다사다난했고 힘든 세월이었다. 1938년에 3남 2녀의 막내로 태어나셨다. 8살에 모친을 여의고 형수님 손에 자랐다. 20세에 결혼하셔서 이제 결혼 60주년 회혼식을 곧 맞이하게 될 것이다. 자식 3남 1녀를 두셨고 손자 셋 손녀 셋 그리고 외손자 한명 외손녀 두 명을 두었다. 막내 손녀가 고3이고 외손자가 고3이니만큼 세월의 유수 같음을 새삼 느껴볼 수 있으리라. 1963년 제대 후 부산으로 내려와 갖은 고생을 겪었다. 1979년 대연동에서 온천장으로 이주를 해서 살다가 1985년도에 다시 대연동으로 이사를 오기도 했다. 현재의 대연4동으로 이사하여 사신지는 5년여가 되었다. 그리고 70여세까지 현역에서 일을 하시다 은퇴를 하셨다. 이제 곧 손자며느리를 보게 될 것이다. 자식교육을 위해 매진하셨고 엄하고 추상같은 호령으로 자식들을 훈육했고 키워내셨다. 다들 대학교육을 시켰고 올곧게 살도록 키워내셨다. 집안에서 모든 사람들의 흠모를 받는 어른이었고 부러움의 대상이었다. 많은 재산을 일궈내진 못했지만 자수성가의 표본이었고 세상살이의 모범이었다. 억척같이 일하셨고 일가를 위해 헌신하셨다. 항상 자식교육이 최우선이었고 진실하고 바르게 살라고 가르치셨다. 향우회 또는 종친회 등에 앞장서서 활약하셨고 동참하셨다. 이제는 편안하게 노후를 보내고 계신 상황이다.

공사다망한 가운데 산수연을 빛내시기 위해 기꺼이 광안리 수정궁을 찾아 아버님의 8순을 더욱 성황리에 진행될 수 있도록 협조해 주신 친지, 가족, 담안회의 회원님 등과 종친회 월광회 회장님을 비롯한 회원님들께 진심으로 감사의 인사를 올린다. 아버님이 이후로도 오랫동안 건강하시고 만수무강하시길 기원해본다.

팔순 잔치

어린 시절만 하더라도 예순을 넘긴 어르신들이 환갑이니 진갑이니 하는 소리를 듣고 자랐다. 하지만 고령화시대에 접어들면서 청순도 예순부터라는 말처럼 젊게 살아가고 있다. 어떻게 이렇게 세상이 변하고 바뀌었는지 참 좋은 세상이긴 하다.

아버지가 팔순을 맞아 4남매가 아버지의 팔순 생신을 위해 잔치를 준비한다고 분주했다. 워낙에 종친 사람들이나 친구들 모임을 좋아하는 아버지다보니 초대할 분이 많았나보다. 처음에는 가까운 친지나 친구정도나 부를 요량이 차츰 규모가 커져 50인석을 차지하는 횟집에 잔칫상을 차리게 되었다. 초대한 사람이나 찾아온 사람들이나 모두 흥겨운 시간이었고 아버지와 어머니는 유독 들떠있었다. 아버지는 인사말씀을 하셨는데 어머니를 위한 노래를 선사했다. 아내에게 바치는 노래라고 애처가들이 즐겨 부르는 노래를 불러 많은 이들의 눈시울을 뜨겁게 만들었다. 2절까지 가사 하나 틀리지 않고 멋들어지게 불러주셨다. 울컥하니 목이 메고 눈물이 왈칵 올라왔다. 정말 이렇게 곱게 나이든 부모님이 건강하게 두 분 다 건재하게 곁에 계신다는 것만으로도 참 고마운 일이었다. 5남매의 막내인 아버지와 6남매의 막내인 어머니 중에서 생존해 있는 분은 고모 2분이었다. 사회자인 막둥이가 돌아가신 분들을 열거할 때는 왠지 기분이 묘했다. 삶과 죽음이 어떻게 이렇게 기구하게 갈릴 수도 있구나 싶었다. 예전 같으면 이 팔순잔치가 동네잔치로 번져 찌짐과 동동주, 편육, 두부김치 등이 자리했을 상차림이 기교를 잔뜩 부린 초밥에 회접시에 잣죽, 해산물 등 예전에 봐왔던 환갑잔치와는 사뭇 달라도 너무 달랐다. 동네가 들썩이든 잔치의 묘미는 사라지고 이젠 그 품격 있는 축하와 격의 있는 덕담만이 오고갈 뿐이었다. 마지막에 시조창을 배운 외사촌언니가 연륜이 있다 보니 시절가를 한 구절 뽑아내어 모든 이의 심금을 울렸다. 그냥 딱히 슬픈 노래도 아니었는데 모두가 절로 숙연해지는 매력인 창의 가락이었다. 아버지도 어머니도 절로 어깨춤을 들썩였는데 슬픈 곡조에 휘적거리는 품새는 참 묘한 앙상블을 이뤘다. 나이가 많아 가는 세월을 안타까워하면서도 이렇게 장성한 자식들 앞에서 그 장수함을 축하를 받게 되다니 얼마나 행복한 일인가.

자식농사를 잘 지었다고 늘 입으로만 하던 자랑을 아버지는 이렇듯 여러 사람에게 보여주는 것만으로도 뿌듯해하는 표정이 역력했다. 식당에 허락된 시간은 2시간 30분으로 그리 넉넉한 시간도 그리 짧은 시간도 아니었지만 아버지의 기분을 업 시켜주는 데는 크게 나쁘지 않았다. 노래방으로 2차를 옮겨 또 즐거운 시간을 보냈다. 어머니는 평소 한 번도 본 적 없는 춤을 아사 한복차림으로 어깨춤을 덩실거리며 마치 예전 시골마당의 춤사위를 보는 듯이 나풀거리며 흥에 겨워했다. 끝까지 아버지 기분이 언짢지 않게 아픈 몸을 이끌고 최선을 다해 흥을 돋웠다. 술도 오르고 기분도 좋아져 모두 신나는 곡조로 자신들의 애창곡을 유감없이 불렀다.

점심때 시작된 팔순잔치는 해거름이 되어서야 마무리가 되었다. 모두가 즐거웠고 초대된 친척들은 마치 내 부모가 자신들의 팔순 부모인양 같이 즐겨주고 웃어주고 행복해하는 모습이 무척이나 보기 좋았다. 함께 즐거워하고 노래하고 어깨동무를 하고 끌어안아 축하해주는 모습이 여간 보기 좋았던 게 아니었다. 아버지의 팔순 잔치는 그렇게 어둠이 잦아들 때 마무리가 되어 모두 뿔뿔이 제갈 길을 갔다. 아버지와 어머니는 지친 발걸음으로 아이들이 배웅해주는 집 초입에서 헤어졌다. 팔순의 연세로 두 분의 하루 잔치는 힘든 여정이었고 고된 손님맞이 행사였지만 이제 평생 있을까말까 하는 뉘앙스의 뒤풀이도 끝이 났다. 마치 연극이 끝나고 난 뒤의 적막처럼 아버지와 어머니는 집으로 돌아와 별 말없이 씻으시고 각자의 잠자리에서 하루를 마무리할 준비를 했다. 팔순 잔치는 이미 끝이 났지만 아버지만이 아직도 그 여흥이 남아 쉬이 잠을 이루지 못했다. 자식들은 효도다운 효도를 한 것 같이 부모님께 고마움을 전하는 전화 한 통화로 팔순 잔치를 갈무리했다.

아버지, 아머니 앞으로도 늘 건강하시고 행복하시고 만수무강하십시오.

cass

경주 가족행사

얼마 전 황금연휴기간의 막바지였다. 우리부부는 모처럼 경주를 찾았다. 보문단지 내에 있는 숙소로 들어가기에 앞서 일단 점심을 먹기로 했다. 늦은 점심이었다. 본래는 요석궁을 예약해보려 했는데 만석이어서 예약이 불가하다는 대답이었다. 엄청난 인파가 경주에 들어왔음을 실감해 볼 수 있는 순간이었다.

일 년에 세 번하는 가족행사의 마지막 행사였다. 유사는 넷째 동서네와 막내 동서네였다. 모두 대전에 살고 있고 세종시에 살고 있었다. 미리 와서 준비를 하고 있었다. 당초에 감포항으로 가볼까 했는데 교통정체로 인해 도저히 그곳까지 갈 엄두가 나지 않았다. 보문단지 내 한우집으로 목적지를 정했다. 모르고 식당을 정했는데 하필이면 그곳이 숙소에서 멀지 않았다. 약주를 한잔해야 할 것 같아 아예 차를 숙소에 주차해 두고 갔다. 식당은 육고기를 사서 세팅된 곳에서 각자 구워먹는 형식이었다. 다행히 빈 좌석을 찾을 수 있는 것으로도 오감타고 할 정도였다. 집사람이 안심을 사다놓았다. 숯불에 구워서 맛있게 먹을 수 있었다. 식사를 마치고 숙소로 가는 길에는 정자도 있었고 연꽃이 끝 무렵인지 거의 꽃이 다 진 후였지만 그런대로 운치를 느낄 수 있는 연못이 있었다. 숙소를 살펴보았다. 작년에 준공이 되었던 터라 시설은 일류호텔 못지않을 정도로 잘 되어있었다. 6인실과 4인실 두 개동이었다. 집사람은 아이들을 데리고 바이크 같은 것을 타러 나갔다. 나중에 알고 보니 어른이 있어야 탈 수 있는 것이었다.

얼마 후 저녁식사를 하러 예약된 식당으로 갔다. 관광지만 만원이 아니라 식당도 만석이었다. 식사를 하고 즐거운 시간을 여유롭게 가질 수 없을 정도였다. 손님들이 기다랗게 줄을 선채로 기다리고 있는 형편이니 바로 일어서지 않을 수 없었다. 숙소로 돌아와 이번에는 편을 나눠 윷놀이 대결을 펼쳤다. 말을 네 마리씩 놓고 3판 양승제의 놀이였다. 거의 30명 가까운 대가족이었는데 청백 팀으로 나눠 열띤 경기를 펼쳤다. 백도도 있었고 낙도 있었다. 2판을 이긴 팀에 속했다. 처음에 백도가 나오면 출발선의 바로 뒤쪽 한 칸 뒤에 말을 놓을 수 있다고 억지를 부려보았는데 통하지 않았다. 모를 던져 승리에 일등공신이 되었다. 진 팀은 만원 이긴 팀은 오천 원을 걸어서 노래방비에 보탰다. 노래방을 두 군데 빌려 흥겨운 노래실력을 겨루는 시간을 가졌다. 기념촬영을 하고 그곳을 빠져나왔다. 그리고 보니 거의 자정에 가까운 시간이 되었다. 노래방의 마감 시간은 11시 경이었다. 하나로 마트 등은 더 빨리 마감이 되었다. 일반 상인들과의 마찰 때문인지 일찍 문을 닫는 것이 아쉬움으로 남았다. 이제는 모두들 숙소로 돌아가 취침할 준비를 마치고 잠자리에 들었다.

다음 날 아침이 밝았다. 자매들끼리는 거의 새벽녘까지 얘기꽃을 피우느라 제대로 잠도 자지 못한 듯했다. 날씨는 무척이나 쾌청했고 에어컨 등도 잘 가동이 되어 좋은 환경이 제공되었다. 아침식사는 육개장이 제공되었다. 비비고의 육개장과 곰탕을 2대 1로 섞은 것에 파를 썰어 넣었고 표고버섯을 넣은 것이 아주 얼큰하게 맛을 냈다. 반찬으로는 연어회

가 제공되었다. 아침식사를 한 후 행선지로 잡은 곳은 경주의 명소인 불국사였다. 전혀 예상치 못한 상황이 연출되었다. 주차장으로의 차량진입이 불가할 정도로 극심한 정체현상을 보였다. 도저히 기다릴 수가 없어 집사람과 장인, 장모님을 내려드리고 홀로 주차장이 비워지기를 해볼 작정이었다. 언제까지 기다릴 수가 없어 불법 유턴을 한 후 다시 정면 돌파를 시도했다. 차들이 서서히 조금씩 움직이기 시작했다. 불국사의 후문 주차장에 차를 주차하고 집사람과 합류했다. 정문 쪽으로 가서 들어갔는데 사람들이 인산인해였다. 연휴가 길다보니 모두들 불국사로만 모여든 듯했다. 연휴 검색순위 8위에 불국사가 올랐다. 얼마 전 방영된 '알쓸신잡' 의 경주편이 한몫을 한 것 같기도 했다. 또한 얼마 전까지 지진 등으로 인해 관광객의 수요가 격감했었는데 이제는 그런 부분이 해소된 탓도 있으리라. 석가탑 다보탑이 있는 대웅전 앞까지 가는 것도 떠밀려 가는 식이었다. 밀려드는 관광객으로 인해 풍광을 제대로 즐기고 완상할 수 있는 처지도 아니었다. 설상가상으로 집사람은 휴일에도 떨어진 현안으로 인해 계속 통화에만 열을 올리고 있는 중이었다. 집결지를 정하고 시간을 정했다. 한 시간 정도의 여유가 있었다. 석가탑, 다보탑 앞은 번잡하기가 이루 말할 수 없을 지경이었다. 외국인 관광객들도 상당했다. 역시 관광도시 경주다운 면모를 보여주었다. 몇 년 전에 왔을 때만 해도 석가탑은 한창 보수공사를 하고 있었는데 이제는 완전히 보수되어 제 본모습을 보여주고 있었다. 다보탑의 중간에도 석등이 자리하고 있었다. 한때 10원짜리 동전의 중간에 불상의 모습이 새겨졌었다는 풍문이 있었는데 그것은 본래 있었던 것이지 새롭게 새긴 것이 아니었다. 집사람과 장인어른은 그 복잡한 속에서도 대웅전에 들어가 부처님께 삼배를 올리고 나왔다. 장인어른께서 그런 얘기를 했다. 예전 한참 젊은 시절 어르신들을 모시고 관광을 다닐 때를 회상했다. 모두들 나이가 드신 상황이라 봄에는 1박 2일로 갔고 가을에는 하루만 다녀오는 식이었다고 했다. 다니실 수 있을 때 산천의 경치 좋은 곳을 부지런히 다녀야 한다고 하셨단다. 일행들은 각자 불국사를 돌아보고 있는 상황이었다. 아이들도 이제는 자신의 앞가림을 할 정도가 되었으니 크게 걱정할 필요는 없었다. 대웅전 뒤에는 관음전이 자리하고 있었다. 곳곳에는 국화꽃들이 만개한 채로 그 향을 피워내고 있었다. 집결지에서 만난 가족들은 단체로 기념사진을 찍고 각자 해산하는 것으로 의견일치를 보았다. 모두들 멀리서 경주까지 온 탓에 그냥 돌아가는 것에 아쉬움이 있었다. 그래서 정한 곳이 시장과 천마총이었다. 그런데 시장은 너무 혼잡해서 들어가지 못하고 결국 천마총만 둘러보고 귀가했다. 오랜만에 가족행사를 경주에서 가졌다. 지난해에는 청도의 운문사 부근 식당에서 회합을 하기도 했었는데 풍광이 정말 좋았었다. 아무튼 이번 경주행사도 큰 무리 없이 잘 모여서 성공적으로 진행되었다. 아이들이 하루하루 커가는 모습을 보는 것도 큰 즐거움의 하나로 자리매김 되고 있었다.

내년을 기약하며 경주에서의 가족행사를 마무리 지었다. 모두 얼마 남지 않은 한해를 잘 마무리하고 대망의 새해를 맞이하길 기대해본다.

임플란트

어그제 임플란트를 심고 왔다. 이번에 두 개를 하게 되면 8개가 임플란트인 셈이다. 10여 년 전 임플란트를 한 이후로 매년 이로 인해 치과를 찾는 신세가 되었다. 아무래도 치아 쪽이 부실하다보니 매년 고생스럽게 임플란트를 해야 하는 고역을 치르게 되었다. 10여 년 전 쯤 시골에 근무를 할 때 5~6년 연배 되는 이의 임플란트로 고생을 하는 것을 보고는 꼭 임플란트를 할 때에는 전문가에게 해야 할 것이라는 인식을 갖게 되었다. 당시에는 임플란트가 아주 생소하던 시절이었고 보편화되지 않았던 때였다. 시골에서 임플란트를 하다 보니 실수가 자주 빚어졌고 당사자도 무척이나 곤욕스러워 했던 기억이 있다.

임플란트를 하게 되면 겪게 되는 고역이 한두 가지가 아니었다. 첫째는 가격이 보통이 아니라는 것이다. 지금은 많이 가격이 내려갔지만 그때 당시만 하더라도 통상 하나가격이 거의 백만 원 이상이었던 때였다. 다음으로는 발치에서 임플란트의 식립까지 걸리는 기간이 장기간 소요된다는 점이었다. 통상 발치 후 3개월 그리고 뿌리를 식립 후 최종 치아가 완성되기까지 수개월이 소요되는 점이 문제였었다. 수개월에 걸쳐 발치를 하고 잇몸뼈가 굳기를 기다려 뿌리를 식립하고 그런 연후에는 그것이 잇몸뼈와 아물고 적응이 되는 기간을 기다린 연후에 최종적으로 맞춤용 연결나사를 연결하고 치아부분을 결합하는 절차까지 거의 통상 6개월이 소요되는 것이다.

처음 했을 때는 집근처의 치과인 Y플란트라는 곳에서 임플란트를 했다. 그런데 그것이 한 번에 끝나는 것이 아니었다. 며칠이 지나지 않아 치아부분이 빠진 것이다. 그렇게 해서 세 번의 시행착오를 거쳐 겨우 완료가 되었다. 그렇게 고생을 하고보니 임플란트를 하는 것에 관해서는 치를 떨게 되었다. 다음에 하게 된 곳은 S플란트였다. 최고의 치과라고 했고 임플란트에 있어서는 타의 추종을 불허한다고 해서 그곳을 찾았다. 건물 전체가 치과로 되어 있을 만큼 전문성이 있어 보였다. 그럼에도 불구하고 임플란트를 하고는 다시 한 번 이가 빠지는 일이 생겨 새롭게 임플란트를 해 넣은 일이 생겼다. 이러니 임플란트를 하는 이들에 대해 믿음이 가지 않게 된 것이다.

예전에는 이런 일도 있었다. 치아가 흔들려 발치를 했다. 그리고 대수롭지 않게 거즈를 물고 잠자리에 들었다. 연수원숙소에서 취침을 했었는데 아침에 일어나보니 침대시트가 피로 칠갑이 되어져 있었다. 기절초풍하지 않을 수 없는 일이었다. 치아가 조금만 흔들리면 무조건 임플란트를 하라고 하는 데 그것이 과연 맞는 것인지도 모를 일이다. 멀쩡한 것 같아 보이는데 그것을 발치하라고 하니 과연 발치를 해야 하는 것인지 보통사람들로는 가늠이 되지 않게 되는 것이다. 어떤 이들이 권고하는 바에 의하면 무조건 버틸 만큼은 버텨야한다고 한다. 예전에 모셨던 상사 한분은 중요 직위에 있을 때 스트레스로 인해 치아의 아랫부분 전체를 임플란트를 하는 일이 있었다고 했다. 요즘은 70세 이상이 되면 임플란트도 보험처리가 된다고 하는데 언제쯤 일반인들에게도 보험혜택이 주어질지 모를 일이다.

또 한 번은 이런 일도 있었다. 같이 회의에 참석하던 부장님이었는데 누군가로부터 얻어맞은 것처럼 얼굴에 시퍼렇게 멍이 들어있었다. 자초지종을 알아보니 임플란트를 하던 중에 생긴 일이라고 했다. 임플란트를 위한 치료를 하던 중에 뭔가에 잘못 중독이 되어 그런 상태가 되었다는 후문이었다. 요즘은 기술이 좋아져 발치와 동시에 임플란트를 하기도 한다고 하고 내비게이션 임플란트라 해서 수면을 하는 중에 치료를 끝내는 그런 의료기술도 선보여지고 있다고도 한다. 깨끗한 치아를 갖고 관리하고 그것을 유지하는 것은 생활에 필수불가결한 부분일 수 있다. 속설에서는 치아가 건강한 것은 오복 중 하나라고도 할 만큼 치아건강이 중요시되는 시절이 되었다. 사람이 가진 질병의 수가 12천여가지가 된다고 한다. 그중에서 가장 잘 앓게 되는 것이고 많은 이들이 앓고 있는 최고의 질병이 잇몸 질환이라고 한다. 근본적인 해결책은 아무래도 깨끗한 치아관리를 위해서는 양치질을 잘해야 할 것이고 잇몸관리에도 신경을 써야 할 것이다. 6개월마다 스케일링을 받는 것은 물론 잇몸을 강건하게 하고 음식물 등이 치아와 잇몸사이에 끼이지 않도록 방비하는 것도 필요하리라. 전동칫솔이나 치간 칫솔을 이용하거나 또는 치실을 이용해서 잇몸의 건강을 지키는 것이 필요할 것이다. 임플란트가 만능이라고 여기고 있고 그것을 통해서 만사가 해결된다고 생각하는 것도 오산이라고 한다. 수명이 거의 10년 정도라고 하니 잘 관리하는 수밖에 달리 도리가 없을 듯하다.

우리의 의료수준은 세계적이라고 한다. 어떤 부분에서는 세계의 최고 수준에 달해 있다고도 한다. 그래서 미국의 부호들도 한국으로 의료용 치료나 건강검진 등을 위해 한국을 방문하기도 한다. 위암 수술도 세계적이라고 정평이 나있다. 의료보험체계도 잘 갖춰져 있는 편이다. 이번에 북한군 병사의 외상치료를 담당했던 이국종 교수가 화제의 인물로 부각되기도 했다. 그리고 중증환자를 위한 외상센터의 열악한 환경이나 의료수가 등이 문제점으로 부각되기도 했었다.

임플란트를 할 때 고려해야 할 부분은 최소 치과를 세 군데 이상 다녀본 후 제대로 가격이라든가 소요기간이라든가 A/S라든가 기타 꼼꼼하게 세밀한 부분까지 따져보며 주도면밀하게 준비하고 계획해서 치료를 받는 것이 꼭 필요한 절차일 것이다. 임플란트도 가급적 저렴한 비용으로 식립할 수 있는 날이 하루속히 오기를 기대해 본다.

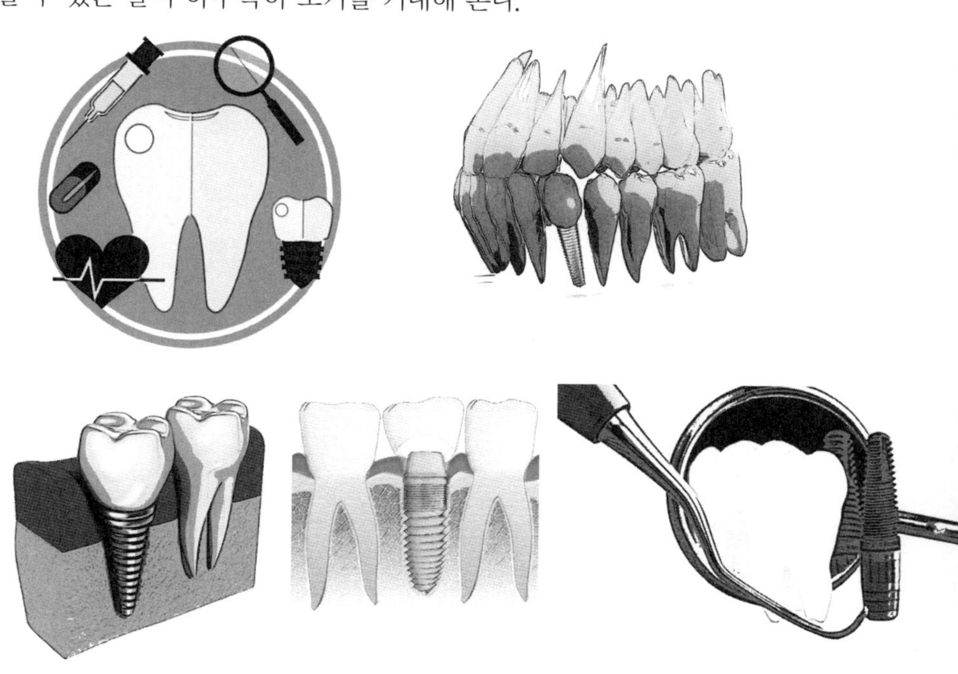

2부

남한산성

김상헌은 산성으로 들어가기 위해 강을 건너야 했고 한 뱃사공이 그를 남한산성으로 들어가는 길을 안내했다. 그는 왕의 산성행을 이끌었고 안내했던 이였다. 마지막 지점에 다다랐을 때 권고한다. 자기와 함께 산성으로 들어가자고 했다. 그는 내일쯤 청군을 안내해 산성으로 가는 길을 알려주고 좁쌀이라도 받을 요량이라고 실토했었다. 상헌은 그를 살려둘 수 없었다. 길을 떠나올 때 손녀 나루가 배웅을 했었다. '날이 춥다고 어여 들어가' 라고 당부를 했던 할아버지였다. 주검 옆으로 핏물이 번졌다.

조정은 시끄러웠다. 화친파 이조판서 최명길(이병헌분 1586~1647, 병자호란 당시 50세)의 진언이 이어지고 그러면 반대파 예조판서 김상헌(김윤식분, 1570~1652, 당시 66세)의 척화파의 주장이 뒤를 이었다. 대장간 대장장이 서날쇠(고수 분)는 오늘도 열심히 쇠로 연장을 만든다. 추위에 떨고 있는 병사들을 위해 가마니를 배급해주면 그게 추위를 막는데 도움이 될 것이라고 예조판서에게 건의한다. 어전회의에서 예조판서는 주청을 드리고 임금은 그것을 실행하라고 엄명을 내린다. 청과의 사절로 나선 이조판서는 그들에게서 항복권고 문서를 받아온다. 그것은 세자를 볼모로 내놓으라는 것이다. 조정회의에서는 격론이 벌어진다. 결코 세자를 인질로 보내서는 안 된다는 측과 인질로 보내야 한다는 주장이 팽팽히 맞선다. 그는 사신으로 다녀오면서 나루를 데리고 온다. 그러자 임금이 그녀를 보자고 한다. 그를 길안내 했던 뱃사공의 손녀임을 알게 되고 그를 예조판서에게 거두라고 한다. 예조판서는 하는 수없이 그 여자아이를 보살피게 된다.

청군의 병력은 청淸군 7만, 몽골군 3만, 한漢군 2만, 도합 12만이다. 반면 우리의 군사는 1만 3천 수준이다. 거의 10배차이가 나는 군사력이다. 병력면이나 화력면에서 상대가 되지 않는 전력이다. 식량도 50일분 정도에 불과한 양을 비축해 놓은 상태다. 명에게 원군을 요청했고 근왕병의 지원을 호소하고 갖가지 방법을 써보지만 여의치 않다. 이시백(박휘순 분)은 관군을 이끌고 청군과 전투를 벌인다. 적장의 목을 베어오고 전투에서의 승리로 아군의 사기를 진작시킨다. 그는 왕으로부터 치하를 받고 의기양양해진다. 곧 칸이 도착할 것이라는 소문이 나돌기 시작한다. 왕은 격문을 보내 근왕군들이 남한산성으로 오도록 전령을 내보낸다. 그런 와중에 이번에는 추위와 배고픔을 견디지 못한 말들이 죽어나간다. 대신들은 그 일로 논쟁을 벌이고 결국 군사들에게 배급된 가마니를 걷고 초가의 볏짚을 수거해 말먹이를 준다. 그러나 결국 말들이 죽어나가자 이번에는 말을 죽인 고기로 백성들의 입을 즐겁게 한다. 한 백성이 입바른 소리를 하자 영의정 김류(송영창 분)는 그를 죽일 것을 명한다. 그러자 예조판서가 만류한다. 그러자 영의정이 자신의 뜻을 굽힌다.

조정에서는 또다시 전투를 벌여야 한다는 주장과 화친을 해야 한다는 주장이 팽팽히 맞선다. 이번에는 싸워야 한다는 주장에 힘을 실어줘 북문전투가 벌어진다. 300명을 이끌고 나선 영의정은 뒤에서 전투를 독려하고 사기를 북돋우고자 노력해보지만 전력상 열세인 상태여서 제대로 전과를 올리지 못하고 패배한다. 전투에 관한 논공행상이 벌어지고 구원병을 못 보낸 이시백에게 곤장 30대의 처벌이 내려진다. 영의정은 체찰사에서 내려오게 되고 그 자리는 예조판서가 맡게 된다. 예판은 날쇠에게 임금의 원군요청문서를 주고 그것을 근왕병에게 전할 임무를 준다. 날쇠는 전쟁의 마무리를 위해 불가피한 임무라고 여기고 최선을 다하겠다고 다짐한다. 청군의 추격을 피해 겨우 도원수 김자점 진영에 도착한다. 그러자 그들은 그의 서신이 임금의 옥새가 찍힌 정본임에도 사신의 신분이 미천하다는 것을 핑계로 벽서를 받은 것이 아니라는 것으로 만들기 위해 그를 시해하려 한다. 그러자 그는 그들의 습격을 피해 도망치게 되고 그는 근왕병과 청군이 맞닥뜨리는 사이에 끼게 된다. 그가 빙벽을 타고 오르고 추격군들이 화살을 쏘고 총을 겨누는 상황에서 청군의 반격이 이어진다. 총격전이 오가고 원군이 가까이 오게 되었음을 감지한 청군은 그들에게 추격대를 보낸다. 근왕군은 봉화불을 올리고 총공세를 펼쳐보지만 청군에 대항하기에는 역부족이었다. 정월 보름날이 되자 청황제는 공격을 명하고 대대적인 전투가 시작된다. 홍이포가 발사되고 성벽이 무너지고 사다리를 타고 벌떼처럼 청군이 쇄도한다.

한편 최명길은 항복문서를 초안해서 임금의 윤허를 받아 청군 진영으로 향한다. 항복문서를 칸에게 바치고 공격을 멈추라는 황제의 엄명이 떨어진다. 포화가 멎고 전쟁이 종료된다. 왕은 남색평복을 입고 삼전도에 나와 삼배고구두례(삼배를 올리고 아홉 번 머리를 조아린다)를 행한다. 이조판서는 눈물을 흘리며 그 모습을 지켜본다. 한편 예조판서는 나루를 날쇠에게 부탁하고 최후의 결단으로 사직을 청하고 조용히 죽음으로 속죄한다. 임금은 결국 군신의 예를 다하기로 하고 항복한다. 왕의 세자, 봉림대군, 그리고 삼학사(오달제, 윤집, 홍익한) 등이 불모로 심양으로 끌려간다. 본래 역사에서는 먼저 예조판서가 끌려가 10년을 불모생활을 하고 오는 것으로 되어져 있다. 그리고 이조판서도 명과 내통했다는 죄목으로 1642년부터 45년까지 3년간 불모생활을 한다. 인질생활에서 돌아온 세자는 돌아온 지 2개월 만에 불귀의 객이 되고 세자자리를 이어받은 봉림대군도 철천지한을 풀고자 북벌을 계획했지만 왕위에 오른 지 10년 만에 영면하는 바람에 북벌의 꿈도 허사가 되고 만다.

나루는 날쇠의 보살핌 속에 자라난다. 드디어 봄이 오고 남한산성에도 민들레가 피었다. 예조판서는 나루에게 약속했었다. 민들레가 필 때 돌아올 것이라고 말이다. 힘없는 나라의 백성으로 민초로 살았던 이들의 고초는 이루 말할 수 없었으리라. 동상이 걸리고 아픔과 배고픔에 추위까지 겹쳐지는 속에서 고통을 겪었던 수많은 백성들의 한이 남한산성에 서려 있을 것이다. 청나라로 끌려갔던 이들의 고초도 이루 말할 수 없었으리라. 환향녀가 되어 돌아온 그들의 애환을 필설로 다할 수 있으랴. 반듯한 나라, 올곧은 나라, 굳건한 나라를 만들지 못하면 결국 언제나 외세에 의해 굴욕적인 참변을 당하고 만다는 것을 너무나 잘 알고 있으면서도 제대로 대비하지 못하고 대응하지 못했던 민족의 한과 아픔이 고스란히 전해져 오는 듯하다.

오늘의 우리도 아직 제대로의 자립국방을 갖추지 못해 이리 채이고 저리 휘둘리는 꼴이 꼭 400년 전의 그날과 크게 다르지 않다는 느낌이 드는 것은 왜일까. 미, 중, 일 강대국의 사이에서 제대로 목소리를 내고 자위할 수 있는 힘은 가지고 있는지 자문해야 하리라.

레일웨이맨

레일웨이맨은 철도를 사랑하는 남자에 관한 얘기이다. 총 상영시간은 1시간 56분간이었다.

에릭 로맥스(콜린 퍼스)는 어느 날 런던에서 북부로의 여행을 위해 열차에 오른다. 앞좌석에는 아름다운 간호사출신 여인 패티(니콜 키드만)가 앉았다. 서로 얘기를 나누는 가운데 서로간의 호감을 확인한다. 기차를 갈아타야 했기에 아쉬움을 남기고 에릭은 기차에서 내린다. 잠깐의 기차여행 중에 그녀가 남긴 말을 기억했다. 그녀는 26일까지 애덴버러에 가야 한다는 얘기를 했었다. 에릭은 어렵게 애덴버러역에 26일에 간다. 그리고 열차에서 내리는 패티를 만난다. 아주 우연인 듯이 만났지만 우연이 아니고 그가 작정을 하고 그녀를 기다린 셈이었다. 둘은 꿈같이 포근하고 달콤한 시간을 보내고 결혼식을 올린다. 한때 전쟁에 참전했던 에릭은 그 후유증에서 벗어나지 못한다. 세월이 흘러 전쟁은 끝났다. 하지만 상처받은 삶은 끝나지 않았다. 악몽에 시달리고 자신이 고문 받았던 그 상황에서 벗어나지 못한다. 그런 모습을 보며 그것을 어떻게든 치유하고 보듬고 싶어했던 패티는 참전용사들의 카페로 찾아간다. 그녀는 20여 년간 간호사로 근무하면서 아픔을 겪었던 사람들을 치유하고 보듬고 감싸 안았던 전력이 있었다. 그곳에서 그녀는 에릭과 같이 포로생활을 했었던 핀레이라는 이를 만난다. 그리고 간청한다. 그곳에서 어떤 일을 겪었는지 얘기를 해달라고 애원한다. 에릭은 결코 얘기하지 않았던 것들에 관한 것이었다. 그들이 겪었던 고초와 아픔에 관한 사연을 소상히 듣는다.

1942년 2월 15일 싱가포르에 주둔하고 있던 영국군은 파상적인 공세를 퍼붓는 일본군에 항복하고 모두 포로로 잡힌다. 그들은 싱가포르에서 더 내륙으로 옮겨지고 그곳에서 민간인들과 함께 철도공사를 건설하는 노역에 동원된다. 에릭, 핀레이 등은 유능한 기술자였고 통신병이었다. 에릭 등은 공사현장에서 각종 물품을 빼돌리고 모아서 라디오를 만들어 보기로 한다. 천신만고 끝에 그들은 라디오의 조립에 성공하고 그것을 통해서 바깥세상의 소식을 듣는다. 영국 BBC방송에서 나오는 전쟁상황에 관한 뉴스였다. 연합국에 미국이 가세했고 파상적인 공세를 통해 독일의 전력을 무력화시키고 있다는 뉴스도 있었다. 또한 미국이 일본 본토에 대한 폭격을 감행하고 있다는 얘기도 포함되었다. 그들은 그것을 통해서 희망을 꿈꾸고 얼마 후 종전이 될 것임을 꿈꾸며 하루하루를 버텨나간다.

어느 날 수용소를 수색하던 헌병대 군인들은 결국 라디오를 발견하게 되고 주모자를 색출해낸다. 네 명이 불려나왔다. "누가 주모자냐?"라고 심문을 받자 에릭은 자진해서 자신이 주모자라고 나선다. 그들의 가혹행위는 악랄했고 지독했다. 에릭은 독방에 갇혀 온갖 고문과 가혹행위를 당한다. 2주후 바깥으로 끌려가 가혹행위를 당하기도 하고 자백을 강요당하기도 한다. 그들은 물고문까지 자행한다. 그리고 어떤 방식으로 자신들과 관련된 정보를 유출시켰는지를 밝히라고 한다. 그러자 에릭은 항변한다. 그렇게 송신을 하려면 송신기가 있어야 하고 마이크도 있어야 하지 않냐고 한다. 그래도 헌병대장 나가세는 막무가내다. 인간으로서의 모멸감은 극에 달한다. 결국 에릭은 모든 것을 밝히고 만다. 전쟁은 종국으로 치닫고 에릭은 일본의 패망으로 꿈에 그리던 조국으로 돌아온다.

핀레이는 에릭이 겪었던 여러 가지 고초를 얘기해 주고 자신은 그 전쟁의 후유증으로 인한 고통에서 해방되고자 자결을 택한다. 자신들에게는 패티와 같은 그런 그것을 감싸주고 보듬어주고 치유해줄 이가 없다는 것으로 안타까워했었다. 핀레이는 목숨을 끊기 전에 에릭에게 나가세의 소재를 알려주고 그에게 복수하라고 일러준다. 에릭은 결국 핀레이의 죽음으로 인해 복수하기로 마음을 정하고 나가세를 찾아 나선다. 동남아의 한 교화소 같은 곳에서 둘은 해후한다. 처음에는 못알아 봤지만 곧이어 예전의 얘기를 듣고 기억을 되살린다. "어떻게 살아남을 수 있었냐"라고 묻는다. 그러자 나가세는 그렇게 답한다. 헌병대장이 아니라 전범이었지만 통역관이었다고 해서 살아남을 수 있었다. 에릭은 나가세의 팔을 내리치기도 하고 대나무 창살로 만들어진 육면체 속에 가두기도 하는 등 그에게 해악을 가하고자 했지만 결국 그가 자신의 과오를 뉘우치고 있고 속죄하고자 하는 노력을 가상히 여겨 화해의 손길을 내민다. 둘은 이제 친구가 되었다. 가해자, 피해자로서가 아니라 전쟁으로 인해 빚어진 악연의 고리를 끊고 새롭게 삶을 살아가는 이로 부활한 것이다. 나가세는 참회의 눈물을 흘리며 세 번이나 "미안합니다"를 말한다. 결코 용서할 수 없는 죄를 지은 중죄인이었지만 그렇게 속죄하고 자신의 과오를 뉘우치고 있는 이에게 면죄부를 준 것이었다. 죄는 미워하되 사람은 미워해서는 안 된다.

상대적으로 독일에서의 포로들보다 더 가혹했고 많은 포로들이 생명을 잃었다는 것이 일본군 치하의 포로들이었다. 전쟁으로 인한 인간의 잔혹함을 다시 되새겨볼 수 있었던 것이었고 그것이 허구가 아닌 실화였다는 것에서 더 큰 감흥을 불러일으킨 작품으로 보인다. 레일웨이맨은 전쟁의 실상 내지 그 혹독한 아픔과 잔혹성을 적나라하게 보여준 작품이 아니었을까.

살인자의 기억법

지난 추석연휴에 김영하 작가의 살인자의 기억법을 읽었다. 그리고 보름쯤이 지난 때에 영화를 보았다. 스토리가 소설과 영화가 뒤섞이면서 복잡한 양상으로 되었다.

대체적인 줄거리는 김병수라는 살인자(설경구)가 살인의 기억을 잊고 살았는데 어느 날 갑자기 치매에 걸리고 그는 자신의 딸 은희를 구하기 위해 또 다른 살인자 박주태(김남길: 영화상 민태주)를 죽여야 한다는 것으로 마음을 다잡는다. 동물병원 원장으로 일을 하는 김병수는 녹음기로 자신의 기억을 되살리기 위해 애를 쓰고 자신이 한 행동을 잊어버리지 않기 위해 기록도 한다. 그의 딸 은희(설현)는 자원봉사자로 사회복지사로 일하는 이(영화상으로는 농협직원)였다. 아버지의 기억을 계속 유지시키기 위해 애쓰고 아버지에게 지극정성인 효녀다.

어느 날 병수는 추돌사고를 일으킨다. 그리고 만난 이가 주태였다. 그는 지프차를 몰고 있었고 받쳤음에도 멀쩡한 상태였다. 엽총이 트렁크에 있었고 피 흘리는 짐승이 실려져 있었다. 영화상으로는 그것의 피를 채취해서 검사한 결과 사람의 피라는 것으로 판명되었는데 안 반장에게 검사를 의뢰했는데 그것은 노루나 사슴의 피라고 판정을 받는다. 그런데 나중에 확인하는 것으로는 박이 바꿔놓았다고 실토를 하기도 한다. 그렇게 인연을 맺은 김과 박은 서로가 각자 둘이 보통의 눈이 아니라 살인자의 눈빛이라는 것을 둘이 다 확인한다. 그런데 어느 날 은희가 자신의 남자 친구를 아버지에게 소개한다. 그런데 공교롭게도 그는 박이다.

일단 영화상의 얘기로 줄거리를 풀어 나가보자. 그는 우연히 은희가 낯선 길에서 걸어가던 중에 차를 태워주면서 인연을 맺게 되고 관계가 깊어간다. 영화를 보고 있던 중에 이를 수상히 여긴 김병수가 영화관으로 찾아와 은희를 찾는다. 그런데 나중에 보니 병수 혼자 영화관에 앉아 있는 것이다. 그는 어느 날 수녀원을 찾아간다. 그곳에는 누나가 수녀로 살고 있었다. 은희에게 위험이 닥치자 병수는 누나에게 부탁해서 은희를 수녀원에 숨긴다. 그런데 나중에 알고 보니 누나는 오래전에 자살했던 누나였는데 이상스럽게 수녀로 나오기도 한다. 종잡을 수 없는 부분이었다. 병수는 어린 시절 폭행을 일삼는 아버지로 인해 학대를 받는다. 누나와 엄마를 폭행하다 분이 풀리지 않은 아버지는 아들마저 데리고 와서 폭행을 감행한다. 계속 얻어맞던 병수는 어느 순간 이렇게 살 수 없다는 생각이 미치자 누워있는 아버지에게 베개를 덮어씌우고 질식하게 만들어 살해한다. 엄마와 누나는 동생의 살인에 관해 묵시적으로 동의하고 그것에 협조한다. 장례를 치르고 가정에는 평화가 찾아온다. 그러던 중 누나는 아버지의 폭행의 후유증 등으로 인한 정신적인 고통을 감내하지 못하고 목매달아 자살한다. 결혼을 한 병수는 아내가 다른 남자와 바람이 나서 집을 나간다. 그리고 그녀는 딸을 낳는다. 그렇게 집을 나간 아내를 찾아낸 병수는 불륜남과 아내를 살해하고 대나무 숲에 묻는다. 그런데 차를 몰고 돌아오던 중에 지프차가 나뒹굴고 머리를 다친다. 뇌수술을 하고 겨우 살아난 병수는 뇌부분에 문제가 생기기 시작한다. 아내가 기르던 딸을 데리고 온 병수는 자신의 딸로 은희를 키운다. 애지중지 하면서 키워간다. 사람들 중에 살아서는 안 되는 쓰레기 같은 인간이 있다는 것으로 분명히 제거해야 할 암적인 존재로 인식되는 인간에 관해서는 과감하게 제거할 필요성이 있다고 해서 그는 불필요한 이들을 살해해 왔다.

아내를 죽이는 것으로 살인을 끝낸 그는 평온하게 20여년을 살았다. 동물병원을 운영하며 동물들을 살려내는 것으로 속죄를 했는지는 알 수 없는 노릇이다. 그는 살인을 10명 하는 것보다 사람 한 명 키우는 것이 더 힘들다고도 고백한다. 그는 항상 치매로 인해 자신의 잃어버린 기억을 되살리기 위해 녹음을 하고 일기를 쓴다. 데이트 현장에 간 병수는 은희를 데리고 귀가하고 태주에게서 떼어놓기 위해 애를 쓴다. 그의 마지막 임무는 태주를 죽임으로써 은희를 구하는 것이 최후의 일이라고 여기게 된다. 그는 항상 동물의 안락사용 주사약과 주사기를 가지고 있다. 연쇄살인범의 범행을 추적하던 형사들에 의해 병수의 범행은 발각이 된다. 그리고 대밭을 샅샅이 뒤진다. 그곳에서 그의 아내이자 은희의 엄마 시신도 발굴된다. 병수는 치매의 치료를 위한다는 명분으로 시모임에 나간다. 그곳에서 그는 여자의 유혹을 받는다. 계속적으로 치근거리고 복잡하게 하자 그는 그녀를 살해한다. 그녀는 실종된 상태로 신고된다. 태주가 살인범이라고 신고를 하고 그를 계속 추적하던 병수는 안반장과 태주를 도상에서 만난다. 태주는 자신이 살인용의자로 수사선상에 오른 것에 관해 불쾌해한다. 그곳을 탈출하던 병수는 최종적으로 태주의 집으로 간다. 태주는 은희를 납치해서 그녀를 묶어둔다. 그리고 병수와 최후의 승부를 벌인다. 그리고 난투극 속에서 병수는 태주에게서 부상을 당하고 결국 태주를 죽인다. 은희를 구해내기는 했지만 자신이 엄마를 죽인 살인자임을 밝히고 잘못을 뉘우친다. 그는 결국 경찰에 체포되지만 알츠하이머 환자이니 형사재판도 불가한 상황이다. 병원에 입원해서 치료를 받는 상태가 된다. 그리고 그는 오랜 치료기간을 거쳐 병원에서 퇴원한다. 그리고 터널 앞에서 서 있다. 그의 목걸이에 걸린 사진이 은희에서 태주로 바뀌었다.

118분 동안 긴장감을 늦출 수 없을 정도였다. 쫓고 쫓기며 서로간의 갈등이 고조되고 결말을 향해가는 진행이 기기묘묘하게 진행이 되었다. 살인자의 기억법은 김영하 작가의 소설이 먼저 나왔다. 기억을 잃어가는 속에서 자신이 소중하게 여기는 딸 은희를 지키기 위해 애쓰는 모습에서 인간의 본질을 새롭게 느껴보게 한다. 자신의 딸이라고 되어져 있지만 혈연으로서는 아무 관계가 없는 이였다. 알쓸신잡에서 유명해진 작가였다. 논어의 계씨편에 군자의 아홉 가지 생각이라는 것이 있다. 군자가 어떠해야 하는지를 얘기하는 것이다.

> 볼 때는 밝게 볼 것을 생각하고 들을 때는 똑똑히 들을 것을 생각하고
>
> 얼굴빛은 온화할 것을 생각하고 모습은 공손할 것을 생각하고
>
> 말은 진심을 다할 것을 생각하고 일은 정성스러울 것을 생각하고
>
> 의문이 나면 질문할 것을 생각하고 화가 나면 나중에 어려워질 것을 생각하고
>
> 재물이 생기면 의로운 것인가를 생각한다.

이 중에서 가장 어려운 부분이 화가 나면 나중에 어려워질 것을 생각하라는 부분일 것이다. 어려운 말로 분사난忿思難이라고 한다. 화가 났을 때 그것을 제대로 표출시키고 제어하지 못하면 어려워진다는 것을 얘기하는 것이다. 분노를 다스려야 하는 시대가 되었다. 모든 사람이 분노하지 않는 사회를 만들어가는 것이 필요하지 않을까?

스틸 앨리스

스틸 앨리스를 보았다. 2015년 아카데미 여우주연상에 빛나는 영화였다. 단란한 가족이 식사하면서 영화는 시작된다. 엄마의 생일에 아들과 딸 그리고 남자친구 마지막으로 둘째딸 등이 와인으로 축배를 들면서 행복한 한때를 즐기는 듯한 단란한 가족을 보여준다. 아빠와 엄마도 좋아 보이고 가족들이 각자의 역할에 충실한 삶을 살아가는 중이었다.

엄마는 컬럼비아대학의 언어학교수로 나왔다. 유능했고 지적이었으며 충실하게 삶을 살아온 50살의 중년여성이 어느날 갑자기 기억이 감퇴하는 증상을 보이고 이를 규명하기 위해 진료를 받는다. 그녀는 조발성 알츠하이머로 진단받고 치료를 받는다. 증상은 호전될 기미를 보이지 않고 계속적으로 악화된다. 사람도 못 알아보게 되고 잦은 실수를 저지른다. 기억의 상실이라는 것에 몰입한다. 자신은 어떻게 해서든지 맞서 보려하고 이겨보려 하지만 병의 악화에 속수무책으로 당할 뿐이었다. 그녀는 오히려 암이었으면 좋겠다고 하소연한다. 그러면 수술하고 항암치료하고 그것과 싸워볼 수라도 있는데 알츠하이머는 어떻게 해볼 방법을 찾을 수가 없는 것에 절규한다. 학교에서 강의를 하던 중에도 갑자기 적절한 말을 생각해 내지 못하게 되고 멍한 상태로 보내게 되면서 본격적으로 자신의 병에 관해 고민한다. 정밀검사를 받고 하나씩 자신의 기억을 잃어가는데 대해서 대응하고 적응하기 위한 방법을 모색해간다. 학교에서도 강의가 형편없다는 등의 평가로 인해 결국 자신의 병을 밝히고 교수회의에 알려지게 된다.

어느 날 한밤중에 남편에게 실토한다. 그리고 병원에 같이 간다. 유전성이라는 것으로 인해 아이들에게까지 고백한다. 딸아이는 임신 중이었다. 다행이 아이에게는 유전자가 발견되지 않는다. 막내딸은 연극을 하려하고 대학에 진학하는 것에 부정적인데 반해 엄마는 딸이 대학에 가기를 바란다. 기억을 잃어가던 그녀는 화장실로 가던 중에 화장실을 찾지 못하는 일이 발생된다. 그리고 오줌을 바지에 선채로 눠버린다. 그럼에도 남편인 존은 아내에게 자신이 씻겨주겠다고 하고 그녀를 목욕탕으로 데리고 간다. 한밤중에 자신이 잃어버린 핸드폰을 찾기 위해 이곳저곳을 뒤진다. 깜짝 놀라 뛰쳐나온 남편은 아내를 다독이고 내일 아침에 찾아보자고 하고 지금을 잠을 자야할 때라고 설득한다.

한 달 후 우연히 핸드폰을 찾게 된 남편은 그것을 아내에게 건넨다. 한 번은 남편과 중요한 약속을 해놓고도 그것을 기억하지 못한 채 바람을 맞힌다. 어처구니없어하는 남편에 대해 아내는 자신의 잘못에 대한 자책도 하지 못하고 어쩔 수 없었음으로 핑계를 댄다. 자신의 증상에 전혀 대응할 방법을 찾지 못한 주인공은 결국 자신이 모든 것을 잃을 때를 대비해 영상을 만들어 놓는다. 그것은 자신에게 자신을 죽이도록 명령을 실행하는 식이었다. 계단을 올라가서 어디 장롱의 윗 서랍에 보면 알약이 있는데 그것을 다 먹고 조용히 침대에 누우라는 것이다. 그녀는 그것을 실행에 옮기기 위해 올라간다. 그러나 그 기억을 계속 지탱하지 못하자 노트북을 들고 동영상을 실행시키면서 자신의 자살을 실행에 옮긴다. 그런데 그런 실행의 마지막 단계에서 간병인이 들어오고 그녀는 약병을 바닥에 쏟으면서 실패한다.

그녀는 알츠하이머 병자들을 위해 연설을 준비해서 연설을 한다. 기억의 상실로 인해 자신들이 잊혀 가는 것에 안타까움을 호소한다. 노란 형광펜으로 한 줄 한 줄씩 줄을 그어가며 연설을 해낸다. 남편은 미네소타로 일을 찾아 떠나고 결국 막판에 자신을 간호해 줄 이는 작은 딸 리디아였다. 그녀는 연극을 하고 싶어 했다. 그래서 그녀는 연극인으로 살아가고 싶어 했다. 반면 엄마는 대학의 연극영화과에 진학을 해서 꿈을 실현해가길 권고한다. 책도 읽을 수 없었던 앨리스는 작은 딸의 대본을 읽어보려다 그녀의 일기장을 읽게 되고 그것으로 인해 갈등하고 대판 싸운다. 그런데 다음날 그녀는 그것을 기억하지 못하고 어떤 일이 있었는지조차 알지를 못한다. 요양병원을 알아보러 다니기도 하고 쌍둥이를 낳은 딸을 방문해서 아이를 안아보기도 하지만 그것마저 불안한 눈길로 바라다보는 남편과 딸의 시선은 따갑기만 하다.

결국 남편은 아내를 막내딸에게 맡기고 떠나고 막내딸이 엄마를 돌보기로 한다. 정성을 다해 지극정성으로 엄마를 돌보겠다고 하지만 쉽지 않아 보인다. 산책을 마치고 집으로 돌아온 엄마와 딸을 맞이하는 간병인에게 엄마는 낯설어하고 적응하지 못하는 상태가 된다. 누구에게나 닥쳐올 병마와 싸우는 한 인간의 애절함이 녹아있는 모습에 우리는 자연스레 공감을 하게 된다.

루게릭 병을 앓은 감독을 위해 이 영화를 바친다는 자막이 인상적이

었다. 간단한 일에서도 조차 자신을 의식하지 못하고 기억하지 못하고 일상적인 생활에서 문제가 생긴다면 그것을 바라보는 가족의 심정은 오죽할까 하는 연민을 불러일으키게 하는 듯했다. 자신의 잘못으로 촉발된 것은 아니지만 자신의 속에 내재된 유전자로 인해 자신의 가족에게 그 피해가 고스란히 계속 이어지게 된다는 부분에 관해서도 심각하게 받아들여야만 할 것이다.

앨리스는 딸에게 자신으로 인해 그 유전자로 인해 고통 받는 부분에 속죄하고 사과하는 모습을 보여주지만 그것은 인간이 받아들여야 할 숙명이고 운명이리라. 그러나 그것을 계속 유전되어가고 그것으로 인해 불행해진다면 그것을 어떻게 참고 견뎌낼 수 있겠는가. 예전 '더 저지' 라는 영화에서 그런 장면이 있었다. 치매에 걸린 아버지가 그대로 선채로 배설물을 쏟아내는 장면이 있었고 그것을 처치하는 아들이 있었다. 그렇게 존경받고 신뢰받았던 아버지가 그런 일상적인 것에서 어린아이보다 못한 상태에 놓였을 때 아들로서의 심정이 어떻겠느냐는 쉽게 공감할 수 있는 부분이 아니었다. 병마와 싸우는 본인 자신도 힘들고 어렵지만 그것을 지켜보는 가족의 심정도 오죽할 것인가.

아무튼 인간은 본성에서 기본적인 사지육신이 멀쩡하고 제대로 된 정신으로 살아가고 삶을 유지시켜가는 것이 얼마나 소중하고 귀중하고 보배로운 것인가를 다시 한 번 일깨워 준 영화가 아니었나한다.

언브로큰

언브로큰은 2015년 개봉된 영화다. 안젤리나 졸리란 유명 여배우가 감독을 했다. 루이 잠페리니의 실화를 바탕으로 제작되었다. 원작은 로라 힐렌 브랜드의 비소설을 각색했다. 각본은 '노인을 위한 나라는 없다'의 코엔형제가 썼다.

어린소년시절 루이는 항상 문제아였고 반항아였다. 그런데 어느 날 뜀뛰기에 자질을 보인 것을 간파한 형이 그에게 육상을 권유하고 지도한다. 그러면서 하는 말이다. "견딜 수 있으면 해낼 수 있다." 그는 열심히 훈련하고 노력해서 탁월한 발군의 실력을 보여준다. 그리고 미국에서 올림픽 대표선수로 선발되고 1936년 베를린 올림픽 종목에 출전한다. 이후 세계 2차 대전이 벌어지고 그는 공군으로 입대한다. 전투기 편대의 폭격수로 참전한 그는 무사히 폭약을 투하하고 전투를 마치고 귀환한다. 하지만 동료를 구하기 위하여 다시 출격하고 전투기는 엔진고장을 기화로 바다위에 불시착한다. 모두들 죽고 셋이 살아남는다. 그들은 보트 2개에 의지한 채 망망대해에 남겨진다. 하루 이틀 시간이 감에 따라 여러 가지 고비가 오고 역경을 겪는다. 그들은 낚시를 해서 물고기를 잡아먹기도 한다. 또 하루는 갈매기를 잡아먹었다가 심한 복통에 구토를 일으키기도 한다. 어느 날에는 폭풍이 몰아치기도 하고 거대한 상어에게 죽음의 위협을 느끼기도 한다. 어떤 때에는 비가 내리기도 했고 그들은 그 빗물을 받아 비축하는 지혜를 발휘하기도 한다. 적군의 전투기의 기총소사에 구사일생으로 살아남기도 한다. 47일 동안의 고투는 정말 처절했고 어려움속의 난관을 뚫어야 했다. 그러던 중 동료 한명은 결국 죽음을 맞이하고 두 사람이 그를 장사지내고 수장시킨다. 어느 날 검은 그림자가 다가와 눈을 떴다. 수많은 일본 병사들이 함선에서 자기들을 겨누고 있는 장면을 보게 된다. 결국 두 사람은 일본군의 포로로 붙잡힌다. 포로 심문을 당하고 엄청난 고초를 겪는 속에서도 그는 삶에 대한 의지가 꺾이지 않는다. 결국 눈을 가린 채 그들은 일본 본토인 도쿄의 한 수용소로 이송된다. 그는 올림픽에 참가한 육상선수라는 이력으로 인해 일약 유명해지게 된다. 수용소의 하사관 와다나베는 혹독하게 그를 괴롭히고 그를 못 잡아먹어서 안달한다. 일반 자기네 병사와 루이 잠페리니를 경주를 시킨다. 그러자 힘이 약해지고 체력이 떨어진 루이는 경주에서 패하고 만다. 그래서 또 그는 한참 얻어맞는다. 그는 올림픽 참가 육상선수라는 유명세로 인해 라디오 방송에 출연해서 가족에게 보내는 편지를 낭송하기도 한다. 좋은 음식을 대접받기도 한다. 그러던 차에 정보기관에서 적국에 대한 심리전을 위해 여적與敵(적을 이롭게 하는 것)에 관한 내용으로 나레이션을 할 것을 권유 받지만 결코 그것은 할 수 없다고 해서 다시 또 수용소로 돌아간다. 와다나베는 그에게 존경심을 가리킨다는 명목하게 전 수용소 포로들에게 루이를 한 대씩 때릴 것을 명령한다. 처음에는 할 수 없다고 반발하지만 루이의 친구를 대신 구타하자 하는 수 없이 명령에 복종한다. 거의 죽음에 이른 루이는 기진맥진해진 채로 수용소로 돌아간다. 와타나베는 어느 날 전출을 가게 되고 이제는 좀 평온이 찾아오는 형국이었다. 그런데 수용소가 폭격을 당하고 수용소로서의 역할을 할 수 없게 되어 다른 수용소로 이송된다. 그곳은 나오에츠란 수용소였다. 석탄 가루를 이동시키고 작업을 하는 탄광작업소 같은 곳이었다. 그러나 루이는 그곳에서 다시 또 악마 같은 와타나베를 만나게 된다. 구타와 혹독한 가혹행위로 루이는 적개심을 갖게 되고 언제가 와타나베를 죽여야 할 것이라고 얘기하기도 한다. 다리가 부러지는 부상을 당하기도 하고 애로를 겪으면서도 결코 희망을 포기하지 않고 삶에 대한 의지를 불태운다. 와타나베는 통나무를 들어올리라고 명령하고 떨어뜨리면 총을 쏴서 죽이라고 부하에게 명령한다. 와타나베는 결코 굴복할 수 없는 상황에서 그는 굳굳하게 인간의지의 위대함을 명확하게 보여준다. 그러자 결코 굴복되지 않는 인간의지에 와타나베는 무릎을 꿇고 절망하며 허탈해한다.

꿈은 부서지지 않는다. "모든 기적은 삶속에 있다. 나는 결코 경주에서 포기한 적이 없었다."라고 루이는 말했다. 결국 전쟁은 종전이 된다. 일본은 항복 선언을 했다. 850일간의 수용소 생활이 종지부를 찍은 것이다. 그들을 강으로 가서 목욕을 하고 고국으로 돌아갈 채비를 한다. 비행기에서 보급품이 공급되고 그들은 꿈에 그리던 고국으로 돌아간다. 고국에 도착한 비행기에서 내려 대지에 키스한 루이는 가족들과 상봉한다. 1946년 루이는 결혼을 해서 단란한 가정을 꾸린다. 아들과 딸을 낳고 행복한 생활을 영위한다. 53년이 흐른 뒤 일본에서는 나가노에서 동계올림픽이 개최된다. 루이는 성화 봉송 주자로 선발되어 성화를 봉송한다. 그는 와타나베와 화해를 위한 상봉을 희망했지만 결국은 성사되지 못했다. 와타나베는 오랫동안 숨어 지내다가 일본이 미국에게서 화해되던 때에 세상으로 돌아왔다.

2014년에 루이 잠페리니는 영면한다. 안젤리나 졸리가 그렇게 말했다. “어떻게 그 오랜 세월동안 역경과 환난 고난 속에서 살아남을 수 있었을까?” 인간 생존의 위대성이 빛나는 순간이다. 인간의 의지가 얼마나 견고할 수 있고 어떤 역경과 고난에서도 견뎌내고 이겨내면서 헤쳐나갈 수 있고 무엇이든 해낼 수 있다는 것을 보여준 감동실화였다.

엑스 마키나

찌는 듯한 열기 속에 맹위를 떨치는 더위에 숨이 막히는 나날들이 이어지고 있다. 엊그제 '엑스 마키나' 라는 영화를 보았다. 요즘 한참 떠오르는 화두 4차 산업혁명과 관련한 자료를 검색하던 중에 이 영화를 알게 되었다. '엑스 마키나' 라는 것은 '데우스 엑스 마키나' 라는 말에서 유래가 되었다. 그리고 그것은 기계상의 신 또는 신의 기계적 출현과 같은 의미를 갖고 있었다. 그리스 로마 신화 상에서 기계를 통해서 완벽한 세상을 만들 수 있게 되는 세상의 도래 또는 희망 그런 의미를 담고 있었다. 충격적인 대사는 이랬다. "인간들은 곧 저들에게 아프리카 화석 같은 존재가 될 것이다." 얼마간의 세월이 흐른 뒤에는 AI가 세상을 지배하게 될 것이라는 얘기다.

영화는 노르웨이에서 촬영이 되었다. 알레스카 등 여러 곳이 물망에 올랐지만 최종 낙점된 곳이 노르웨이였다. 4차 산업혁명은 2016년 스위스 다보스 포럼에서 '클라우스 슈밥' 이 처음 언급했다. 온통 세상이 모두 4차 산업혁명에 관해서만 얘기하는 듯하다. 일자리가 엄청나게 없어지게 되고 또한 세상을 지배하는 패러다임은 어떤 형태로 변모되고 다가올지 아무도 예측할 수 없게 될 것이라고 한다. 1997년 IBM사가 개발한 딥블루가 세계 체스 챔피언 게리 카스파로프를 이겼다. 거의 10여년이 지난 지난 해 2016년에는 알파고가 이세돌을 이겼다. 물론 인간이 겨우 한

판이지만 이기기도 했다. 기계 스스로 생각할 수 있고 창의적일 수 있는 지능적인 AI가 세상에 출현하기 시작한다는 것이다.

세계적인 검색엔진 회사에서 사내 이벤트에서 1등으로 당첨된 칼렙(롬놀 글리슨)은 회장의 비밀연구소에 초대된다. 비밀연구소 입구에 도착한 칼렙은 입구에 설치된 모니터 가까이 오라는 얘기에 그렇게 다가가자 그를 위한 출입용 카드가 발급된다. 그리고 그는 비밀연구소에 들어간다. 최첨단 시설로 설계된 연구소에 가장 인상적인 부분은 창문이 없다는 것이었다. 충격적인 AI와의 만나게 된 칼렙은 에이바와의 소통을 통해서 AI에 동조하게 되고 그녀를 위해 협조하게 된다. 그리고 그는 그가 우연하게 당첨되고 낙점된 것이 아니라 모든 검색조건에 적합했던 터여서 선발되었음을 알아차리게 된다. 회장과 연구소 바깥의 폭포아래서 대화를 나누는 중에 네이든이 얘기한다. 향후 AI세계에서 인간은 아프리카 화석처럼 잊힌 존재로 전락하게 될 것이라는 얘기를 한다. 칼렙과 에이바는 대화하면서 서로의 속마음을 주고받는다. 형식적으로는 대화하면서 속내는 에이바가 정전을 시켰을 때 본심을 얘기하는 식이다. 에이바는 칼렙이 얘기하는 것의 진위를 다 얘기한다. 그런 식이다. '무슨 색을 좋아하느냐' 라고 에이바가 물으면 칼렙이 빨간색이라고 한다. 그러면 에이바가 그것이 거짓말이라고 지적하는 식이다. 칼렙이 실토를 한다. 색을 좋아하지 않는다고 말이다. 어떤 때에는 에이바가 옷을 입고 인간의 모습으로 나타나 대화를 나누기도 한다. 칼렙은 인공지능에 대한 강의를 한 강좌 들었던 경험을 얘기하기도 한다. 바깥세상에 대한 대단한 호기심을 에이바는 가지고 있다. 그녀가 튜닝테스트를 통과하면 연구소 바깥으로 나갈 수 있느냐를 확인해 보기도 한다. 네이든은 칼렙에게 보여준다. AI의 마음이라면서 손바닥 크기의 겔형태의 반투명 물체를 보여준다. 칼렙의 네이든의 계획에 의해 일주일간의 AI의 튜닝 테스트를 위해 초청된 것이다. AI의 최첨단화된 인물은 에이바(알리시아 비칸데르)로 불리어진다. 그녀는 태어나면서 말을 알았고 모든 것이 갖추어져 있다. 칼렙은 모니터를 통해서 에이바의 모든 일거수일투족을 관찰할 수 있었다. 칼렙을 조정하여 네이든(오스카 아이삭)과 갈등을 유발시킨다. 그리고 비밀연구소에서의 탈출을 꾀하기 위해 동분서주한다. 자신이 정전을 일으키면 감시를 피할 수 있고 CCTV의 녹화도 방지할 수 있으리라 여겼다. 그녀는 자신을 창조해낸 네이든을 미워하고 있었다. 네이든은 그녀가 그린 그림을 찢어버리기도 한다. 네이든의 비서인 교코는 영어도 잘 알아듣지 못하도록 프로그래밍된 AI였다. 칼렙은 자신도 AI가 아닌지 의심을 하고 직접 칼로 상처를 내고 피를 흘리며 인간임을 재확인하는 일이 일어나기도 한다. 네이든은 칼렙과도 대화하며 칼렙이 에이바와 나눴던 얘기를 모두 듣는다. 또한 정전시켜놓고 비밀스럽게 나눴던 대화까지도 모두 파악하고 있었다. 그러나 네이든은 모든 계획을 알고 있었다. 칼렙의 계획은 술을 좋아하는 네이든을 만취상태로 빠뜨리고 그를 억류한 후 그가 가진 마스트 키를 탈취해서 보안프로그램을 정전을 시키면 문이 다 열리는 것으로 프로그래밍해서 탈출을 꾀하고자 한다. 그러나 이미 그런 계획을 알고 있던 네이든은 순순히 그들의 계획에 따르지 않는다. 하지만 칼렙은 이미 만취상태였었던 지난날에 마스키를 탈취해서 보안프로그램을 변환하는 작업을 다 해둔 상황이었다. 에이바는 테스트를 통과하지 못하면

폐기된다는 것을 알고 있었다. 그리고 자신이 연구소를 탈출하기 위해 안간힘을 쓴다.

마지막 날에 네이든은 에이바를 제어할 수 없을 지경에 이르자 그녀의 팔을 부러뜨리고 실험실로 데려가고자 하는 순간 그의 비서 AI 교코가 와서 칼로 그의 등을 찌른다. 그리고 에이바가 그의 가슴을 다시 찌르고 그는 절명하고 만다. 팔이 부러진 에이바는 실험실에서 교묘하게 다른 AI의 팔을 다시 갈아낀다. 그리고 피부를 다 이식해서 인간모습으로 완벽하게 변신한다. 그녀는 희망을 가지고 있었다. 번화한 도시의 거리에서 사람들이 많은 곳에서의 생활을 꿈꿨다. 그리고 비밀연구소를 빠져나와 인간세계로 진입하기 위해 헬기를 탄다.

얼마 전 TV프로에서 정재승 박사가 진행하는 프로 '차이나는 클래스'가 있었는데 그곳에서도 4차 산업혁명을 얘기하고 있었다. 그 속에서 정박사가 정의한 4차 산업혁명은 아톰의 세계와 비트의 세계를 일치시키는 것이라고 정의했다. 아톰의 세계는 우리가 살아가는 현실세계를 얘기하는 것이고 비트의 세계는 컴퓨터의 세계 또는 사이버 상의 세상을 얘기하고 있었다. 예전에는 대량생산 등 여러 가지가 복잡하게 갖춰지고 상황이 조성된 상태에서 제품이 나오는 체계였다면 향후에는 각자가 필요한 것을 자신에게 맞게 제조해 낼 수 있는 세상이 도래될 것이라는 얘기였다. 4차 산업혁명시대가 되면 정박사의 몸무게가 00Kg이상이니 냉장고를 열 수 없게 세팅이 된다는 얘기도 나왔다. AI에 의해 통제되고 제어되는 시대가 도래된다는 식이다. 자기에 맞는 자동차, 자율 주행자동차 기타 여러 가지 상품들도 마찬가지가 될 것이라는 설명이었다. AI, 빅데이터, 사물인터넷, 3D프린터, 홍수처럼 쏟아지는 4차 산업혁명의 쓰나미 속에서 제대로 중심을 잡고 온전하게 세상을 살아가기 위해서는 많은 지식과 경험 그리고 창의적인 아이디어가 필요할지도 모를 일이다. 지금까지 금과옥조처럼 여겨졌던 여러가지 가치 있고 신주같은 내용들이 사상누각이 될 날도 멀지 않았다는 충고다. 교육부분도 많은 변화와 혁신이 뒤따르지 않으면 제대로 변화된 환경에 무용지물이 될 인재를 육성하는 우를 범할 수도 있을 것이다. 이때까지의 패러다임 자체가 완전 환골탈태해야 할 것이다. 제대로 된 창의성을 갖춘 인재가 육성되어야 하고 또한 그러한 인재가 사회성까지 갖출 때 제대로 새로운 시대에 적절하게 적응하고 생존할 수 있을 것이다.

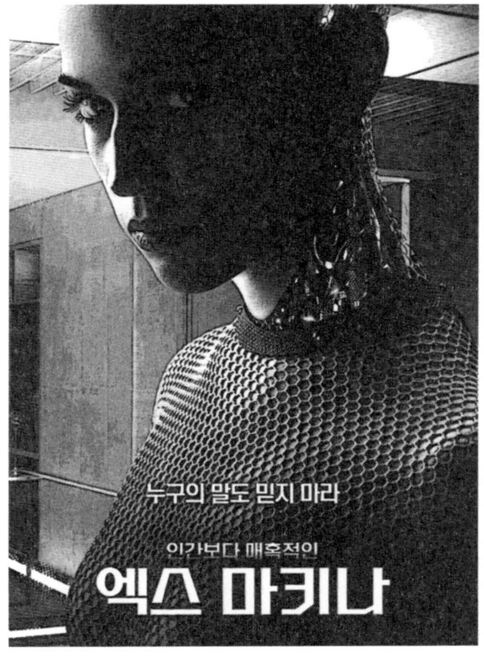

일 포스티노

내가 파블로 네루다를 알게 된 것은 아주 오래전 책을 통해서였다. 일본소설 빙점의 나그네라는 것이었다. 그 속에서 파블로란 네 사람에 대해서 얘기를 들었다. 파블로 피카소, 파블로 카잘스, 파블로 네루다, 파블로 로페스이다.

피카소는 스페인 출신의 유명한 화가이고 카잘스는 첼리스트였다. 피카소는 입체파를 대표하는 화가였고 게르니카를 통해 스페인의 전쟁의 참상을 인류에게 호소한 20세기 최고의 화가였다. 파블로 로페스는 칠레의 화가였다. 카잘스는 세계최고의 첼리스트였고 90세에 이르기까지 매일 아침 3시간씩 첼로를 연주하면서 자신의 기량을 유지 발전시켰다는 얘기는 전설처럼 느껴졌었다. 네루다는 칠레의 시인으로 노벨문학상을 받은 이였다. 그에 관한 얘기가 영화로 나와 있었다는 것을 열정농담이라는 것에서 발견하고 그 내용을 확인하고 싶어졌다. 영화를 보았다. 마리오 역을 맡은 배우 마시모 트레이시는 영화촬영이 끝난 후 영면했다는 후문이었다. 네루다역을 맡은 분은 영화천국에서 열연하였던 배우 필립 느와레였다. 세계적인 시인과 보통의 일상적인 삶을 사는 평범한 사람의 삶이 대비되면서 인생의 의미를 다시 한 번 생각하게 해주는 영화였다.

일포스티노는 아카데미상에 빛나는 영화다. 원작은 안토니오 스카르메타가 쓴 '네루다의 우편배달부' 였다. 영화 속의 이야기는 이탈리아의 한 마을에 망명 온 칠레 시인 파블로 네루다를 만나는 시골의 우편배달부(포스티노)에 관한 얘기가 펼쳐진다. 어느 날 칠레의 국민적인 시인이 이탈리아의 작은 섬 칼라 디소토에 와서 살게 된다. 이 마을에 사는 어부의 아들 마리오는 아버지의 성화에 못이겨 일을 구하게 된다. 광고에 붙어져 있는 것은 우편배달부를 구한다는 것이었다. 조건이 있는데 그것을 필히 가지고 있어야 하는 것이 자전거라는 것이다. 우체국의 면접을 통해 마리오는 우편배달부로 취직하게 된다. 그리고 그가 해야 하는 일은 네루다에게 우편물을 배달하는 일을 하는 것이다. 네루다는 유유자적하게 생활하면서 마리오와 친해져간다. 우편물을 배달하면 꼭 팁을 챙겨서 주었다. 시인은 시에 관해 설명해주고 은유를 이해시킨다. 메타포(은유)라는 것을 처음 들어본 마리오는 시에 관심을 갖게 되고 시인의 시집을 열심히 탐독한다. 시인은 자신의 음성을 녹음해 고국에 보내면서 마리오에게 섬의 아름다움에 대해 얘기하라고 독촉한다. 그러자 그는 베아트리체 루쏘라고만 답변하고 섬의 아름다움을 표현해내지 못한다. 훗날 그는 이를 위해 각종 섬의 소리를 담아 그에게 보낸다.

어느 날 술집에 들른 마리오는 술집여주인의 조카인 베아트리체 루쏘라는 처녀에게 한눈에 반한다. 그리고 그런 내용을 시인에게 실토한다. "나는 사랑에 빠졌습니다. 열병에 휩싸였습니다." 마리오는 시인에게 베아트리체를 위한 시를 한 편 써달라고 요청한다. 그러자 시인은 그와 함께 주점을 방문한다. 베아트리체의 숙모는 쥐뿔도 없는 주제에 조카를 넘보는 마리오가 탐탁치 않다. 그래서 네루다를 찾아간다. 그리고 결코 마리오가 베아트리체를 찾지 않도록 해달라고 당부한다. 한 달 여동안 마리오는 지극정성으로 베아트리체를 사모하고 유혹한다. 그리고 베아트리체를 만나본다. 두 사람은 결국 결혼에 골인한다. 그런데 신부는 공산주의자인 시인이 혼인의 증인으로 나서는 부분에서 갈등한다. 그러나 여차저차해서 둘의 결혼식은 이루어지고 두 사람은 행복한 시간을 보낸다.

시인은 한 통의 편지를 받는다. 그것은 칠레로 돌아와도 된다는 내용이었다. 시인은 여장을 꾸리고 칠레로 되돌아간다. 시인은 마리오와 작별을 고한다. 시인은 마리오에게 선물을 주고 마리오는 편지를 해달라고 한다. 마리오는 아들을 낳기 얼마 전에 반정부 시위에 참여했다가 시위진압과정에서 압사를 당하고 만다. 시인이 떠나자 우편배달부의 일을 그만두게 된 마리오는 주점의 주방에서 일을 하면서 생활한다. 마을에 전기를 놓기 위해 의원에 출마한 이가 전기공사를 위해 인부 20명을 데리고 와서 숙식을 하며 주점을 활기차게 만든다. 하지만 얼마 후 기약도 없이 공사를 중단하는 바람에 주점을 애를 먹게 된다. 칠레에서 편지가 와서 시인의 물품들을 칠레로 보내달라는 시인의 비서의 편지였다. 그는 정성을 다해 녹음기에 섬의 아름다움을 담는다. 아버지의 서글픈 그물과 나뭇가지에 부는 바람, 파도소리, 절벽에 부는 바람소리, 아기의 심장박동소리, 밤하늘에 총총하게 빛나는 별 등도 담는다. 시인은 러시아를 방문하기도 하고 프랑스를 방문하기도 한다. 그러던 차에 시인은 어느 날 주점을 찾는다. 그리고 마리오의 얘기를 베아트리체 루소로부터 듣는다. 그리고 회상에 잠긴다. 시인은 이후 노벨문학상을 수상한다.

그는 노벨상 수상연설에서 이렇게 얘기했다. “여명이 밝아올 때 불타는 인내로 무장하고 찬란한 도시로 입성하리라.” 라는 랭보의 말을 인용

했다. "저는 지리적으로 철저히 격리된 나라의 알려지지 않은 한 지방출신입니다. 가장 버림받은 시인이었고, 저의 시는 지방적이고 고통스럽고 비를 머금고 있습니다. 하지만 항상 인간에 대한 신뢰를 버리지 않았습니다. 결코 희망을 잃지도 않았습니다. 그래서 여기에 도달했습니다. 시와 깃발을 가지고 말입니다. 결론적으로 미래는 랭보의 말대로 하는 것을 노동자, 시인 그리고 선한 의지를 가진 사람들에게 말씀드려야겠습니다. 불타는 인내를 지녀야만 빛과 정의와 존엄성이 충분한 찬란한 도시를 정복할 것입니다. 이처럼 시는 헛되이 노래하지 않았습니다."

마지막으로 그의 임종의 시를 감상해보자.

하늘의 품에 휩싸인 바다로 나 돌아가노니
물결 사이사이의 고요가
위태로운 긴장을 자아내는구나.
새로운 파도가 이를 깨뜨리고
무한의 소리가 다시 울려 퍼질 그때까지
어허! 삶은 스러지고
피는 침잠하려니

택시운전사

1980년 5월을 다룬 영화 택시운전사가 개봉이후 관객수 천이백만 명을 달성했다. 예전에 나왔던 광주에 관한 영화 화려한 휴가보다도 훨씬 각광을 받았다.

서울에 살던 택시운전사 김만섭(송강호)은 조용필의 단발머리를 흥얼거리며 한강 다리를 건넌다. 그는 일상을 하루하루 사는 평범한 개인 택시운전사였다. 일과를 마치고 귀가해서 주인집 여자와 한바탕 실랑이를 한다. 주인집 아들 상구와 딸이 싸움을 해서 이마를 다친 탓이었다. 한참 따져보려고 갔으나 주인집 여자로부터 집세가 4달치나 밀렸다는 핍박을 듣고 주눅이 들어 제대로 얘기도 못하고 쫓겨난다. 만섭은 딸의 이마에 안티프라민을 발라주고 딸을 다독이는 선에서 마무리를 짓는다.

기사식당에 들른 만섭은 한 친구가 외국인 태우고 광주를 가면 10만원을 벌 수 있다는 제의를 받았고 예약을 했다는 얘기를 듣고 귀가 번쩍한다. 그는 곧바로 약속장소로 간다. 독일 ARD-NDR TV방송국의 동경특파원으로 카메라 기자였던 위르겐 힌츠페터는 한국이 위험에 처했다는 얘기를 듣고 한국으로 들어갈 결심을 한다. 그는 선교사로 위장해 입국한다. 한국의 언론인 이 기자를 만나 상황설명을 듣는다. 광주에 관한 소식은 전해 국내언론에서는 보도가 통제되었다는 얘기를 듣고 광주로 갈 작정을 한다. 이 기자의 안내로 택시운전사를 소개받고 그렇게 광주로 내려간다. 택시비로 10만원을 주기로 했다. 그때 당시 10만원이면 오늘날 100만 원쯤이리라. 엄청난 택시비를 받는 셈이다. “아이 엠 베스트 드라이버 돈트 워리” 라고 어설픈 영어로 손님을 안심시킨다. 광주는 멀다고하고 한숨 자라고 한다. 페터는 불안한 마음에 안절부절 못한다. 드디어 광주에 도착한 초록색 택시(브리사)는 무장한 군인들의 검문을 통과하지 못한다. 다시 국도로 간 만섭은 일하시는 농부 할아버지에게 광주로 들어가는 길을 물어본다. 당연히 농부는 광주로 들어가는 것은 위험하다는 것을 경고하고 한편으로는 넌지시 광주로 들어가는 샛길을 알려준다. 그러나 입구에서 다시 검문을 수행하는 군인들을 만난다. 만섭은 손님을 비즈니스맨이라고 얘기하고 광주에 중요 서류를 두고 왔다고 얘기한다. 그리고 검문소를 통과해서 광주에 들어간다.

처음 마주친 것은 광주역으로 가는 트럭일행이었다. 어디로 가느냐고 물어보는 외국인 기자에게 시위대 중 영어를 하는 이로 나선이가 대학생 구재식(류준열 역)이었다. 그는 외국인이 광주의 실상을 알리기 위해 독일에서 왔다는 얘기를 하고 같이 가자고 한다. 그리고 그의 통역을 자처한다. 왜 대학을 갔느냐고 묻는 만섭에게 재식은 대학가요제에 나가기 위해 대학에 들어갔다고 너스레를 뜬다. 기자와 구재식을 내려주고 서울로 가려던 만섭은 다시 그들과 재회하게 되고 기자의 필름통을 훔쳐간 파렴치한으로 오해된다. 그러나 그런 것은 아니었다는 것으로 오해를 풀고 화해한다. 만섭은 한적한 길에서 택시를 타려던 노모를 태우고 병원에 실어준다. 그의 아들이 데모대에 합류했다가 부상을 당했다는 얘기였다. 또 한 번은 산모를 태우고 병원에 데려다 주었는데 하필이면 지갑을 놓고 왔다고 해서 택시비도 받지 못한다. 광주역으로 가던 만섭은 그곳에서 시위대를 독려하던 처녀로부터 주먹밥을 받기도 한다. 데모대의 시위는 과격화되고 복잡한 양상을 띠게 된다. 저녁 통금시간이 되어 택시기사 황태술의 집에서 기자와 함께 만섭은 식사를 한다. 갓김치를 먹어보라는 권유에 먹었던 외국인 기자는 매운 맛에 기겁을 한다. 언론에서도 자체적으로 제작한 내용을 발간하려하다 제지를 당하기도 한다. 방송사가 화염에 휩싸이기도 한다. 보안사 사복조장(최귀화분)은 독일 언론인이 광주를 취재하고 있다는 첩보를 받고 그를 체포하기 위해 혈안이 된다. 시위대 속에서 그를 발견하자마자 쫓기 시작한다. 궁지에 몰린 재식은 그에게 체포되고 다른 두 사람을 회유하기 위한 제물로 위기에 몰린다. 그들은 결국 사복조장에게 체포될 위기에 몰리나 기자의 일격으로 위기를 벗어난다.

금남로는 최후의 항전장소로 변모된다. 버스가 바리케이트를 치는 상황에서도 총성이 울리고 시위대는 대항할 방안으로 택시를 집단적으로 모아 집결시키고 방패처럼 길을 막는다. 진압군들은 백기를 든 데모대에게도 무자비하게 총격을 가하고 만행을 저지른다. 여자고 노인이고 무차별 사격을 가하는 것이다. 결국은 최후의 방법으로 트럭으로 장벽을 만든다. 병원에는 부상자로 인해 만원사태가 빚어진다. 그러는 와중에 택시기사 황태술은 만섭의 차가 고장이 난 것을 알고 그것을 택시사업장까지 끌고 오고 수리에 고생한다. 60만 킬로미터를 뛰었다고 하니 고장이 없는 것이 신기할 지경이다. 수리된 차량에 대해 택시비와 전남 번호판 등을 주고 서울로 가라고 하면서 서울로 가는 길을 알려주는 지도를 그려주기까지 한다. 또한 기자는 만섭의 속사정을 알게 된다. 홀아비이고 딸을 키우고 있고 전화도 불통이어서 인해 마음고생을 하고 있다는 것을 감지하게 된다.

광주를 빠져나온 만섭은 순천에서 한숨을 돌린다. 집에도 전화하고 딸의 소식도 듣는다. 그리고 시장에서 예쁜 핑크빛 구두도 딸에게 줄 선물로 산다. 그리고 국수를 한 그릇 먹으면서 광주에 관한 소식을 듣는다. 폭도로 오도되고 실상이 잘못 알려지는데 대해 안타까워한다. 그는 다시 자동차 정비소에 들러 집주인에게 딸을 부탁한다는 애기를 하고 딸에게는 '손님을 두고 왔다' 라고 변명을 한 후 광주로 되돌아간다. 사방으로 수소문 한 끝에 모두들 병원에 있다는 소식을 듣고 병원에 간다. 시신이 되어 누워있는 재식을 보고 오열한다. 그리고 기자에게 억지로 권고한다. 제발 카메라로 찍으라고 말이다. 기자는 다시 정신을 수습하고 카메라를 돌린다. 관에도 들어가지 못한 채 방치된 시신들이 즐비했다. 기자와 만섭은 최후의 순간이 임박했음을 알고 서울로 향한다. 검문소에서 다시 검문을 당한다. 그리고 트렁크를 열어보라고 한다. 그곳에는 서울번호판이 있었다. 박중사는 기자도 아니고 서울택시도 아니니 통과시키라고 한다. 그렇게 통과를 시키자마자 상부로부터 연락이 온 것이다. 독일인 기자와 택시기사를 발견하면 즉시 보고하라는 애기였다. 사복조장은 지프차를 몰고 택시운전사를 추격하기 시작한다. 갑작스럽게 위기에 처한 만섭을 위해 광주 택시기사들이 몰려온다. 그들은 보안사의 사복조를 적절하게 따돌리고 무사히 만섭이 서울로 가도록 만드는데 최선을 다한다. 서울에 온 기자는 일본으로 가는 비행편을 예약하고 한국을 떠난다. 기자는 과자상자에 필름을 담고 그위에 과자를 놓는다. 그리고 한국에서 탈출한다. 얼마간의 세월이 흐른 후 기자는 송건호 기자상을 받는다. 그리고 다큐멘터리 VTR로 광주의 실상을 알린다. 택시운전사 김만섭씨는 그가 기자상을 받는 것을 보고 흐뭇해한다. 그러면서 광화문을 향해 손님을 태우고 출발한다.

마지막에는 실제인물의 인터뷰장면이 상영된다. 김만섭씨를 만나 보고 싶어하는 사연이 생생하게 소개된 것이다. 김만섭씨의 실질적인 상황과 영화는 차이가 있었던 모양이다. 김만섭씨는 개인택시를 몰던 가난한 이가 아니었다. 그리고 아들 둘과 아내를 가졌던 부유한 가장이었다. 호텔택시를 몰았고 서울 펠리스호텔 소속이었다. 차도 세 대나 가졌던 이였다. 영어, 일어도 유창했다. 단 건강이 좋지 못해 1984년 53세의 나이로 타계했다.

위르겐 힌츠페터(1937~2016)기자 (토마스 크레취만)는 독일 TV방송기자였다. 1973년부터 89년까지 동경특파원을 지냈는데 5월 민주화 항쟁시 직접 광주를 취재하고 그것으로 다큐를 만들어 방송했다. 그리고 2003년 '송건호 기자상' 을 받았다. 그는 그 이후 김만섭 택시운전사를 만나려고 백방으로 노력했지만 결국 만나지 못하고 말았다. 문대통령과 기자의 부인 그리고 송강호 등이 영화를 관람하는 장면이 한 때 화제가 되었다. 너무 굳어있던 송강호의 표정이 논란이 되기도 했다. 서울 시민의 눈에 비친 광주 그리고 가장 객관적이었던 외국 기자의 눈에 비친 광주의 모습이 재현된 것에 큰 의의가 있을 것이다. 대부분의 국민들은 그 당시 그곳에 무슨 일이 어떻게 일어났는지를 몰랐고 그것으로 인한 아픔, 한

등을 간접적으로 느껴왔을 뿐이었다.

얼마전 '차이나는 클라스' 라는 프로그램에서 황석영이 나와 자신의 책 '죽음을 넘어 시대의 어둠을 넘어' 에 관해 얘기했다. 광주에 살았던 작가는 그 상황이 있었던 때에 하필이면 그는 그곳을 떠나 서울에서 일을 보고 있었다. 그런데 그 광주에서 일어났던 일에 관한 기록을 정리하고 새롭게 발굴해서 책자로 낸 것이 그의 저서라고 했다. 그는 그랬다. 진실은 규명되어야 하고 단죄되어야 하고 용서되고 새롭게 조명되어야 하는 것이 필요하다고 말이다.

올해 새로운 정부가 들어서고 5.18 기념식이 열렸다. 이번기념식에서는 화해되고 새롭게 부각된 광주민주화 운동의 아픔이 이제는 빛나는 역사의 발자취로 자리매김 되어야 할 것이다.

티베트에서의 7년

오스트리아 출신의 산악인 하인리히 하러는 1939년 7월 8일 히말라야 낭가파르바트를 정복하는 원정대의 일원으로 원정에 나선다. 아리따운 부인과 뱃속의 애기와 작별을 고하고 열차에 오른다. 부인은 깊은 슬픔에 빠져 흐느끼며 역사에서 빠져나간다. 4개월 후의 만남을 고대하면서 말이다. 그는 3년 전 동계올림픽에서 금메달을 획득한 전도유망한 청년이었다. 얼마 전 결혼한 후 아내 잉그리드와의 사이에는 뱃속에 아이를 두고 떠나는 상황이었다. 기차역에서 작별을 하고 히말라야로 향한다. 친구인 호제트에게 아내를 부탁한다. 예쁜 아내와 뱃속의 아기를 두고 떠나는 마음은 무겁기만 하다. 독불장군이었던 그는 원정대장과의 마찰은 계속된다. 등반에 나선 두 사람은 처음에 하러가 먼저 부상을 당하고 피를 흘리는 상황에서 낙하한 원정대장을 끌어올려 사지의 위기에서 벗어난다. 결국 두 사람 사이에는 갈등의 씨앗이 잉태된 채 원정을 계속하는 상태가 된다. 정상을 눈앞에 두고 기상상황 악화로 인해 등정을 포기하고 하산한다. 하러는 셀퍼 둘만 붙여주면 혼자라도 가겠다고 하는데 원장대장의 허락할리 만무하다. 히말라야에서 하산하는 중에 만난 셀퍼로부터 달라이 라마의 사진을 받는다. 그것을 가지고 있으면 달라이 라마가 생명을 지켜주고 행운을 가져다준다는 믿음을 가지고 있었다. 결국 두 사람의 갈등은 증폭되고 사사건건 부딪친다. 하산한 후 상황을 보니 네팔은 영국령이었다. 하러 등 원정대는 적대국의 국민이다 보니 체포되고 포로수용소에 압송된다. 서너 차례의 탈출을 꾀했던 하러는 탈주에서 주범으로 명성이 높아졌다. 이러는 동안 세월은 많이 흘렀다. 소식이 없었던 아내로부터 아들을 낳았다는 얘기를 듣게 된다. 그러던 중 어느 날 그녀는 이혼 서류를 보내오고 서명해서 보내달라는 사연이었다. 통탄할 노릇이었다.

1944년 그는 드디어 원정대의 대원들과 함께 영국군으로 위장한 채 유유히 수용소 정문을 통과해 탈옥에 성공한다. 일단 안전지대로 빠져나오게 되자 하러는 홀로 도피행을 택한다. 우연히 도주 중에 원정대장을 만나게 되고 둘은 탈주의 동반자가 된다. 티베트까지 68km를 남겨둔 상황에서 티베트로 방향을 잡고 이동한다. 국경에서 만난 티베트인들과 실랑이를 벌이다 그는 경계병의 지휘봉을 빼앗고 놀려댄다. 그는 원주민들에게 잡히고 행정관에게 잡혀간다. 그런데 국경에서 만난 그 경계병이 자신의 거취를 결정하는 행정관이었다. 악연이었다. 달라이 라마의 사진을 보여주고 애원해보지만 막무가내다. 결국 그곳에서 쫓겨나게 된 두 사람은 우여곡절 끝에 라사에 도착한다. 한 허름한 집 앞의 광경을 지켜보게 된다. 그것은 강아지에게 밥을 주러 나온 주민을 물끄러미 바라보게 된 것이다. 그들은 주민이 사라지자 강아지를 쫓고 강아지 밥을 빼앗아 먹는다. 그것을 보게 된 주인장은 측은지심이 일어 그들을 보살펴주게 된다. 도움을 받게 된 그들은 이방인으로 그곳에서 현지생활에 적응해 나간다. 그러던 어느 날 나왕이라는 고위관료가 여자 재단사를 보내 양복을 맞춰 주겠다는 제안을 한다. 재단사와 친숙하게 된 두 사람은 서로 경쟁하는 연적관계가 된다. 스케이트를 선물하기도 하고 스케이트를 가르쳐주면서 친밀도는 더욱 높아져간다. 그들 중 여자의 선택은 원정대장이었다. 원정대장은 아버지가 준 시계를 차고 있었는데 시장에서 팔아서 식량을 확보하기도 한다. 그것은 하러가 한 말 때문이었다. 시계가 무슨 필요가 있냐는 식이었다. 그런데 알고 보니 하러의 배낭에는 여러 개의 시계가 매달려 있었다.

어느 날 하러는 달라이 라마의 모친에게서 달라이 라마를 친견하러 가자는 제안을 받게 된다. 하러는 달라이 라마를 배알하는 순간 만감이 교차하게 된다. 어린 아이였던 달라이 라마는 신기한 노랑머리를 매만져 보기도 한다. 달라이 라마는 그에게 여러 가지를 질문한다. 왜 산에 오르는가. '절대적 순수'를 느끼기 때문이다. 달라이 라마는 자신에게 영사기가 있고 필름이 있다고 얘기를 하고 영화관을 지어줄 수 있겠느냐는 제의를 한다. 그러자 하러는 수락하겠다고 답변한다. 처음 설계를 하고 땅을 파고 기초를 다지는 순간에 난관에 봉착한다. 그것은 기초공사를 위해 땅을 파는 중에 땅속에 지렁이를 발견한다. 그런데 그것을 소중히 여기느라 작업의 진도가 나가지 않게 된 것이다. 그 지렁이는 자신의 어머니의 환생일 수 있다는 고정관념이었다. 그러자 하러는 고민 끝에 지렁이를 한쪽에서 골라내서 다른 곳의 흙속에 옮겨 이동시키는 방식으로 이 난제를 해결한다. 결국 영화관을 준공하고 그곳에서 영화가 상영된다. 영국여왕의 대관식도 영상으로 소개된다. 어느 날 크리스마스 파티를 연 하러는 원정대장에게 그의 시계를 되찾아 선물한다.

어느 정도 생활이 안정된 상황에서 그는 또다시 아들의 편지를 받는다. 자신에게는 아버지가 없다는 식이다. 참으로 안타까운 노릇이다. 티베트는 세계2차 대전 중에는 전란을 피해갈 수 있었다. 그런데 중국이 1949년 모택동에 의해 통일되었다. 그런 후 중국은 옛 영토의 회복이라는 명분을 걸고 티베트로 침공한 것이다. 인구도 적고 병력도 적으며 병기도 허술한 티베트는 속수무책이었다. 결국 개전 11일 만에 항복하고 중국의 요구를 수용할 수밖에 없는 처지가 된다. 그들은 결국 중국의 자치구로 된다. 점령군들은 모택동의 사진을 걸고 티베트를 짓밟는다. 협상을 하러 들어오면서 정성을 다해 그리고 있던 만다라를 발로 짓뭉개는 모습에서 관객의 분노를 자아내게 하기에 충분했다. 달라이 라마는 그런 속에서 즉위식을 올렸다. 그리고 하러는 달라이 라마에게 작별을 고하고 귀국한다. 하러는 달라이 라마에게 망명을 권고하지만 달라이 라마는 백성을 두고 갈 수 없다는 의사를 피력한다. 머리를 맞대고 작별을 고한다. 나왕은 전쟁 시 총사령관으로서의 직책을 수행했으나 패배로 인해 셈법이 복잡해졌다. 하러는 나왕에게 나라를 팔아먹은 매국노라고 조롱하고 질책한다. 하러는 고국으로 돌아가 꿈에서 그리던 아들 롤프를 만난다. 그리고 산악을 오르는 방법을 가르쳐 주며 영화는 막을 내린다.

영화의 대부분을 촬영했던 곳은 남미였다. 일부만 실제 네팔 등지에서 촬영이 되었다. 중국에서는 주인공 브레드 피트에 대한 입국을 거부하고 있는 상황이다. 한 인간의 반항하고 적대적이었던 성품이 오랜 티베트에서의 생활을 통해 성숙해가고 완성되어져 가는 모습이 그려졌다. 아들에 대한 그리움을 갖고 살았고 한없이 자신에게 충실하고자 했던 면에서 무척이나 인간적인 사람으로 변화해가고 완성되어져 가는 것에서 큰 공감대를 형성시켰다. 달라이 라마와의 교감을 통해서 그는 사람이 어떠해야 하고 어떤 삶을 살아야 하는지를 깨달았던 것은 아닐까. 산을 오르면서 정상에서 절대적 순수를 느꼈던 것처럼 그렇게 달라이 라마를 만나면서 하러는 또다시 그런 느낌을 받았다. 두 사람은 오랫동안 친교를 맺었고 하러가 죽었을 때까지 계속적인 관계가 유지되었다.

달라이 라마는 1959년에 인도로 망명해서 살고 있다. 1986년에 노벨평화상을 받은 달라이 라마는 티베트인들에게는 정신적인 지주요, 살아 있는 부처로 존경과 신망을 한 몸에 받고 있다. 얼마 전 다녀온 몽골의 사원 한 켠에 조그맣게 달라이 라마의 사진을 걸어두고 있었다. 도올이 달라이 라마와의 만남을 가졌고 그것을 기화로 책을 저술하기도 했다. 두세 시간 만남을 가지려다 아주 깊은 대화와 공감을 하기도 했다.

아무튼 티베트에서의 7년을 통해서 인간이 가져야 할 생에 대한 의미를 새롭게 생각해보게 된 계기가 되었다. 두 시간여 동안 끊임없는 영화 상영 시간동안 생의 참된 가치와 의미를 새롭게 느껴보는 부분이었다. 부적절한 배우선택이라는 혹평이 있기도 했지만 많은 의미를 지닌 영화를 통해 생의 진정한 의미에 눈을 뜬 하러의 자아발견에 박수를 보낸다.

핑거스미스와 아가씨

영국 여류작가 세라워터스의 세 번째 작품이 '핑거스미스' 다. 2002년에 나왔다. BBC에서 3부작으로 드라마화했다. 그것을 박찬욱 감독이 메가폰을 잡아 아가씨라는 영화로 극화했다. 주인공역의 김민희가 한국청룡영화제 여우주연상을 수상했다.

먼저 '핑거스미스' 를 소개한다. 시대적 배경은 영국 빅토리아시대이다. 19세기 영국의 빈민가에서 수는 소매치기 장물아비 등의 부랑아들 틈에서 자란다. 첫 장면은 집 이층에서 교수대가 잘 보인다는 것으로 그것을 보려는 이들에게 돈을 받고 입장을 시킨다. 세월이 흘러 20세의 장성한 처자가 된 수는 젠틀맨이라는 친구로부터 제안을 받는다. 자신과 시골 부잣집 상속녀 모드의 결혼을 성사시키기 위해 노력해주는 대가로 3천 파운드를 주겠다. 약속을 믿은 수는 모드의 하녀로 입성한다. 그녀는 어머니 없이 자라난 불쌍한 이였다. 어린 시절은 정신병원에서 보냈다. 어느 정도 안정이 된 후 외삼촌이 후견인으로 나서 그녀를 집으로 데리고 온다. 그리고 귀족으로서의 품위를 갖추기 위해 교육을 받는다. 삼촌은 무척이나 책을 좋아하는 이였다. 그의 혀는 검은색이다. 런던에서 책이 우송되어져 오면 그것을 책장에 간직하고 모드는 그것을 낭독하기도 한다. 그렇게 하녀로 들어온 수전과 수는 돈독한 관계를 맺어간다. 어느 날 젠틀맨이 등장한다. 수는 그림을 그리러 야외로 나간다. 그림수업을 지도

하는 젠틀맨은 수의 마음을 얻기 위해 노력한다. 수전은 수에게 결혼식 날밤에 여자가 어떻게 행동해야 하는가를 가르친다. 그러면서 둘은 동성애관계에 빠진다. 그리고 집에서 탈출을 꾀하는 계획을 세우게 된다. 삼촌이 모르게 야반도주를 실행한 수와 수전은 젠틀맨과 함께 시골집으로 간다. 그리고 결혼식을 올린다. 젠틀맨과 수는 결혼은 했지만 수의 재산을 갈취할 목적이었기에 형식적인 부부관계를 유지한다. 젠틀맨은 그의 친구인 정신과의사 등을 부르고 수의 정신병원 입원을 강행한다. 당연히 수가 가는 줄 알았던 수전도 막상 그곳에 가야될 이가 자신이라는 것을 알고는 기겁한다. 모든 것은 젠틀맨과 수전이 이미 공모해 두었던 계획이었다. 졸지에 정신병원에 갇히게 된 수전은 앞날이 캄캄하다. 구두닦이 소년 찰스가 수전의 면회를 온다. 그러자 수전은 그에게 열쇠를 만들어 오라고 주문하고 다음 면회에서 열쇠를 갖게 된다. 그리고 그녀는 정신병원에 탈출해서 런던으로 온다. 젠틀맨과 수도 런던의 빈민가로 찾아들게 된다. 수는 자신이 그런 처지가 된 것에 못마땅해 하고 그곳을 계략을 써서 탈출한다. 그리고 런던의 서점가에 가서 도움을 요청한다. 그러나 도움을 거절하는 지인으로 인해 결국 다시 빈민가로 돌아온다. 석스비 부인은 수에게 출생의 비밀을 털어놓고 자신이 낳은 딸이 수임을 밝힌다. 그리고 수전과 바꿔치기를 한 것도 실토한다. 한편 수전은 천신만고 끝에 다시 런던의 빈민가로 돌아오고 그곳에서는 긴장감이 감돈다. 그런 와중에 젠틀맨이 들어오고 세 사람이 합동으로 그를 칼로 찔러 살해한다. 곧바로 경찰이 오고 살인자를 찾으려한다. 그런데 살인자라고 자백한 이는 석스비 부인이었다. 실상은 수가 진짜 범인이었다. 감옥에 갇힌 석스비 부인은 사형을 언도받고 곧 집행이 된다. 수는 다시 시골저택으로 돌아가고 수전도 그곳에 도착해 두 사람이 해후하면서 대단원의 막을 내린다.

다음은 '아가씨' 이다. 한국의 빈민가촌에서 한 소녀가 하녀로 간택을 받아 일본의 대저택으로 떠난다. 그들의 복안은 그랬다. 하녀로 들어가 그녀의 환심을 사고 그다음 백작이 그녀의 마음을 뺏어 결혼한다. 그리고 그녀를 정신병원에 입원시키고 재산을 가로챈다. 하녀로 들어간 숙희에게는 그 임무를 완수하는 조건으로 수천 금을 받을 것을 약조했다. 그녀는 소매치기였고 장물애비였다. 추천서를 가지고 갔는데 읽을 줄을 모른다. 첫날밤 하녀방에서 잠을 자는 와중에 비명소리에 잠을 깼다. 아가씨의 비명이었다. 아가씨는 코우즈키라는 이모부가 후견인이었다. 엄마는 자신을 낳다가 죽었고 이모도 이모부의 학대에 못 이겨 저택 앞마당의 벚나무 가지에 목을 매고 죽었다. 아가씨가 어렸을 때 말을 듣지 않자 이모부는 지하로 데려가 뭔가를 보여준다. 고집을 부리다가 손등을 매로 호되게 맞기도 한다. 그녀는 자라면서 책을 읽어주는 일을 하게 된다. 뭇 사내들이 앉아 그녀가 낭랑하게 울려 퍼지는 목소리에 매료된다. 직접 나무인형과 실연의 모습도 연출하기도 한다. 그녀는 백작으로부터 미술을 배우게 되고 그러면서 서로의 호감도를 높여간다. 야외에서 그림을 그리기도 하고 성애장면을 숙희 앞에서 연출하기도 한다. 둘은 이모부가 일주일간 출장을 간 사이 집을 탈출해서 한적한 산속의 절에서 결혼식을 올린다. 하녀를 속이기 위해 초야의 피를 조작하기도 한다. 집을 떠나기

전, 숙희는 아가씨가 어떻게 생활해왔고 어떤 책을 낭송해 왔는가를 알게 되고 경악한다. 그리고 그 빨간책들을 모조리 가지고 와서 찢고 물속에 빠뜨린다. 그런 와중에 정신과의사들이 아가씨와 면담을 하고 입원 수속절차에 들어간다. 병원까지 와서 의사들이 데려가는 환자는 아가씨가 아니라 하녀 숙희였다. 기겁을 하고 반항하고 앙탈을 부려보지만 막무가내였다. 여기까지가 일부내용이다. 그것은 하녀 숙희의 시각에서 본 상황으로 전개가 된다.

2부는 똑같은 상황이 아가씨의 시각으로 전개가 된다. 조금씩 시각차가 드러나기도 하고 다른 면들이 부각되기도 한다. 3부는 빠르게 전개가 된다. 백작과 아가씨는 공모했던 대로 일이 풀려가는 것에 안도하고 식사를 즐기고 쾌락에 빠져든다. 한편 숙희는 정신병원에서 어떻게 그곳을 빠져나갈 것인지를 궁리하고 작전을 세운다. 어느 날 병원에 불이 나고 혼란한 틈에 숙희는 그곳을 탈출한다. 백작은 코우즈키의 손아귀를 벗어나지 못하고 결국 붙잡혀서 지하실 고문대에 묶인다. 손가락이 잘려나가고 핍박을 받던 중에 최후로 그녀와의 극적인 순간에 대해 실토를 하라고 종용 받는 중에 담배를 한 대 태우게 해달라고 간청한다. 그리고 수은 가득한 담배로 백작은 코우즈키를 살해하고 최후를 맞는다. 아가씨와 하녀 숙희는 남자로 변장을 하고 일본을 떠나 중국으로 향한다. 처음에는 블라디보스톡으로 가려하다 결국 상해로 간다. 아가씨는 남장을 했다. 그렇게 일본을 떠나는 배에서 그녀는 콧수염을 떼고 모자도 날려 보낸다.

두 작품은 같은 원작을 가지고 있으면서도 전혀 다르게 표현되었고 묘사되었다. '핑크스미스' 가 하녀 수전의 중심이라고 하면 '아가씨' 는 아가씨가 주역으로 표현되었다. 서로 속이고 거짓말하고 모략을 일삼는 인간 세태를 풍자한 느낌이 강했다. 불신이 가득했고 암울했던 한 시대의 아픔이 고스란히 녹아 있었다. 핑거스미스는 그렇게 잘 짜인 작품으로는 느껴지지 않았지만 아가씨는 그 몰입도 영상미 등이 압권이었다.

침묵 그리고 침묵의 목격자

본래는 2013년에 '침묵의 목격자' 가 먼저 제작되고 개봉이 되었다. 2017년에 중국영화를 리메이크해서 '침묵' 을 만들었고 개봉이 되었다. '침묵' 부터 보았다. 침묵의 중심은 최민식이 맡은 임태산이 중심이었다. 모든 것을 가진 재벌그룹 총수 임태산(최민식 역)은 잘나가는 가수 유나(이하늬 역)와 결혼을 위해 동분서주한다. 어린 딸 미라(이수경 역)와 좋은 관계를 맺도록 같이 식사도 하고 다독여 보지만 쉽지 않다. 워낙 미라의 성격이 까탈스럽기 때문이다.

어느 날 클럽에서 신나게 즐기던 미라는 친구들이 유나의 S동영상을 가지고 깔깔대는 것을 보고 기겁을 한다. 그리고 클럽 화장실에서 만난 둘은 실랑이를 벌인다. 그리고 지하주차장에서 싸움판을 벌인다. 그리고 술인 잔뜩 취한 미라는 유나를 차로 깔아뭉갠다. 그녀는 게임을 즐겼는데 그것은 사람을 직접 살해하는 게임이었다. 무척이나 적대적인 감정을 갖고 있었음을 암시했다. 얼마 전 태산은 유나에게 5억짜리 명품시계를 선물했었다. 요트를 타고 한강을 달리며 태산과 유나는 꿈같은 시간을 보낸다. 미라는 살인죄로 구속 수감되고 재판을 받는다. 법무법인에 변호를 맡기려던 태산은 그들에게 최희정(박신혜 분)변호사를 찾아오라고 한다. 평소 미라의 가정교사를 했었고 안면이 있었던 사이였다. 미라는 술이 취해 있었던 상황이라고 변명하고 제대로 기억이 나지 않는다고 한다.

그리고 운전기사인 정승길(조한철 분)이 같이 있었다고 한다. 15년간 태산의 운전기사였던 정승길은 미라를 변호하고 흥분한 상태에서 자신이 차로 유라를 치었다고 한다. 사건 담당 검사 동성식(박해준 분)은 태산으로부터 압력을 받고 회유를 받았지만, 굴하지 않고 사건의 진실을 파헤치기 위해 동분서주한다. 재판이 진행되는 과정에서 관건으로 부상되고 쟁점화되는 것은 그때 당시의 상황이 담긴 동영상 자료였다. 그것은 전자상가에서 일하는 김동명(류준열 분)이 가지고 있다. 최화정 변호사가 의혹을 가지고 그를 찾아가고 열심히 통화를 시도하지만 그에게서는 감감무소식이다. 밤늦은 시각 돌아가려던 최 변호사는 갑자기 차량 한 대가 김동명의 상가 건물로 돌진하는 상황을 보게 된다. 그리고 절도범은 컴퓨터 하드를 훔쳐가려다 차 밑에 버려둔 채로 도주하나 곧 경찰에 체포된다. 하드를 가지게 된 최 변호사는 그녀의 동거인이 그것을 복구시키고 재생시켜 동영상을 확보한다. 그런데 그것은 나중에 보니 김동명이 그것의 원본을 갖고 있었다. 김동명은 유나의 팬카페 회장으로 그녀에 관한 자료를 간직하고 있었다. 검사는 김동명의 제보를 받고 그 동영상 자료를 법정에서 공개하려한다. 그런 내용을 탐지한 임태산은 김동명과 거래를 하려고 했으나 여의치 않았다. 김동명이 법정 지하 주차장에 내린 순간 그를 폭행해서 동영상 USB를 확보한다. 안도의 한숨을 내쉬고 법정에 들어온 임태산은 재판과정을 주시한다. 검사는 임 회장을 재정증인으로 신청하고 시간을 끌면서 임태산을 대상으로 압수수색영장을 초고속으로 발부받아 USB를 확보한다. 그리고 동영상이 공개되면서 범인은 임태산으로 밝혀진다.

재판을 진행하던 도중에 임태산은 어느 날 태국으로 출장을 갔다. 풀려나온 미라와 최 변호사는 정승길로부터 휴대폰을 하나 건네받는다. 그리고 태국으로 간다. 휴대폰에는 사건을 조작하기 위한 세트장이 사진으로 남겨져 있었다. 그리고 그곳에서 대역을 써서 동영상 자료를 조작하여 촬영한 것이었다. 미라는 아빠의 진심을 알게 되었고 자신으로 인해 아빠가 감옥에 갇혔음을 깨닫고 통탄해하며 눈물을 흘린다. 최민식의 연기가 빛나는 영화였다. 영화의 중심축으로 손색이 없이 그 역할에 몰입하는 것이 압권이었다. 반면 미라역이나 유나역의 연기는 평범한 수준이었다. 좀 지루하게 전개되는 부분에서 관객들을 흡입하는 부분에 있어서 부족함이 보였다.

다음은 원작인 '침묵의 목격자' 속으로 들어가 보자. 세상을 떠들썩하게 한 사건의 재판이 열린다. 금융그룹의 총수 임태(순홍레이)는 자신이 결혼하고자 했던 가수 양단이 자동차 사고로 죽게 되고 그 가해자로 자신의 딸 맹맹(등가가)이 구속 수감되고 재판을 받게 되는 상황에 처한다. 방송·신문 등 각계각층의 관심이 집중된 가운데 재판이 벌어진다. 검사는 세 번이나 임 사장을 기소한 적이 있는 동도(곽부성) 검사다. 상대편인 변호사는 주리(위난)가 맡는다. 맹맹은 자신이 그렇게 차를 몰아 양단을 죽였음에도 술에 취한 상태였기에 제대로 그 상황을 정확하게 기억해내지 못한다. 또한 양단의 사인이 차에 치였을 때 죽은 것이 아니라 주차장 벽면에 나와 있었던 못에 목덜미가 찔려 사망한 것으로 판명된다. 운전기사인 손위는 증인으로 나서서 자신이 양단을 죽였음을 자백한다. 주리변호사는 그가 임태가 손위의 마누라와 불륜관계임을 밝혀내고 그도

암 선고를 받았기에 살아갈 날이 얼마 남지 않았음을 실토하게 한다. 또한 그는 파렴치하게도 양단이 죽었을 때 차고 있었던 명품시계를 훔쳤다는 것도 밝혀낸다. 동도검사는 임태로부터 회유를 받았지만 굴하지 않고 사건에 집중한다. 주리는 모종의 제보자로부터 사건 현장이 담긴 동영상이 있다는 제보를 받고 그와 거래한다. 그리고 2백만 위안을 주고 그 동영상자료를 확보한다.

먼저 동도 검사가 동영상자료를 확보하기도 하지만 바이러스에 의해 삭제되어져 안타까워한다. 동영상에 의하면 차량에 의해 양단이 치명상을 입기는 하지만 결정적으로 문제가 된 장면은 양단을 흔들며 이마를 벽에 부딪치게 했던 것이었다. 그로 인해 결국 임태가 살인범으로 판명되고 맹맹은 풀려나고 임태는 구속 수감된다. 임태가 증언을 하면서 용배장에 묻히겠다고 했다. 그것은 예전 사고를 저지른 아들(소룡왕)을 위해 자신의 한 몸을 희생했던 아버지(남룡왕)가 묻혀있는 곳이었다.

아들은 아버지의 은혜를 잊지 않고 개과천선해서 올곧게 세상을 살아간다. 중양절이 되면 그곳에서 그들을 기리는 제사를 지낸다는 얘기였다. 이런 내용을 알게 된 주리는 숙현이라는 곳에 찾아간다. 그리고 그곳에서 임태가 만든 조작된 사건 현장을 목격한다. 똑같은 상황을 설정하고 그곳에서 동영상을 찍은 것이다. 처음에는 손위가 그렇게 살해하는 동영상 하나와 또 다른 것은 임태가 살해하는 현장을 잡은 것이었다. 주리는 최후에 임태를 만나 이런 진실을 알고 있음을 고백하고 그의 변호를 맡겠다고 하지만 임태는 막무가내다. '침묵의 목격자' 에서는 중심축이 동도검사였다. 그도 최종적으로는 임태가 범인인 점이 의심스러워한다. 그리고 재심을 청구하겠다고 한다. 임태는 맹맹이 어린 시절 생일파티를 하는 장면을 되돌아보며 회상에 잠긴다. 계속적인 법정공방 장면이 여러 시각으로 재조명해가면서 사건의 실체적 진실을 파헤치는 것을 영화의 핵심으로 몰아간다.

돈키호테 1

흔히 그렇게 얘기한다. 통상 사람을 분류할 때 햄릿형과 돈키호테형으로 말이다. 기이하기 짝이 없는 복장을 하고 무모한 일을 저지르는 실천가로서 돈키호테는 생각보다 행동이 앞선 이로 알려져 있다. 광기에 휩싸였다고도 하고 자신의 꿈을 향해 저돌적으로 돌진하는 외고집이 있는 이로도 여겨지기도 한다.

몇 개월 전 원주의 한 호텔에 묵은 일이 있었다. 지난해에 이어 두 번째 가 본 곳이었다. 지난번에는 그냥 지나쳤는데 이번에 보니 그곳의 로비에 돈키호테와 산초의 동상이 비치되어져 있었다. 스페인 마드리드의 스페인광장의 돈키호테 상을 축소해서 옮겨놓은 것이라는 설명도 덧붙여져 있었다. 동상의 형상이 그랬다. 돈키호테는 왼손에 긴 창을 들고 오른손은 바닥을 보인 채 들고 로시난테를 타고 있는 갑옷차림의 기사복장의 형상이었다. 왼쪽에는 칼도 차고 있었다. 언제라도 풍차를 향해서 아니면 편력기사로서 악을 무찌르기 위해 출동하려는 기세나 의지가 표현되었으리라. 오른쪽에 위치한 산초 판사의 형상은 잿빛 당나귀를 타고 종자로서 충실히 임무를 수행하겠다는 표정으로 당나귀의 고삐를 쥐고 등에는 생필품을 채워놓은 가방을 메고 유유자적한 모습이었다. 삐져나온 곳에는 이발소의 대야투구도 매달려져 있었다. 기념사진을 몇 장 찍었다. 조금 더 안쪽의 연회장 입구 쪽으로 갔더니 그곳에는 제대로 된 기사상이 장식되어져 있었다. 갑옷과 투구를 갖추고 말을 타고 있는 의젓한 기사의 모습이 있었다. 또 한 켠에는 어머니가 어린 아들딸에게 책을 읽어 주면서 의자에 앉은 청동상이 장식되어져 있었다. 정말 돈키호테 동상이 마드리드의 스페인광장에 있는지를 인터넷을 통해서 검색해 보았다. 모습은 동일했다. 그런데 이색적으로 산초의 위치가 달랐다. 원 동상에서는 돈키호테의 오른쪽에 산초가 있었다. 또한 동상의 뒤에는 대리석으로 된 세르반테스의 좌상이 위치해 있었다. 세르반테스는 책을 들고 앉아 있었고 돈키호테와 산초를 내려다보는 형국이었다. 세르반테스의 동상 뒤로는 기다랗게 오른 기둥이 세워져 후면을 장식하고 있었고 꼭대기에는 원형의 조각물이 있었다. 그리고 돈키호테의 좌우측으로도 대리석 석상들이 돈키호테상을 호위하고 보좌하고 있는 형세였다. 앞쪽으로는 길게 호수로 되어져 있어 정면에서 위치해 관광객들이 사진을 찍기에는 불편한 상황이었다. 조사해본 바에 의하면 돈키호테의 동상은 마드리드에만 있는 것은 아니었다. 벨기에의 브뤼셀에도 있었다. 그것은 예전에 벨기에가 스페인의 식민지였기에 그렇게 된 것이라 한다.

그러면 돈키호테를 쓴 세르반테스에 관해서 알아보자. 그는 외과의사의 아들로 태어났으나 무척이나 곤궁한 생활을 했던 듯하다. 제대로 정규교육을 받지 못했다. 이리저리 떠돌아 다녔고 추기경을 모셨고 스승으로 삼았던 이들을 통해 교육을 받았다. 무척 많은 독서를 통해서 지혜를 익혔고 세상을 경험하면서 다양한 삶을 배웠다. 군에 입대해서 레판토 해전에 참전하기도 했다. 그때 왼손과 가슴에 부상을 당했다. 해적에게 잡혀가서 노예로 5년 동안 생활하기도 했다. 파란만장한 삶을 살았고 여러 가지로 고초를 겪었다. 18세 연하의 부유한 농가의 딸과 결혼을 하기도 했다. 필생의 역작 돈키호테는 출간해서 상당히 호평을 받았고 각광을 받았다. 10년 후에는 돈키호테 2를 펴내기도 했다. 그런 연후에 죽음을 맞이했다.

돈키호테의 원래 제목은 '재기발랄한 향사 돈키호테 데 라만차'이다. 라만차라는 곳에 살았던 알론소 키하노는 기사소설에 빠져 살았다. 50세의 이 사나이는 어느 날 기사편력을 위해 갑옷을 갖춰 입고 늙은 애마 로시난테를 타고 집을 나선다. 숲에서 한 아이가 주인에게 품삯도 받지 못한 채 매를 맞고 있었다. 주인을 꾸짖고 호통을 쳐서 매질을 멈추게 하고 품삯을 받아내 주었다. 그렇게 편력에 나선 돈키호테는 얼마 후에 다시 집으로 돌아온다. 그리고 재정비를 하고 종자를 데리고 2차 편력에 나선다. 종자는 옆집에 살았던 시골뜨기 산초 판사였다. 그는 당나귀를 타고 돈키호테를 따른다. 그는 이웃에 사는 처녀를 자신이 섬기는 공주로 여기고 그 처녀의 이름도 둘시네아라고 짓는다. 처음에 맞닥뜨리는 것이 풍차였다. 거인으로 오해한 돈키호테는 그를 향해 저돌적으로 돌진하나 풍차의 날개에 나가떨어진다. 크게 부상을 입은 그는 다시 길을 떠난다. 이번에는 객줏집을 발견한다. 그리고 그것을 성이라고 여긴다. 펄럭이는 빨래를 깃발이라 여기고 주인을 성주라고 오해한다. 그리고 일하는 하녀를 공주라고 착각한다. 주인에게 부탁해서 기사로서의 서임을 해달라고 한다. 그리고 그에게 충성을 맹세한다. 객줏집에서 융숭한 대접을 받았지만 그는 그에 합당한 값을 치를 돈을 갖고 있지 않아 그곳에서 흠씬 얻어맞고 쫓겨난다. 들판의 양떼를 보고 군대라고 착각한 그는 그 양

떼를 향해 돌진하나 목동들에게 죽도록 얻어맞고 만신창이가 된다. 비를 피하기 위해 대야를 쓰고 가던 이발사를 위협해서 그 대야를 빼앗고 그것으로 황금투구라고 치부하고 그것을 뒤집어쓰고 좋아한다. 시체를 싣고 가는 장례행렬에 대해 부당하게 훔쳐서 가는 것으로 여기고 그것을 탈취하려고 용을 쓰기도 한다. 노 젓는 죄수를 후송하는 무리들을 만나 그들과 결투를 벌이고 죄수들을 풀어주기도 한다. 돈키호테는 모레나산에서 둘시네아에게 편지를 써서 그것을 산초에게 부탁해서 편지를 전하고 오라고 한다. 산초는 그것을 가지고 다시 라만차로 향한다. 그러나 그녀가 키질을 하는 모습만 보고 만나지도 못하고 돌아온다. 돈키호테는 기사들을 위해 비방의 처방약을 만들기도 하고 그것으로 치료제를 삼아 부상당한 몸을 추스르기도 한다. 동굴에 빠져 기이한 경험을 하기도 하고 여러 가지 기행을 일삼게 된다. 사랑하는 여자에게서 버림받은 카르데니오가 실의에 빠져 모레나 산에서 고행을 하고 있는 것을 발견하고 그를 위해 노력한다. 카르데니오가 사랑했던 처자 도르테아는 페레스 신부와 니콜라스 이발사를 만나 산초와 함께 돈키호테를 다시 집으로 데려가기 위해 모의한다. 도르테아를 미코미코나 공주라고 소개하고 그녀를 위해 헌신하고 충성해 줄 것을 돈키호테에게 호소한다. 그렇게 돈키호테는 그들의 모략에 의해 다시 집으로 되돌아가게 된다. 그는 귀가해서 몸조리를 하게 된다.

돈키호테 2

돈키호테 2는 1편이 나온 후 10년 후에 나온 것이다. 돈키호테가 세 번째로 집을 나와 편력을 떠난다. 그때는 산초에게 임금에게서 섬을 하사받아 영주로 삼겠다는 약속을 하고 그를 데리고 갔다. 그는 그의 행적을 잘 알던 공작에게로 가서 융숭한 대접을 받는다. 그의 시중을 들게 하기 위해 시녀들이 따른다. 그에게 먼저 수염을 면도하기 위해 세 명의 시녀가 시중을 들며 면도를 해준다. 한 늙은 시녀는 돈키호테를 유혹하기 위해 애를 쓰기도 한다. 그러던 중 산초가 희망하는 바가 섬의 영주가 되어보는 것이라는 것을 알게 된 공작은 그들의 꿈을 이루게 해준다.

본래 돈키호테의 돈은 경칭을 의미하고 키호테는 갑옷의 허벅지 보호 장비의 이름이라고 한다. 섬이라고 하는 바라타리아 섬이라는 곳에 영주로 산초를 보낸 것이다. 산초는 그곳에 가서 영주생활을 하게 된다. 상식에 기초한 판단을 내리고 주민들의 어려움을 해소시켜준다. 그렇게 영주 생활에 익숙해지던 그는 부인인 테레사에게 영주로서 선물과 편지를 보내고 돈키호테에게도 편지를 보낸다. 공작부인은 테레사에게도 편지를 보내 영주의 부인으로서 기품있고 긍지 높게 행동하기를 권고한다. 그에게는 항상 암살의 위험이 있으니 먹는 음식 등을 조심하라는 공작부인의 편지를 받고 어떤 진수성찬도 함부로 먹을 수 없는 입장에 처한다. 그렇게 해서 성주생활을 10일쯤 하던 차에 외부로부터 적들이 침입해 온다. 그는 무장하도록 갑옷과 투구를 갖추고 출전채비를 하고 전장에 출전해서 전쟁을 독려한다. 겨우 외부의 적을 물리치기는 했지만 성주라는 것이 아무나 하는 것이 아님을 알게 된 그는 성주직에서 물러날 것을 청원하고 그곳에서 떠난다. 잿빛 당나귀에게 먹일 귀리와 일용할 양식을 약간 얻어서 다시 산초로 되돌아온 것이다. 구덩이에 빠져 허우적거리던 때에 돈키호테가 나타나 구해주기도 했다. 산초는 다시 돈키호테의 종자로 되돌아간 것이었다. 공작은 시녀를 마법사로 변장시켜 돈키호테에게 둘시네아가 농부의 딸로 변신한 것은 마법에 걸려서 그렇게 된 것이라고 한다. 그리고 그 마법을 풀기 위해서는 산초가 매를 3천 3백대를 맞아야 그 마법이 풀리고 원래의 공주로 돌아가게 될 것이라고 한다. 산초는 돈키호테를 위해 자신이 엉덩이를 3천 3백대 때려서 그 마법에서 풀려나게 할 것이라고 약조한다. 그리고 그는 숲속에 들어가 나무를 때리며 자신의 엉덩이를 때린 것처럼 해서 3천 3백대를 때렸다고 한다. 돈키호테의 조카의 연인인 학자 산손 카르라스코는 백월의 기사가 되어 돈키호테와 대결을 펼친다. 그 때의 조건은 돈키호테가 지면 1년 동안 칼을 잡지 않을 것을 맹약하는 조건이었다. 돈키호테는 결투에서 최선을 다하지만 결국 패하고 그 약속대로 귀가하게 되고 편력기사의 길을 접고 양을 키우며 생활하는 상태로 복귀한다. 그리고 얼마 후에는 늙어서 임종을 맞게 된다. 그는 다시 제정신으로 돌아오고 제 이름도 아론소 키하노로 되돌아온다. 자신의 재산을 다 분배하고 하늘나라로 간다.

돈키호테는 소설로 된 것이 있고 그것이 영화화 되었고 뮤지컬로도 상영되기도 했다. 영화는 초기의 돈키호테의 활약상을 그린 것이 대부분이었다. 제대로 원작의 의미를 재현시키는데 부족함이 많았던 듯했다. 뮤지컬은 새롭게 각색된 내용으로 되어져 있었다. 뮤지컬 돈키호테의 내용을 보면 그래도 좀 원작자의 의도가 구현된 것이 아닐까 여겨지기도 했다.

뮤지컬은 이렇게 시작되었다. 교회에 세금을 부과한 세르반테스는 종교모독으로 해서 재판에 회부된다. 집행관들이 그를 끌고 지하 감옥으로 그를 데리고 간다. 그는 원고뭉치를 들고 산초와 함께 감옥으로 간다. 산초는 무거운 짐을 지고 갔다. 그 짐 속에는 연극에 필요한 각종 도구들이 산더미처럼 있었다. 각종가면 의상 등이었다. 죄수들은 그것을 보고 아연실색한다. 감옥에서의 대장은 그곳에서 재판을 시작한다. 세르반테스는 자신의 결백을 증명하기 위해 극작을 하는 내용을 실연하면서 돈키호테의 이루지 못한 꿈을 보여준다. 돈키호테로 변장한 세르반테스는 돈키호테로서 풍차를 향해 돌진하고 객줏집에서 불량배들과 싸우고 객주집의 식모 알돈자를 공주 둘시네아로 명명하고 그녀를 향한 무한 봉사를 다짐한다. 객줏집에 들어온 이발사가 쓴 대야를 보고 황금투구라고 여기고 그것을 빼앗아 자기의 머리에 쓰고 기사인 채 행동한다. 불량아들의 패거리는 돈키호테와 싸워 큰 부상을 입고 치료를 받아야할 입장에 처한다. 그러자 알돈자는 그들을 위해 치료하고 봉사하던 중에 그들로부터 강간을 당할 위기에 처한다. 산초는 알돈자에게 돈키호테의 편지를 전하고 그녀로부터 징표로 행주를 받게 된다. 그리고 돈키호테에게 돌아온 산초는 그것을 돈키호테에게 전한다. 돈키호테는 그녀를 향한 연정을 불태운다.

다음날 아침에 돈키호테는 성주로부터 기사 서임을 받고 그 객줏집에서 떠난다. 불량아들은 알돈자를 데리고 객줏집에서 빠져나와서는 알돈자를 풀어준다. 들길을 가던 돈키호테는 알돈자를 발견하고 그녀를 위로하고 치료해준다. 그러던 차에 들녘에는 산손 카르라스코가 거울의 기사라고 칭하며 돈키호테에게 결투를 신청한다. 조건은 1년 동안 그 어떤 무기도 손에 잡지 않는다는 것이었다. 돈키호테는 대결에서 패하고 그 조건대로 집으로 돌아간다.

얼마 후에 임종을 맞게 된 돈키호테는 가족과 그를 아는 지인들이 지켜보는 가운데 유언을 남기고 임종을 맞으려 하던 차에 알돈자가 나타난다. 그러자 그는 그녀를 알아보지 못한다. 그러자 알돈자는 그가 자신에게 둘시네아라고 불렀던 것이며 기타 여러 가지를 되새기도록 얘기를 한다. 그렇게 하자 돈키호테는 기억이 되살아나 산초와 알돈자를 양옆에 끼고 다시 길을 떠나 편력에 나설 것을 노래한다. 그 노래가 끝나고 나자 돈키호테는 죽음을 맞는다.

다시 장면은 바뀌어서 지하 감옥으로 변한다. 그리고 집행자들은 세르반테스를 방면하고 세르반테스는 감옥에서 풀려난다. 알돈자역은 소피아 로렌이라는 배우가 호연을 보여주었다. 세계 10대 소설을 선정하는 것에서도 뽑혔던 작품이라고 했다.

세르반테스는 유태인이었고 기독교로 개종했다. 그 시대에 스페인은 유태인과 이슬람교도를 국외로 추방하는 정책을 썼었다. 그래서 그로 인해 스페인의 몰락이 시작되었다는 얘기도 있고 무적함대가 패배하는 단초가 되었다는 얘기도 있다. 세르반테스는 신대륙에 가는 열망을 갖고 있었지만 결국 실행하지 못하고 말았다. 일설에는 그가 감옥에 있으면서 돈키호테를 저술했다고도 한다. 여러 가지를 성취하고자 했고 끊임없이 정의를 추구하고자 했고 새로운 시각과 마음자세를 가지고 끝없이 선함을 갈구하고자 했던 이 돈키호테는 모든 인간이 갈구해야할 그런 인간상이 아니었을까싶다.

3부

누님의 고희연

지난 주말이었다. 누님의 고희연이 있었다. 부산에서 부모님께서 올라오셨다. 군포의 애스톤 하우스라는 곳에서 저녁 6시에 개최가 된다는 통보가 왔다. 부모님께서 4시 55분에 광명역에 도착한다고 했다. 우리도 4시쯤 집에서 출발을 했다. 그런데 강남순환로로 들어가는 곳에서 길을 잘못 들었다. 역방향으로 간 것이다. 차를 돌리려고 사당쪽을 보니 엄청난 정체여서 양재로 나가기로 했다. 그런데 비가 오는 날이고 11월 마지막 주말인 탓에 도로의 정체는 극에 달했다. 터널 안은 거의 주차장 수준이었다. 급하게 부모님께 통화를 해서 택시로 목적지를 찾아가는 것이 좋겠다고 얘기를 했다. 마침 형님네 내외가 같이 있으셔서 한결 나았다. 우산도 없어 비를 다 맞으신 모양이었다. 우리도 급하게 유턴을 해서 목적지에 도착하니 30분이 지났다. 한창 연회가 진행되고 있었고 분위기도 고조되고 있었다. 거의 100석 남짓한 자리가 입추의 여지가 없을 정도로 꽉 찼다. 좌석이 부족한 관계로 관계자들이 다른 곳의 탁자와 의자를 가져와 배치하기도 했다. 우리 부부는 마침 입장하는 동생내외와 합석을 했다. 지방에서 올라온 사촌동생이었다. 집사람이 음식들을 날라 오는 동안 좌석을 지켰다. 주인공인 누님 내외의 입장이 있었고 가족들의 입장이 이어졌다. 내외빈에 대한 소개도 있었다. 얼마 전 대전 고검장에서 퇴임하고 변호사로 개업한 조 변호사가 있었다. 그리고 국민일보

편집국장을 역임하셨던 분도 오셨다. 기타 목사님 각종 친목계 모임의 회장님 등이 소개되었다. 우리 내외의 짤막한 소개도 있었다. 담안회의 회원님들도 각자 도착시간이 달라 이곳저곳에 뿔뿔이 흩어져 앉았다. 다들 궂은 날씨여서 찾아오는 데 애로를 겪었고 우여곡절 끝에 연회장에 모여드는 형편이었다. 사촌형님, 누님 등도 늦게야 연회장에 들어오셨다. 큰아들 만훈이가 파란만장했던 누님의 일생을 들려주었다.

누님은 2남 2녀의 장녀로 태어나 귀한 몸으로 대접을 받으며 자라났다. 할아버지와 할머니를 모시고 살았던 부모님 밑에서 성장했다. 귀한 몸으로 털끝하나 건드리는 날에는 할아버지의 호통에 혼줄이 났다. 선생님들도 누님에게 꾸중을 하거나 하면 할아버지가 가셔서 선생님들을 혼내셨다고 하니 할아버지의 손녀 사랑은 유별났다. 누님의 강단은 할아버지의 위엄을 그대로 물려받으신 듯했다. 불호령을 내리셨던 할아버지의 기를 그대로 이어 받은 것이다. 어린 나이에 대구로 가서 기숙사에서 생활하면서 산업전선에 뛰어들었다. 그러던 와중에 혼처가 있어 선을 봐서 현재의 자형을 만났다. 내가 중학교 2학년쯤이었던 듯했다. 73년경이었다. 신혼살림은 부산의 동래쪽에 차렸다. 자형이 럭키금성이라는 곳에 직장생활을 하고 있었다. 그때 그 시절의 삶은 모두가 그랬듯이 빠듯한 살림이었던 터여서 누님은 조그만 가게를 했다. 여러 가지 일용품을 파는 곳이었는데 바로 앞에 일성공업사라는 공장이 있어 장사가 꽤 잘 되었다. 아이를 키우랴 장사하랴 언제나 바쁘게 사셨고 힘들게 생활하면서도 열심히 노력하셨던 모습이 눈에 선했다. 그렇게 장사를 해서 모은 돈으로 울산에 땅을 샀다. 그렇게 5년쯤 지난 때에 서울로 상경을 했다. 자형의 결심이 대단했다. 대부분의 친척들이 부산, 마산, 진주 등지에 있는 상태에서 혈혈단신으로 가족들과 함께 상경을 한다는 것이 쉽지 않은 결정이었을 것인데 과감히 상경을 하신 것이다. 아들, 딸, 아들이 줄지어 태어났다. 막내는 서울에서 태어났다. 처음 생활은 화곡동 쪽이었다. 연탄보일러 형식의 연립주택이었다. 자형의 월급으로 5식구가 빠듯하게 생활해나가는 형편이었다. 우여곡절 끝에 서초동 소재 양옥집의 2층에 전세로 들어갔다. 그리고 얼마 후 안양 신도시 평촌에 아파트를 분양받아 입주를 했다. 한양APT였다. 막내 정규가 초등학교 시절에 목욕물에 발을 데어 화상을 입었다. 수차례 수술을 받고 처치를 받는 일이 있었다. 90년대쯤에 정규는 집사람에게서 수학 과외를 받으러 우리 집에 오기도 했었다. 자식 셋을 다 대학까지 공부를 시켰다. 자형은 LG에서 나와서 중소업체의 임원으로 몇 년간 지내시다가 2000년쯤에 창업을 하셨다. 그리고 집도 평촌에서 산본으로 이사를 하셨다. 큰아들과 작은 아들도 결혼시키고 이제는 손자, 손녀까지 둔 할아버지와 할머니가 되었다. 서울에서 이사를 하신 것이 19번이라고 하니 그 고초는 이루 말할 수 없었으리라. 워낙 뛰어난 노래, 춤 솜씨를 가진 분이라 항상 끼가 넘치고 활력이 넘치는 삶을 사신 듯하다. 당신이 즐겨 부르시는 권주가도 일품이었다. 국악가락에 맞춘 전통 한국무용도 멋들어지게 추셨다. 관객들의 환호가 이어졌다. 내빈들의 덕담이 있었고 공식행사가 끝난 후에는 여흥이 이어졌다. 전문 소리꾼들의 민요가 있었다. 그리고 내빈들의 노래도 덧붙여졌다. 마지막에는 누님이 '여자의 일생' 이란 노래를 애조띄게 불렀다. 고희연이 끝나고 기념품으로 타월이 배부되기도 했다. 늦은 시간이었기에 부산에 가시지 말고 서울에서 하루를 유하고 가라고 간곡히 권고를 했지만 사촌 누님, 사촌형님은 결국 광명역으로 가셔서 부산행 KTX에 오르고 말았다. 우리 부부는 부모님을 모시고 집으로 왔다. 집으로 돌아오는 길은 평온했다. 언제 그랬냐는 듯이 비는 그쳤고 도로는 뻥 뚫려있었다.

우리 집안의 친가나 외가를 불문하고 누님은 서울로 가신 최초의 사람이었다. 그 힘든 70년대 말부터 일가친척도 없는 서울에서 소위 말하는 자수성가하신 자형을 위해 물심양면으로 지원하시고 내조를 아끼지 않았던 덕에 오늘의 성공을 이룰 수 있었다. 자형은 현재 LG전자의 납품업체인 주식회사 나라테크를 운영하고 있다. 계속 성장하고 있는 회사를 운영하신지도 10여년이 되었다. 고희연을 맞은 누님네 가족들이 모두 항상 건강하시고 행복한 나날을 보내시길 기원해본다.

늦가을 하루

늦은 가을날 하루였다. 주말이었는데 이수역 태평백화점 앞에서 만나기로한 시간이 5시 30분이었다. 골프백과 가방을 들고 집 앞에서 택시를 타고 그곳으로 갔다. 10분쯤 일찍 도착되었다. 새벽의 동이 터오기도 전이었기에 세상은 조용했지만 차들은 많았다.

G사장의 차에 편승해서 2차 약속된 장소인 세영이네로 가야했다. 경부고속도로로 진입해서 신갈JC에서 영동고속도로로 접어들었다. 양지IC에서 빠져나와 국도를 탔다. 새벽녘이라 차들은 많지 않았다. 서서히 어둠이 걷혀가고 있었지만 날이 새려면 아직 시간이 더 지나야 했다. 2차 약속지에도 10분쯤 약속시간보다 일찍 도착했다. 나는 처음이었지만 G사장 등은 오랫동안 다녔던 골프장이어서 무척이나 친숙한 곳이었다. 두 팀이 골프를 치는 것이었다. 식당에서 합류해서 인사를 나누고 식사를 했다. 메뉴는 아우국과 청국장이었다. 후배 두 명이 먼저 왔다. 한 명은 만난 적이 있던 회계법인 부회장인 J씨였다. 또한 명은 형이 우리 동기라 했다. 부산의 의과대학병원 교수로 있는 친구의 동생이었다. 중앙대에서 심리학을 강의하는 Y교수였다. 후속으로 온 이는 동기동창인 M회장과 C국장이었다. 식당에는 손님들이 꽤 있었다. 이른 시간이고 동도 터지 않은 시간이었음에도 북적대고 있었다. 한켠에는 전통주로 담가 놓은 술들이 즐비했다. 또 한쪽에는 로스트볼이 쌓여져 있었다. 식사를 마치고 본

격적인 운동을 위해 클럽하우스로 갔다. 라카 번호표를 부여받고 옷을 갈아입고 채비를 해서 필드로 나갔다. 동이 막 터오고 있는 중이었다. 기를 받고자 해서 사진을 몇 장 찍었다. 그리고 운동을 시작했다. A조로 편성된 네 사람이 먼저 나갔다. 클럽하우스에서 합류한 두 분은 선배들이었다. K사장은 영국에서 내한한 상황이었고 P교수는 어제부터 라운딩을 한 상황이었다. A조는 P교수, C국장, 나, Y교수였다. B조는 K사장, M회장, G사장, J부회장이었다. 날씨가 갑자기 차가워진 상태여서 플레이를 하는데 애로를 겪었다. 몸이 제대로 풀려있지 않았고 얼어있는 상태였다. 제대로 실력발휘가 되지 않았다. 세 홀쯤을 돌고 나서야 제대로 운신이 되는 듯했다. 중간에 그늘집에서 따뜻한 정종을 두 개 주문해서 반 컵씩 마시고 나니 그런대로 몸이 좀 데워졌다. 시간이 지남에 따라 햇볕도 좀 들기 시작했고 바람도 잦아졌다. 이제 들녘은 완전히 늦가을의 기운이 감돌았다. 단풍들도 철이 다 지난 느낌이었다. 운동 중에 앞에서 고라니 한 마리가 필드를 가로질러 가기도 해서 깜짝 놀라기도 했다. 무난하게 플레이가 진행되었다.

운동을 마치고 사우나에서 샤워를 하고는 로비로 나왔다. 그리고 점심식사를 위해 예약해 둔 식당으로 집결이 되었다. 메뉴는 닭도리탕과 해물탕이 준비되었다. 처음에는 막걸리를 마시다가 소주를 마시기도 했다. 차를 운전해야 하는 이들이 있어 그렇게 많은 양을 마실 수는 없었다. 나는 P교수님 차에 편승해서 귀가했다. 강남 순환도로에 진입하는데 제법 시간이 걸려 애로를 겪기도 했지만 그럭저럭 잘 귀가할 수 있었다. 잠깐 휴식을 취했다가 다시 또 채비를 해서 약속장소로 갔다. 이번에는 거의 대부분 운동을 했던 이들을 다시 만나는 셈이 되었다. 일부 몇 분은 새로운 분이었지만 대부분 구면이었기에 화기애애한 자리가 되었다. M회장이 와인을 10병쯤 희사를 했다. 안주는 서양식으로 스테이크, 스파게티 등이었다. C국장은 자신이 마련하는 자리를 이곳으로 변경해서 이쪽저쪽을 왔다 갔다 하면서 회합에 합석을 했다. 차후에 오신 분은 L부사장, 그리고 K전무, C부사장이었다. 건배제의가 재미있었다. '정비 공' 이라고 했다. 세상에 없는 게 세 가지였다. 정답이 없다. 비밀도 없다. 마지막은 공짜도 없다. 다음으로 나온 것은 '하늘에는 별, 땅에는 우리가, 내 앞에는 너(또는 당신)' , 멋진 건배로 애기되는 하나는 '백두산' 이었다. '백 살까지 두발로 산에 가자' 였다. 나태주 시인의 '풀꽃' 도 화제가 되었다. 자세히 보아야 예쁘다. 오래 보아야 사랑스럽다. 너도 그렇다. 요즘 나도는 중과 관련된 유머 얘기도 있었다. 탁발하러 다니는 스님을 뭐라 할까요. 답은 '영업 중' 이었다. 또 다른 것으로는 이리저리 찾아도 간 곳을 모르는 중을 뭐라 할까요. 답은 '부재 중' 이었다. 스님과 관련된 유머로 하나를 더하면 그랬다. 스님이 목욕을 하러 갔다. 그런데 중3 학생이 목욕을 하러 갔다. 학생이 스님에게 물었다. "당신 뭐하는 사람이요." 그러자 "스님이 나 중이요"라고 답변했다. 그러자 학생이 하는 말 "나 중3이야"했단다.

자리를 파하니 거의 밤 10시경이 다 되었다. 다음으로 몰려간 곳은 인근의 노래방이었다. 한 시간을 주문하고 노래를 부르기 시작했는데 거의 두 시간이 소요되었다. K전무가 중간에 잠깐 식당에 가방을 두고 왔다고 해서 그것을 찾으러 다녀왔다. 노래는 예전 노래부터 시작해서 여러

곡이 불려졌다. 한창 흥에 겨워 화기애애한 분위기 속에 돈독한 우의를 과시했다. 노래방을 끝내고 나오니 이미 자정이 지났다. 일행은 다시 인근의 곱창집으로 향했다. 문 닫기 30분 전이었음에도 양해를 구하고 들어갔다. 소주를 세 병시켰다. 기념촬영도 이어졌다. 한껏 무르익은 분위기는 어떻게 해볼 도리가 없었다. 한시 경이 되어서야 겨우 마무리가 되었다. 다음을 기약하며 작별을 고했다.

이번에는 P교수님을 모시고 댁에까지 모셔다 드리고 귀가했다. 기나긴 늦가을의 하루가 마무리되는 순간이었다. 거의 20여 시간의 대장정이 끝나는 셈이었다. 오랜만에 만난 탓도 있었지만 호기롭게 보낸 하루였다. 이젠 이렇게 보내고 즐기는 것도 쉽지 않아 보였다. 그나마 현역으로 남아있으니 가능한 부분일 듯했다. 대부분의 사람들은 인생 3막을 새롭게 시작해서 보내고 있었고 잘 적응해 나가고 있는 형국이었다. 회사를 직접 경영하는 분 또는 경영을 조력하는 분을 빼면 교수 또는 직장에서 말년을 보내고 있는 이들이었다. 참으로 즐겁고 유쾌하고 진득한 하루를 보낸 것이 아닌가 여겨지기도 하다. 대단히 긴 하루였지만 더할 나위 없이 좋은 사람들과의 해후였고 만남이었다. 이젠 모두가 60을 넘기신 이들로 내일모레 회갑인 이들도 즐비했다. 모든 이들이 각자의 삶에서 기죽지 않고 팔팔하게 살아나길 기원해본다.

도리사와 금오산에서

지난 주말이었다. 서울에서 귀한 손님들이 구미교육원을 찾았다. 맨 먼저 도착한 이는 J소장이었다. 이미 농협에서 퇴직한지 3년이 지난 분이었다. 현재는 오산에 거주를 하고 있었고 순회검사역으로 5개월 정도를 남기고 있었다. 3급으로 승진해서 철원군지부에서 근무를 하다 최종적으로는 기흥에 있었던 부품센터에서 소장으로 명예퇴직을 한 분이었다. 동탄에서 SRT로 오다보니 시간이 맞지 않아 예정시간보다 2시간여를 먼저 오게 된 상황이었다.

교육원에서 차로 마중을 나가서 조우했다. 배낭을 메고 있었고 모자까지 쓴 상황이었고 간편한 복장으로 밝아 보였다. 기차 시간이 여의치 않아 점심식사도 하지 않은 상태였다. 일단 교육원으로 모시고 왔다. 간단히 식사를 할 수 있도록 점심을 차려드렸다. 늦은 점심 시간대였기에 많이 시장하셨는지 아주 달게 식사를 하셨다. 날씨는 초여름의 전형이라 할 만큼 쾌청했고 무덥게 느껴졌다. 온 세상은 중부지방의 가뭄으로 인해 몸살을 앓고 있었다. 한 시간여가 지난 후 다시 김천구미역으로 마중을 나갔다. 오는 분들이 세 명이어서 J소장이 같이 갈 수는 없었다. 4시경에 두 분이 먼저 도착했고 곧이어 20분쯤 뒤에 G선배가 왔다. 모두 반갑게 인사를 나누었고 차를 타고 교육원으로 들어왔다. 다른 회원들도 있었지만 모두 다른 일이 있어 함께하지 못했다. 두 분은 KTX로 왔고 한

분은 SRT로 온 셈이었다. 한 분은 고양에서 살고 있었으니 무척이나 먼 여정이었으리라. G선배는 분당에서 살고 있었기에 서울역으로 가는 것은 무리였다. 수서역까지는 그래도 갈만 했으리라. 전체회원 9명 중 5명이니 과반수는 참여한 셈이었다. 20여 킬로미터를 달려 교육원에 도착해서 잠깐 휴식을 취했다. 짐을 놔두고 간편한 복장으로 길을 나섰다. 차를 타고 10여분 거리에 식사장소가 있었다. 도개농협에서 위탁해 운영되는 식당이었다. 식육매장은 별도로 있었다. 팩으로 포장된 육고기를 샀다. 등심, 안심, 갈비살 등이었다. 식당은 옆의 건물 2층에 있었다. 오후 6시경이었으니 조금 이른 시간이어서 그런지 손님이 많지는 않았다. 좌정해서 고기를 구워 먹으면서 얘기를 나눴다. 식당 한 켠의 벽에서는 표구가 하나 걸려있었다. 적혀있는 글귀는 '적선지가 필유여경積善之家 必有餘慶 적오지가 필유여앙積惡之家 必有餘殃이었다. 불판에 고기를 구웠고 모두들 맛있게 먹으며 얘기꽃을 피웠다. 인증샷도 찍었다.

K소장의 얘기이다. 그는 얼마 전 일본을 여행하고 왔다고 했다. 무척이나 깔끔하고 맛있는 음식들도 많이 먹었다고 했다. 사위와 딸이 살고 있는 인도네시아에도 보름정도를 머물다 오기도 했단다. 아들도 대한항공에 근무를 하고 있는데 이번에 인천공항에서 김포공항으로 근무지를 옮겼단다. 대리로 진급을 하기도 해 곧 결혼을 했으면 하는데 아직까지 할 생각이 없다고 손사래를 치고 있는 형편이라고 했다. 고양에서 사는 곳이 워낙 고층이어서 지기를 받지 못해 좀 힘들어 하고 있다고도 했다. 새롭게 잡은 직장이 잠실 쪽이어서 출퇴근 시간이 너무 많이 소요되는 것에서 애로를 겪고 있다는 하소연을 하기도 했다. 식사는 간단하게

된장국에 공깃밥으로 했다. 식사를 마친 후 커피를 한잔하고도 아직 날이 훤해 여름이 온 것을 실감하는 순간이었다. 일단 늦었지만 내일 가보기로 했던 도리사에 가보기로 했다. 나는 치아관계 등으로 인해 술을 삼갔다. 20여분 차를 타고가 도리사에 도착했다. 진입로의 느티나무 길, 길옆의 호수 등에 감탄을 쏟아냈다. 길옆에 차를 세우고 사진을 찍자고도 했지만 곧바로 도리사로 올라갔다. 신라시대 최초의 절이라는 얘기와 절을 세웠던 아도화상의 얘기 등을 들려주었다. 부처님의 진신사리가 나왔다는 부도탑 등에 관한 얘기에도 귀를 쫑긋 세우며 집중하며 들었다. 검찰총장이 나온 좋은 지기를 가진 곳이라고도 설명했는데 반신반의하기도 했다. 한 관광객은 사진촬영을 조력해주기 위해 흔쾌히 우리의 요구를 들어주기도 했다. 절 구경을 마치고서는 서대로 갔다. 아도화상이 손가락으로 황악산 아래의 직지사直旨寺를 손가락으로 가리켰던 서대를 설명 들으며 확 트인 낙동강을 바라보며 여행의 진미를 만끽했다. 이제는 어스름해지고 날이 어두워지기 시작했다. 서둘러 절을 빠져나오며 교육원으로 향했다. 교육원에 도착해서 간단히 맥주를 한잔씩 하면서 얘기를 했다. 오랜만에 동양화를 한번 해야 하는 것 아니냐고도 했지만 도구가 없으니 방법이 없었다. 9시에는 뉴스를 보면서 세상사는 얘기를 늘어놓기도 했다. 11시쯤에는 모두들 각자의 침대로 자리를 옮겼다. 하루의 일정이 끝났다.

다음날 아침이 밝았다. 일요일이어서 살짝 걱정이 되었다. 제대로 아침식사를 하는 식당을 찾을 수 있을지 걱정이었다. 다같이 나가서 식사를 하고 다음 일정을 하는 것도 번거로울 듯했다. 일단 차를 끌고 가서 식당을 찾았다. 다행히 다정식당이 문을 막 열었다. 7시였으니 식당을 연 것도 신기할 정도였다. 순댓국 3인분과 공깃밥 5개 그리고 안뽕 한 접시를 주문했다. 20여분이 지나고 음식을 포장해서 교육원으로 돌아왔다. 손님들은 모두들 교육원을 둘러보았고 일부는 테니스장에서 테니스를 치기도 했다. 하필 다들 핸드폰을 두고 간 상황이라 연락을 할 수도 없었다. 순댓국을 끓여 내놓았다. 모두들 시원하고 얼큰한 순댓국에 국그릇의 바닥이 보일 정도로 맛나게 아침식사를 했다. 설거지를 마치고 다음 목적지를 향해 출발했다. 직지사나 박대통령의 생가 등도 얘기되었으나 금오산으로 최종 확정이 되었다. 소요시간은 30분가량이었다. 입구에 일행을 내려주었고 다시 주차장에 차를 주차하고 합류했다. 금오산 입구의 호수에 대해서도 감탄을 연발했다. 메타세콰이어가 줄지어 늘어선 길을 올라갔다. 입구에서 케이블카 타는 곳까지는 30미터 정도였다. 매점에서는 공갈빵, 단팥빵 등을 팔고 있었다. 단팥빵을 좀 샀다. 그리고 나눠서 먹었다.

케이블카는 5분정도 타는 것이었다. 케이블카에서 내리자마자 마주한 곳은 해운사라는 절이었다. 기념촬영을 몇 장 찍고는 일부는 대혜폭포로 향해 올라갔고 G선배는 얼마 전 다리를 다친 탓에 올라가지 않고 그곳에서 기다리기로 했다. 대혜폭포에는 등산객들로 붐볐다. 문제는 폭포에 물이 거의 없었다. 가뭄 탓도 있었겠지만 어쨌든 폭포의 절경을 제대로 느껴보지 못한 안타까움이 있었다. 박대통령시절 자연보호운동의 발상지였다는 설명에 고개를 끄덕거리기도 했다. 다시 케이블카를 타고 아래로 내려왔다. 주차장까지 걸어 내려오는 길에는 간간이 등산객들을 만나기도 했다. 주차장 입구에는 길재 선생의 회고가懷古歌가 표석에 조각이 되어져 있었다. 시조의 글월은 옛 학창시절을 떠올리게 했다.

> 오백 년 도읍지都邑地를 필마匹馬로 돌아드니,
>
> 산천山川은 의구依舊하되 인걸人傑은 간 데 없다.
>
> 어즈버, 태평연월太平烟月이 꿈이런가 하노라.

회고가는 목은 이색, 원천석, 야은 길재 선생의 회고가가 있다. 고려시대의 태평성대를 다시 한번 회고하는 내용으로 표현되어 있었다. 길재 선생은 대표적인 고려시대의 3은 중 한분이었다. 3은 포은, 목은, 야은을 일컬었다. 포은은 정몽주요, 목은은 이색, 야은은 길재를 얘기한다. 옆에는 채미정도 예쁘게 자리하고 있었다. G선배는 자신의 조상이라고 자부심이 대단했다. 기필코 사진을 찍고 가겠다는 의지가 강했다. 다음은 중식을 위해 인근 식당가 중에 자리 잡은 감나무집으로 갔다. 능이버섯전골을 시켰다. 생탁이라는 막걸리도 한잔씩 했다. 무척이나 만족한 여행이었다고 소회를 털어놓기도 했다. 식사를 마치고 이제는 김천구미역에서 KTX, SRT를 타고 돌아갈 시간이었다. 모두 귀한 시간을 내주셔서 구미를 방문했는데 제대로 즐거움을 만끽했던 좋은 시간으로 기억되었으면 할 뿐이다. 이제는 모두들 인생의 뒤안길에서 돌아와 장년을 보내고 계시는 분들이다. 손자를 보신 분들도 있을 정도이니 세상의 희로애락, 생사고락을 다하신 관록과 여유가 묻어났다. 행복하고 건강한 여생을 보내시길 기원해본다.

커피

커피는 커피나무에서 생두를 수확하여 가공공정을 거쳐 볶은 후 한 가지 혹은 두 가지 이상의 원두를 섞어 추출하여 음용하는 기호음료이다. 독특한 풍미를 가진 갈색을 띈 기호음료이다.

프랑스의 유명한 소설가 발자크가 즐겨 먹었던 것이 커피였다. 그가 쓴 '고리오영감' 이 유명한 작품이다. 그는 도스토예프스키처럼 빚을 갚기 위해 글을 쓴 것은 아니었다. 그가 글을 쓴 목적은 결혼을 하기 위해서였다. 그가 사랑한 사람은 젊은 시절인 33세 때 만난 한스키 폴란드 백작부인이었다. 그녀는 기혼녀였고 하도 발자크가 애걸복걸하니 약속을 했다. 남편이 죽으면 결혼해 주겠다. 그래서 결혼하게 된 것은 그 이후 18년이 지난 뒤인 발자크가 51세가 되었을 때였다. 그동안 그는 결혼을 준비하기 위해 글을 썼고 작품으로 유명세를 날리게 되었다. 그런데 결혼 후 5개월 만에 죽었다. 안타까운 노릇이다. 오랫동안의 기다림을 위해 그가 즐겨 마셨던 것이 커피였다. 대략 죽을 때까지 그가 마신 커피양이 5만잔 정도라고 한다. 그 뒤부터 커피는 악마의 유혹이라는 별칭을 갖게 되었다.

최초의 커피 원산지는 아프리카 이디오피아라고 한다. 우리나라도 강원도 춘천에 가면 '이디오피아의 집' 이라 해서 커피 전문점이 있다. 그곳에서 생산된 커피가 중동으로 이동했고 그리고 유럽으로 전해졌다. 처음에 커피를 먹게 된 계기는 염소에게서 비롯되었다. 어느 날 염소를 키우던 목동이 있었는데 이 커피열매를 먹은 염소가 하루 종일 돌아다니고 기분좋아하는 모습을 보게 된 이후 이를 먹게 되었다.

1651년 유럽에 전해진 커피는 처음에는 냉대를 받았다. 이교도의 음료, 이슬람의 와인, 악마의 유혹, 사악한 검은 나무의 썩은 물이라고 했을 정도였다. 그런데 교황 클레멘티 8세가 커피를 마셔보고 하는 말이 재미있다. “이렇게 좋은 걸 이슬람 놈들만 마시는 건 말도 안 된다.” 커피와 불가분의 관계를 갖고 있는 것이 바리스타다. 바 안에서 만드는 사람이라는 의미다. 술을 다른 음료 등과 섞어 만드는 바텐더와는 구분된다.

커피의 종류는 여러 가지가 있다. 커피를 대중화시키고 일반화시킨 것은 커피의 가공공정을 간편화하여 먹기 쉽게 한 것이다. 1901년에 일본계 미국인 카토 사토리 박사가 커피액을 농축시킨 액체형식으로 보급하게 되면서 대중화가 되었다. 본격적인 대중화는 1938년 네스카페가 커피를 가공해서 고체화시켜 유통시키면서 시작되었다. 에스프레소는 고온고압으로 추출한 아주 진한 이탈리아식 커피를 말한다. 다시 부연설명하면 곱게 갈아 압축한 원두가루에 뜨거운 물을 고압으로 통과시켜 뽑아낸 이탈리안식 정통커피를 말한다. 이때 통과시켜 뽑아낸 물도 예쁘게 뽑혀야한다고 한다. 걸쭉하게 꿀이 떨어지듯이 부드럽고 유연하게 내려져야 한다. 물이 뭉쳐 떨어지거나 똑똑 간헐적으로 떨어지는 등의 모습은 좋은 에스프레소가 되지 못한다. 다음은 카푸치노가 있다. 우유를 섞은 커피에 계핏가루를 뿌린 이탈리아식 커피를 말한다. 에스프레소와 우유와 우유거품의 비율이 맞아야 맛있는 커피가 된다. 잔의 높이로 본다면 1대

1대 1이 되며 양으로 본다면 1대 2대 3의 비율이 된다. 거품의 두께가 최소한 1센티미터 이상이 되어야 한다. 카페 라떼는 우유거품의 양에서 차이가 있다. 라테는 거품의 양이 0.5내지 1cm이다. 반면 카푸치노는 약 1.5cm 정도이다. 카페 마키아토는 에스프레소에 우유는 넣지 않고 거품을 올려서 만든 것이다. 카푸치노의 레시피다. 첫째 에스프레소 30ml를 추출한다. 둘째 잔의 우유와 거품을 동일한 양으로 부어준다. 셋째 마무리로 시나몬 파우더를 뿌려준다. 기본적으로 180ml 잔을 사용한다. 커피를 내리는 방식에는 핸드드립과 융드립이 있다. 핸드드립은 드리퍼와 종이 필터를 사용하여 커피를 추출하는 것을 말한다. 융드립 커피는 천을 사용하여 커피를 추출하는 방식이다. 카페콘파나Cafe Con Panna는 에스프레소에 휘핑크림을 얹은 커피다. 판나는 생크림을 뜻하고 콘은 '넣은' 이라는 뜻을 가졌다. 에스프레소를 베이스로 생크림을 넣어 부드럽게 마시는 에스프레소 기본메뉴이다. 카페 비엔나와 유사하지만 물로 희석하지 않는 차이가 있다. 우리나라에서는 카푸치노로 인식된다. 카페 아메리카노는 에스프레소를 물로 희석한 커피를 말한다. 에스프레소를 뜨거운 물과 1대 2정도의 비율로 희석하며 농도는 취향에 따라 조절한다. 미국인들이 즐겨 마신다고 해서 아메리카노라는 명칭이 부여되었다.

우리나라 커피의 시작은 고종이 아관파천으로 러시아 공사관에 갔을 때 웨베르 공사가 커피를 권해서 마신 것이 시초다. 1세대 바리스타로 불리는 이가 1서 3박이다. 고故서정달신촌 콜롬비아, 고故 박원준이대앞 다도원, 박상홍캐나다 이민, 박이추강릉 보헤미안을 이른다. 유일하게 살아있고 우리 곁을 지켜주고 있는 이가 박이추, 68세 바리스타이다. 강릉 연곡면에 보헤미안이라는 카페를 열고 있는 1세대 바리스타로 전설적인 분이다. "좋은 커피는 삶의 갈증을 잊게 합니다." 그는 커피를 배우기 위해 일본으로 건너갔다. 중앙커피주식회사와 기사텐茶 학원에 1년 반을 다니면서 커피에 관해서 배웠다. 그리고 일본커피연구소의 가라사와 소장에게 커피 만드는 법을 배웠다. 1988년 혜화동과 안암동에 카페를 열고 원두커피 보급에 앞장섰다. 고려대 앞 지하 '가베 보헤미안'이란 카페를 열어 커피를 제대로 알리고자 애썼다. 그러다 강릉으로 내려와 연곡면에 보헤미안을 열고 커피를 보급하게 되었다. 지금은 강릉을 커피의 본고장으로 만드는데 앞장서고 있다. 강릉 일원에 분점 2개를 열었다. 상암동 한 방송국 건물에도 분점이 있다. 베트남에 커피농장을 운영하려는 시도를 하고 있는 중이다.

다음으로 수요미식회 커피 편에서 소개된 문 닫기 전에 가야할 식당이다. 이태원에 위치한 카페다. 두 명의 바리스타가 있다. 임성은 바리스타는 에스프레소 전문이고 권요섭 바리스타는 융드립 전문이다. 삼천 번의 키스와 맞먹을 정도로 오묘한 맛을 가진 커피는 바리스타에 따라 원료에 따라 여러 가지 오묘한 맛을 간직하고 있다. 커피 맛은 쓴맛, 신만, 단맛 등 여러 가지가 혼재되어져 있다. 60년대 다방에서는 커피에 프림을 넣고 설탕을 넣어 마셨다. 요즘에는 다이어트와 성인병의 주범으로 몰렸다. 최고의 맛은 신맛이라고 한다. 카페인 성분으로 인해 각성효과를 가지고 있고 잠을 못 들게 하기도 한다. 어떤 이는 하루에 10잔 20잔 30잔씩 마시는 호사가가 생겨나기도 한다. 비록 카페인 성분으로 몸에 유해하다는 설에도 불구하고 중독성이 강하다보니 찾는 이는 계속 늘어나게 될 것이다. 아무튼 커피는 이제 우리의 일상에서 빠질 수 없는 기호품으로 계속 성장 발전해 갈 것이다.

민물매운탕

요즘 한창 추위가 맹위를 떨치고 있다. 이런 계절에 꼭 어울리는 음식이 민물매운탕이다. 잘 알려진 것처럼 매운탕은 바다고기 매운탕과 민물매운탕이 있다. 바다고기매운탕은 회를 뜨고 난 다음의 매운탕이어서 부수적인 음식으로 밥과 함께 먹는 탕으로 되어있다. 반면 민물매운탕은 그자체가 주메뉴이고 그것에 고기들이 통째로 들어간다.

TV에 소개된 프로에서는 그렇게 얘기를 하고 있었다. 1월의 최고 회는 숭어란다. 그리고 1~2월의 회로 정평이 나있는 것은 방어란다. 게스트로 나온 이는 독일 유학시절에 민물고기를 파는 곳에 들렀다가 산 물고기가 손질된 것보다 가격이 훨씬 싼 것에 착안해서 본격적으로 회를 뜨는 법을 홀로 독학을 해서 터득하게 되었다. '알쓸신잡편' 에서도 회를 뜨는 멋진 솜씨를 뽐내기도 했다. 낚시도 곧잘 하는 취미로 매운탕집에 하루걸러 찾기도 하는 매운탕마니아 그 자체였다. 고정패널과도 친숙해서 출연을 하게 되었다고도 했다. 민물매운탕의 최고는 뭐니 뭐니 해도 역시 쏘가리매운탕이라고 했다. 예전에 단양을 간 적이 있었는데 그곳에서 그것을 한번 먹어본 적이 있었다. 혹자는 물속의 돼지고기라 해서 수돈水豚이라고도 한단다. 그만큼 육질이 단단하고 식감이 좋다는 의미일 것이다. 쏘가리는 양식이 불가능하다고 한다. 어떤 이의 얘기로는 저수지에 치어를 수만 마리 방류해서 키우기도 한단다. 쏘가리는 결코 살아있지 않는 것을 먹지 않는 속성을 지니고 있다. 사료나 기타 것들은 거들떠 보지도 않는다는 것이다. 매운탕의 제왕으로 손꼽히는 이유이다. 둘째는 잡어매운탕이다. 쏘가리, 빠가사리, 메기를 제외한 여러 가지 모래무지, 버들치 등 여러 가지 잡어를 넣어 끓인 것을 둘째로 친다. 빠가사리가 국물맛을 우려내기에 빠가사리가 몇 마리 추가되기도 한다. 셋째는 빠가사리다. 낚시를 해서 잡으면 고기가 빠각, 빠각하고 소리를 낸다고 해서 빠가사리가 되었다고 한다. 또 다른 속설에는 일제강점기에 일본사람들이 빠가사리를 잡았는데 그들에게 빠가라는 말은 매우 혐오하고 욕할 때 쓰는 단어인데 그렇게 소리를 내는 물고기를 잡고는 빠가사리로 명명했다는 얘기도 하나의 설로 전해온다.

혹자는 민물매운탕의 세 가지 혐오스러운 부분으로 이렇게 얘기한다. 흙냄새, 입 벌린 물고기가 통째 들어있는 것, 방아잎이란다. 흙냄새는 물고기에 민물의 박테리아에 의해 풍기는 것이라고 한다. 고기를 흐르는 물에 3일 정도 담가야 흙내가 가신다고 한다. 물고기를 통째로 넣는 것에 관해서는 어두육미라 해서 머리 부분의 살들을 다 발라먹기 위함이라고 한다. 마지막에 방아잎은 매운탕의 잡내를 없애기 위해 첨가되는 것이다. 취향에 따라 방아잎 등이 매운탕 본연의 맛을 빼앗기 때문에 싫어하는 사람도 많다. 다음으로 들어가는 것에 초피라는 것이 있다. 제피라고도 하고 산초라고도 불린다. 산초라는 것은 일본사람들이 쓰는 말인데 우리나라 사람들도 산초로 알고 있는 사람도 많다.

도심에서는 민물매운탕집을 찾기가 쉽지 않다. TV프로에서 소개한 매운탕 집은 파주의 민바리집이란 매운탕 집이었다. 메기매운탕이고 고추장 매운탕이라고 소개되었다. 수제비, 미나리 등을 먼저 먹은 후 고기를 먹고 마지막으로 국수를 끓여 먹는 것으로 마무리하는 식이다. 다음으로는 동자개매운탕(빠가사리)을 전문으로 하는 집으로 숙대쯤에 있는 매운탕집이다. 매운탕에 게가 들어가 있었다. 민물매운탕은 두 가지 종류가 있다. 얼큰, 걸죽계열이 있고 다음은 시원, 칼칼계열이 있다. 첫 번째 파주집은 얼큰계열이고 숙대쪽은 시원계열이라고 했다. 게스트들이 별점 3.5를 주었다. 한 출연자는 쏘가리낚시만 15년째 하고 있다고 하고 개체수 유지를 위해 항상 잡은 쏘가리를 방사한다는 얘기였다. 얼큰하고 시원한 맛의 매력에 빠진다는 소개였다. 내가 가본 매운탕 집은 파주쪽에 매운탕집이 있었다. 제대로 맛볼 수 있었던 곳이었고 훌륭한 곳이었다. 아주 허름한 건물이었는데도 음식 맛은 일품이었다. 임진강쪽으로 고기를 잡아 요리를 한 것으로 보였다. 다음은 경부고속도로 금강휴게소 안쪽의 밀집된 매운탕집들이 인상적이다. 각종 종류의 매운탕과 도리뱅뱅이라고 해서 치어를 프라이팬에 구워 내놓는데 고소한 맛이 일품으로 정평이 나있다. 오래전에 한번은 그곳에서 매운탕을 먹고 있었는데 옆 좌석에 이준희 장사를 비롯한 씨름선수들이 그곳에서 늦은 식사를 하고 있었는데 거의 바닥이 드러날 때까지 깔끔하게 매운탕을 비우던 모습이 지금 기억에도 새롭다. 오래전 영부인이 도리뱅뱅이 맛에 푹 빠져 즐겨 그것을 먹었다는 얘기도 있었다. 얼마 전까지 근무하던 곳 근처여서 자주 갔던 곳은 상주 낙단보 근처에 위치한 J식당이라는 곳의 잡어매운탕이다. 밑반찬도 정갈하고 매운탕 맛도 일품이어서 해장이 필요할 때 자주 찾았었다. 다음은 최근에 찾아서 가본 문경의 세구기매운탕이다. 왜 세구기라고 했더니 그 집 주인의 이름이 세국이라고 했다. 그런데 사람들이 부르기를 세구기라 해서 그렇게 명명하게 되었단다. 그는 손으로 물고기를 잡는 어신으로 정평이 나 있었다. 수십 년을 손으로 직접 물고기를 잡아 손님상에 올렸다는 것이다. 세상에 전파를 타고 소문이 나서 문전성시를 이룬다는 얘기였다. 살아있는 고기를 통째로 조리해서 산 것을 바로 냄비에 넣고 끓여주는 데 그 맛은 소문대로 일품이었다. 서민갑부로 나왔었고 사진촬영을 요청하자 기꺼이 응해주기도 했다. 예전 근무했던 곳에서 체육행사의 일환으로 임진강 근처로 간 적이 있었는데 그곳에서 천렵을 해서 피라미튀김도 해서 먹었고 매운탕도 맛있게 먹었던 아련한 추억이 있다. 대부분의 상사들이 극히 애호했던 것이 민물매운탕이 아니었던가. 젊은 사람들은 별로 그 냄새나 독특한 향기 또는 모양새로 인해 외면을 받고 있는 상태이기도 하다. TV에 소개되면서도 무척이나 시청률이 하락할 것에 몹시도 신경을 쓰기도 했다.

우리나라는 바다가 삼면이기도 하지만 곳곳에 강과 하천, 저수지 등이 많아 민물고기를 쉽게 접할 수 있고 그것으로 요리하는 요리도 많이 발달된 것이 아닌가 여겨진다. 아무튼 추운 겨울철의 별미 민물매운탕에 한번 푹 빠져보는 것도 나쁘지 않을 듯하다.

생곡리 출근

서울집에서 일어나는 시간은 거의 5시 50분경이다. 간단히 세면을 하고 채비를 해서 집을 나서면 6시 20분경이 된다. 집 앞의 버스 정류장으로 가서 버스를 탄다. 거의 기다리는 시간은 5분내외다. 152번 또는 504번 버스를 이용한다. 주로 버스가 가는 방향이 하나는 노량진쪽으로 해서 서울역으로 가는 방향이 하나고 또 다른 하나는 보라매공원 방향으로 해서 공군회관을 지나 대방역방향의 굴다리를 지나 여의도로 가는 방향이 또 다른 하나이다.

서울에 산 지 거의 30년이 지났지만 버스를 잘 이용하지 않았는데 최근에 와서 버스를 활용하는 상황이 되었다. 집에서 서울역까지 소요되는 시간은 30분에서 45분쯤 소요된다. 7시에서 7시 10분 사이에 서울역에 도착한다. 이른 아침시간이기 때문에 대부분 앉아서 갈 수 있다. 최소한 노량진정도까지 가면 자리가 빈다. 다들 신대방삼거리 전철역에서 내리는 이들도 많고 일부 수험생들은 노량진역에서 내린다. 문제는 한강대교를 건너는 것이 관건이다. 일반도로는 버스전용을 다니기 때문에 막히는 곳은 별로 없는 셈이다. 서울역에 도착해서 대합실로 간다. 시간이 7시전에 도착하면 대합실에 있는 식당으로 직행한다. 식당에서 시켜먹는 것은 대충 국밥, 김치찌개, 설렁탕, 뚝배기불고기 등이 있다. 의자에 앉자마자 곧바로 종업원이 밑반찬 물 그리고 주문을 받는다. 밥과 주문한 것이 나오는데 걸리는 시간은 거의 5분내외다. 식사시간도 10분 남짓이면 끝난다. 위층에도 식당이 있는데 그곳에는 좀 더 다양한 메뉴가 있는데 문 여는 시간이 7시다. 그리고 계산을 하고 메뉴별로 마련된 의자에 가서 기다리면 주문번호가 표시되면 식사를 가져다먹는 식이다. 기다랗게 늘어서 있는 상점들은 빵집 등이 있다. 즉석빵이나 샌드위치 등을 사서 먹기도 한다. 다음은 시간이 없을 경우에는 플랫홈에 들어가기 직전에 있는 음식점에서 도시락을 주문한다. 일식집이 있고 한식집이 있다. 김밥도 있고 고려당에서 운영하는 빵집도 있다. 통상 애용하는 집은 일식집이고 도시락 값이 만 원 정도다. 도시락과 된장국, 물 등이 제공된다. KTX에 올라 식사를 시작하면 10분 정도에 마무리가 된다. 그러면 거의 광명역에 도착하는 시간쯤이 된다. 식사를 끝낸 후에는 그것을 비닐봉지에 담아 쓰레기통에 버리고 온다.

다음은 신문을 읽게 된다. 일간신문 한부와 경제신문 한부 정도를 읽으면 거의 30분정도가 소요된다. 그러면 오송역쯤에 도착이 된다. 섣불리 잠을 자거나 곯아떨어질 수도 없다. 중간에 내려야 하기 때문에 잘못하다가는 동대구역이나 부산까지 가는 수가 있기 때문이다. 겨우 할 수 있는 것이 가면을 취하는 정도이다. 1시간 30분이 경과하면 김천구미역에 도착한다. 가방을 들고 열차에서 내려 역 앞으로 가면 통상 조 주임이 기다리고 있다. 그리고 곧바로 출발한다. 김천구미역에서 생곡리 교육원까지의 거리가 통상 20여 킬로미터가 된다. 국도를 타거나 고속도로를 타던 매한가지다. 소요되는 시간은 거의 30분쯤이다. 일주일의 시작이고 곧 시작될 교육과정을 준비해야 하는 시간이다. 조 주임은 곧바로 교육생 수송을 위해 출발을 해야 하고 교육생을 맞아야 하는 교수님은 생활관 1층에 교육생명부를 갖고 가서 대기해야 한다. 일부 직원은 교육생들의 차량을 주차안내도 해야 하기도 한다. 방 배치와 배정이 끝나고 나면 교육생들은 식당에 들러 점심식사를 한다. 그리고 12시 50분쯤에 소강당에 집결하여 교육 안내를 받는다. 그리고 오후 1시 40분경에는 입교식을 한다. 입교식 순서는 국민의례 원장의 환영말씀 농협의 노래제창 순으로 마무리가 된다. 입교식이 끝나면 교육생들은 각자가 속한 과정의 강의실로 입장해서 오후 2시부터 본격적인 교육을 받게 된다. 통상의 교육과정은 4박 5일간 진행되고 짧은 교육과정의 경우에는 3박 4일간 진행되기도 한다. 2016년도에는 거의 대부분이 상호금융과 관련된 교육이 주를 이루었고 2017년도에는 경제사업 관련교육으로 전환이 되었다. 2016년 10월에 경주교육원이 개원하면서 대부분의 상호금융교육이 경주로 이관되었기 때문이었다. 기본교육에 포함된 과정은 혁신적 실행리더십과정과 자기주도적 리더십과정은 2016년에는 3박 4일로 그리고 2017년에는 4박 5일간으로 진행이 되었다. 2016년에는 수요일 오후에 금오산 등반을 했다. 오후 2시 20분경에 교육원을 출발해서 3시쯤에 금오산 입구에 도착하면 걸어서 대혜폭포까지 1시간가량 산행을 하는 코스였다. 그렇게 높은 곳도 아니어서 편안하게 얘기하면서 산행을 할 수 있을만한 코스였다.

오후 4시쯤에 단체로 기념촬영을 하고 하산하면 입구에 있는 음식점에서 반별로 환담하면서 저녁을 먹는 자리가 마련이 된다. 그리고 7시쯤에 교육원으로 돌아온다. 마지막 금요일에는 첫 시간에 평가가 있게 되고 둘째시간은 원장의 특강이 있다. 그리고 12시 30분경에 수료식을 하거나 마무리되는 시간이다. 수료식은 국민의례, 시상, 환송말씀 농협의 노래 순으로 마무리가 된다. 구미교육원에서의 일주일이 흘러가는 내용이다. 일주일의 교육과정이 하나로 진행되는 경우도 있고 몇 개의 과정이 중복되어 혼합되어 진행되는 경우도 있다. 또한 그런 교육과정이 진행되는 중에도 지역농축협의 방문교육이나 또는 출강들도 이어지고 진행되기도 한다.

2년 동안 구미교육원에서 근무하면서 제대로 교육진행이 없었던 주는 거의 12월을 빼고는 없는 실정이었으니 교육에 얼마나 진력했는지 모두들 너무나 수고가 많았던 기간이었다. 생곡리에의 출근은 무척이나 길고 먼 거리였고 시간이었지만 의욕에 가득 찼고 희망에 부풀었던 시간이었다. 이제는 하려고 해도 할 수 없는 생곡리의 출근이 되었지만 앞으로 살아가는 동안 항상 언제나 아스라이 잊힐 수 없는 소중한 추억으로 간직될 것으로 보인다.

아내의 생일

지난 금요일이었다. 아내의 생일이었다. 온 가족이 모여 저녁식사를 하는 자리를 가졌다. 큰아들이 결혼을 하고보니 그렇게 가족단위로 모여 식사하는 것도 보통일이 아니었다. 아들도 주말에 이사를 앞두고 있던 상황이라 이삿짐을 꾸리던 중에 시간을 할애한 상태여서 마음이 급했다.

오전에는 하루 종일 집안 정리를 했다. 1인용 침대하나와 책상을 버리려다 보니 동사무소에서 스티커를 발부받으러 가야했다. 작은 아들과 집사람이 정리를 하는 동안 내가 그 일로 집을 나섰다. 다행히 평일의 일과시간이라 동사무소에서도 일을 보는 중이었다. 동사무소에 직접 가서 알아보니 이제는 그것도 동사무소에서 스티커를 발부하는 처리를 하는 것이 아니라 용역을 주었는지 처리업체의 전화번호를 알려주었다. 그곳으로 전화를 하니 접수를 받아주었고 내일 아침 9시에서 12시 사이에 처리를 하러 오겠다는 답변이었다. 다음으로 처리했던 것은 생일케이크를 찾아오는 것이었다. 배스킨라벤스라는 아이스크림 체인점에 가서 카톡으로 온 선물을 보여주고 케이크를 받아오면 되는 일이었다. 집근처의 상점에 도착했더니 공교롭게도 영업시간 전이었다. 조금 시간이 지난 후 영업시작 시간이 되자 종업원이 나타나 상점의 문이 열렸다. 케이크를 찾아서 귀가했다. 연말연시에 주말이 코앞이고 곧 크리스마스이브 등 행사가 많은 날들이라 교통 혼잡이 우려되었다. 그래서 일찍 집을 나섰다. 하필 아들이 차를 집에 두고 간 상태였기에 집사람과 내가 각자 차를 몰고 가는 형국이었다. 작은 아들은 엄마차에 올랐다. 집을 나서서 동네를 지날 때까지는 괜찮은 차량의 흐름이었는데 88로 접어들자마자 차량은 가다 서다를 반복했다. 한참 시간이 좀 지난 후에야 정체가 풀려 원활한 차량의 흐름으로 회복이 되었다. 행주대교를 지나 행주산성으로 가야 목적지에 도착할 수 있었다. 예약은 8시에서 8시 30분 사이에 가는 것으로 했다. 인원은 다섯 명이었다. 아들은 아침에 집에서 출근을 했었던 상황이었다. 행주대교 끝자락에서 우회전을 해야 했는데 앞에 가던 집사람이 엉뚱한 길로 가고야 말았다. 결국은 10여분이 지체되었다.

일미정이라는 곳은 행주산성에서는 꽤나 유명한 맛집으로 정평이 나 있는 곳이었다. 고색창연한 한식집처럼 꾸며져 있었다. SBS의 '생활의 달인', '장어 최강달인 심규일'이라는 표식이 걸려있었다. 일본 총리대신의 친필 액자도 걸려 있었다. 미리 약속되었던 8시 30분쯤 시간이 되었을 때 아들내외가 나타났다. 며느리가 집사람에게 꽃다발을 먼저 건넸다. 다음은 식사를 할 차례였다. 소금구이 3인분 양념구이 2인분을 시켰다. 먼저 소금구이가 나왔고 곧이어 양념구이가 나왔다. 식사를 하면서 담소를 나눴다. 이제 결혼한 지 4개월 남짓 되었으니 아직도 신혼이나 다름없었다. 잘 적응해 나가고 있었고 달콤한 신혼재미에 빠져 있었다. 이대목동병원의 신생아 사건으로 인해 각 병원마다 전염병 등 위생관리에 비상이 걸린 듯 여겨졌다. 아들은 다음 주 화요일쯤 휴가를 내어 밀린 일들을 마무리하고 처리할 것으로 보였다. 식사를 마치고 생일케이크를 놓고 아내의 생일을 축하하는 자리를 가졌다. 다섯 명이 한 가족이 되어 처음 치르는 아내의 생일이었다. 아들은 선물과 봉투를 준비했다. 집사람은 입이 귀에 걸렸다. 무척이나 감개무량해 했고 기분좋아했다. 케이크를 한 조각씩 맛보고 그곳을 나왔다. 귀갓길은 한산했기에 금방 집에 도착할 수 있었다. 갑자기 생각이 났는지 10시가 다 된 시각에 친정아버지에게 전화를 돌렸다. 그리고 서운한 마음을 토로했다. 어떻게 둘째딸의 생일을 잊을 수 있느냐는 힐난 섞인 투정을 쏟아냈다. 돌연 분위기가 가라앉았다. 장인어른이 급히 사과를 하고 바쁘다보니 깜빡했다는 변명을 늘어놓았다. 집사람도 조금 후에는 화가 풀렸는지 쾌활한 기분을 회복하고 있었다. 부모님에게는 항상 효녀로 소문이 난 딸이었다. 아내의 56회 생일이 마무리되었다.

아내는 올해 9월에 2년 6개월의 K고 교감직을 마치고 서울시 교육청 본청 장학관으로 전출되었다. 상반기에는 공모교장에 제안서를 제출하기도 했지만 무위로 끝나고 말았다. 7년여의 장학사 생활을 했던 본청이기는 하지만 이제는 또 다른 위치에서 업무를 해나가야 하는 상황에 처했다. 어느 만큼은 원숙한 경지에 이르렀기도 하지만 오랫동안의 경험과 경륜을 바탕으로 언제나 그러했듯이 맡은 바 직무를 잘 처리해 나가리라 믿는다. 충분히 안정적인 생활을 영위하는 속에서 비록 업무가 힘들고 어려운 점은 있겠지만 잘 해낼 수 있을 것으로 여겨진다. 문제는 이제는 체력적으로도 많이 부족해지고 이제는 예전처럼 그렇게 업무를 하다가는 견뎌내지 못할 것이다. 충분히 자신의 호흡을 조절해서 업무를 처리해 나가야 할 것으로 보인다. 아내의 교직생활도 이제는 32년차가 되었다. 이제는 남은 기간도 7년 정도였다. 언제 어디에서나 인정받고 능력을 발휘하는 것에서 모든 사람들이 멘토로 삼고 싶어할 정도였다. 항상 건강하고 행복하게 사는 것이 필요할 것이다. 아들도 이제 한 명은 결혼을 시켰으니 작은 아들만 결혼을 시키면 될 것이다. 아내의 생일을 진심으로 축하하고 앞날에 꽃길만 걷게 되길 기원해 본다.

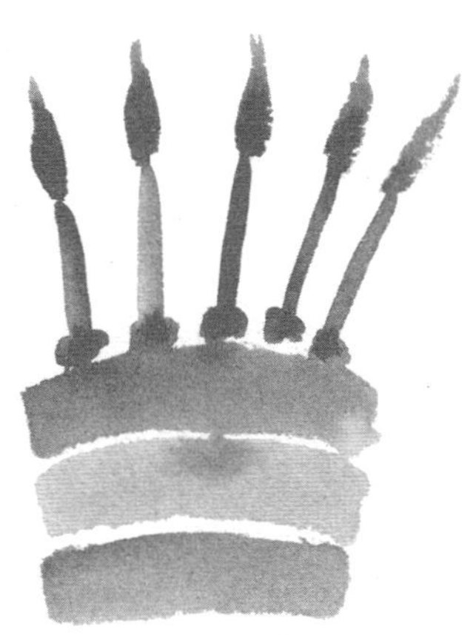

직장생활 7(2014~2015)

2014년 새해가 밝았다. 전년도에 있었던 부실장 등 인사에서 배제된 부분으로 해서 심란해 있었던 상황이었다.

M급 이동 등 후속인사에서 농촌사랑지도자 연수원 부원장으로 발령되었다. 교육원 부원장으로는 강진군지부 J부지부장이 왔다. 농촌사랑지도자 연수원에서 전입내신을 잘 내어준 덕택으로 보였다. 지난해 말에 원장과 협의를 했던 결과로 보였다. 중앙교육원 부원장으로 K지점장님이 왔다. H부원장은 인력개발부 단장으로 영전되었다. 1월의 주요교육과정으로 범농협 신규직원교육이 진행되고 있었다. 농협역사에 관한 것을 부원장이 강의하는 부분이 있었다. 안성에서 전출되는 이는 부원장과 S교수가 승진해서 광양으로 전출되었다. 소강당에서 전출을 위한 의식도 진행이 되었다. 4년간 부원장으로 근무했던 곳에서 떠나는 순간이었다. 오랫동안 근무했던 사유로 인해 전출은 확실시 되었지만 정확한 근무지는 확실한 것을 알지 못한 상황이었다. 서대문이 아니라는 것은 분명했다. 농촌사랑지도자 연수원의 부원장은 충북본부장으로 영전했다. 그리고 K팀장이 철원군지부 부지부장으로 승진해서 영전이 되었다. 그리고 K교수가 농업경제 쪽으로 본인의 희망에 의해 전출되었다. 농촌사랑지도자 연수원으로의 전입은 부원장과 팀장 1명 그리고 교수 2명이었다. 팀장은 농협대학에 오래 근무했었던 전북에서 올라온 분이었다. 교수는 서울

출신 1명과 경남출신 1명이었다. 전입을 위해 사무실에 사무용 짐을 옮겼다. 그리고 숙소에는 책장을 좀 준비해 달라고 했고 책들을 좀 비치해 놓았다. 안성에서 봉고차가 책 박스를 옮겨주었다. 휴일에 숙소에 가서 책 정리를 하기도 했다. 안성의 부원장실보다는 좁았지만 특이한 점은 세면대가 있었던 점이었다. 책상배치 등을 좀 조정해서 본격적인 업무에 들어갔다.

처음의 전입신고는 팀장이 했다. 고양의 유명한 복집에 가서 점심식사를 하는 식이었다. 본격적인 교육은 3월부터 시작될 것으로 보였다. 교육은 일반 소비자대상, 임직원대상, 농업인 등 마을지도자, 그리고 다문화가족 등이었다. 농촌사랑운동 확산과 관련된 교육을 담당하고 있었다. 주무부서는 농촌지원부였다. 실질적으로는 별도조직으로 독립적이었다. 농촌사랑운동본부와 연계되어져 있었다. 처음에는 운동본부까지 연수원에서 업무를 했었으나 이제는 농촌지원부로 이관되었다. 농촌사랑운동본부와의 연계가 끊어졌다. 기금관리 및 농촌사랑운동관련 내용 등은 농촌지원부의 농촌사랑운동팀에서 관여했다. 국민운동으로 시작된 농촌사랑운동이 노정부하의 전폭적인 지원 하에 출발했으나 이제는 그 동력이 많이 떨어져 있었다. 전임회장께서 의욕적으로 추진해왔던 운동이었는데 이제는 그 의미가 많이 퇴색되었다. 가장 문제가 되었던 부분은 4급 교수의 승진이었다. 2001년도 승진자가 4명이나 되었는데 2014년도에 승진이 한명도 되지 않은 것이다. 한해 한명씩 승진한다고 해도 4년이 소요될 처지였다. 연수원 창설에 참여했던 원년멤버가 있었고 그 이후 2008년에 전입해온 이가 1명 그리고 2010년 전입한 교수가 2명이었다. 나이는 2010년에 전입해 온 이들이 훨씬 나이가 많은 상황이었다. 농촌지원부와 승진경쟁을 해야 할 입장인데 외곽부서라는 취약점이 있었다.

맨 먼저 업무를 한 것은 마을을 둘러보는 것이었다. 전입팀장과 함께 이틀에 걸쳐서 출장을 가서 둘러보았다. 전입팀장과 함께 대여섯 개 마을을 돌아보았다. 연천 새둥지 마을, 강화 도래미 마을, 양평 보릿고개 마을, 가루매 마을 등이었다. 전 교수요원을 대상으로 강의시연회를 하기도 했다. 하루는 1년간의 교육실적을 되돌아보고 다시 한해의 교육계획을 브리핑하는 시간을 갖기도 했다. 부원장은 화요일마다 서대문에서 개최되는 부실장회의에 참석해서 농촌사랑지도자 연수원의 주간업무보고를 하는 셈이었다. 그리고 부회장실에서 회의가 끝나면 상무실에서 회합을 하기도 했다. 상무께서는 매월 일정한 날을 정해 간담회 시간을 갖기도 했다. 부서별로 돌아가면서 주관을 하기도 했다. 각 지방의 특산물이 공수되기도 했다. 1년에 두 번 정도 차례가 돌아왔다. 한번은 강남의 일식집에서 회합을 하기도 했다. 회원지원부에서 대게를 공수해와 포식을 하기도 했고 무안의 낙지, 해산물 등이 공수되기도 했다. 제주도로의 1박 2일 행사도 계획했으나 무산되기도 했다. 처음에는 신용보증부분의 부서장이 포함되었으나 다음해에는 별도로 떨어져나가기도 했다. 통상 8시에 회의가 개최되었는데 문제는 그때까지 대기를 할 만한 곳이 별도로 없었던 부분이었다. 처음에는 회원지원부장실에서 대기를 했다가 부회장실로 올라가기도 했는데 나중에는 신용보증기획부장실에서 대기하기도 했다. 어떤 경우에는 1층의 전산관련 사무실에서 대기해 있기도 했다. 부회장이 주관한 회합도 1년에 두 차례쯤 있기도 했다. 회의가 끝나면 연수원으로 돌아와 회의내용을 원장에게 보고하기도 했다. 연간 업무보고는 부회장과 상무님에게 별도로 보고를 하기도 했다. 사업계획의 사전설명회 때에는 회원지원분과에 소속되어 연도의 사업계획을 보고하기도 했다. 통상의 사업계획 사전설명회는 중앙교육원에서 개최되었다. 연수원 내부적으로는 정기적으로 월요일에 팀장회의와 교수회의가 있었다. 팀장회의는 원장실에서 개최되었고 팀장들이 이번 주에 하게 될 업무내용에 관해 보고하고 협의를 하는 자리였다. 교수회의는 회의실에서 부원장이 주관해서 개최가 되었다. 각 팀별로 서무교수가 보고를 했다. 월례회의는 매월 초에 소강당에서 전 직원이 참석한 가운데 월별로 필요한 내용들에 관해 교육을 하기도 했고 사고예방교육이 진행되기도 했다. 필수적인 부분은 원장의 인사말씀과 생일자에 대한 선물증정 등이 있었다. 원장께서는 매월 월례조회에 참석하시기도 했다. 임원 부실장을 대상으로 한 조찬행사에도 가끔씩 희망을 하시고 참석을 하기도 했다.

고양시 관내에는 농협관련 기관이 7개쯤 있었다. 매월 한 기관씩이 주관해서 중식을 하기도 했다. 총괄은 농협대학에서 주관했다. 통상 중식을 했었고 때때로 석식을 하기도 했다. 젖소개량사업소에서는 구내식당에서 회합을 주관하면서 사업소를 전체적으로 다 기관장들에게 안내하기도 했다. 추가적으로 참여하게 된 기관에는 삼송유통센터가 참여하게 되기도 했다. 2월 중순 쯤에는 원장에 대한 전문계약직의 계약체결이 절차를 밟기도 했다. 통상적으로 계약이 결정되면 방침을 농촌지원부에서 부회장에게 결재를 받아 시행하는 형식이었다. 업적평가와 관련해서는 절대평가방식으로 평가를 받았고 평가주관은 기획실에서 하는 식이었다.

교육기간은 통상 1박 2일 수준이었고 직원의 경우에는 2박 3일로 되어져 있었다. 체험지도사 또는 해설사과정의 경우는 상당히 장기간으로 되어 있었고 정부예산지원이 수반되는 형태였다. 소비자과정의 대표적인 것은 여성지도자과정을 각 지역별로 진행이 되었다. 그리고 또 하나의 형태는 지점에서 우수고객을 대상으로 해서 농촌사랑에 동참을 유도하는 식으로 진행이 되었다. 현장으로 출장을 가서 마을을 둘러보고 농작업 등에 관한 체험을 통해 교육과정이 진행되는 식이었다.

다문화가정에 관한 교육의 경우에는 2박 3일 과정으로 되어져 있었고 첫날은 연수원내에서 교육이 진행되었고 2일차와 3일차는 야외에서 관광, 식체험 실습으로 이루어져 있었다. 원장, 부원장이 두 분중 한분이 꼭 참여를 하는 식이었다. 대부분의 교육과정에 교수들의 특강이 포함되어져 있었고 원장, 부원장, 팀장들이 강의를 하는 형식이었다. 춘계체육행사는 푸르내 마을에서 진행이 되었고 오전에는 일손 돕기 지원시간이었고 오후시간에는 파주 심학산으로 와서 산행을 하는 형식으로 진행되었다. 저녁식사를 하고 해산하는 순으로 이어졌다. 추계에는 나룻배마을에서 일손 돕기를 했고 오후에는 평화누리길을 걸었다. 그리고 저녁에는 바비큐 파티가 이어졌고 각종 게임을 통한 선물증정이 있었다. 1박을 했고 다음날 오후쯤에 해산하는 순으로 진행이 되었다.

4월쯤에 세월호 사건이 있었다. 5월쯤에는 사내출자분이 나와서 그것으로 차를 교체했다. 맥스크루즈로 바뀐 것이다. 3월에 집사람은 경기고 교감으로 발령을 받았다. 제2 교감으로 역할을 수행하게 되었다. 큰아들은 7월에 영국으로 어학연수를 떠나는 상황이 되었다. 다음해 1월쯤에 귀국을 하는 일정이었다. 작은 아들의 경우는 7월쯤에 전역을 해서 한 달쯤 휴식을 취한 후 2학년에 복학을 했다. 2014년 하반기 말엽쯤에 느닷없이 비서실장이 부원장으로 부임해왔다. 10월 중순부터 12월말까지 2개월 보름정도 근무를 하다 다시 서대문으로 전출되었다. 국정감사와 관련된 불미스러운 일로 인해 인사조치가 된 것이었다. 이로 인해 많은 유력인사들이 연수원을 찾기도 했다. 원장과 두 부원장이 심학산을 등산하기도 했다. 매일 틈나는 대로 연수원 내를 산책하기도 했다. 회합이 자주 이어지기도 했다.

2015년이 되었다. 농협대학의 총장이 L총장에서 N총장으로 바뀌었다. 연수원의 I팀장이 급작스럽게 전출되었다. 그리고 두 팀장이 왔다. L팀장이 기획실에서 승진해서 왔고 J팀장은 연천에서 연수원으로 전입되었다. 교수는 K교수와, L교수가 승진해서 금산과 단양의 농정단정으로 전출되었다. 교수는 2명이 전입되었다. 한명은 기획실에서 K교수가 전입되었고 또 한명은 경북의 경주환경농업교육원에서 승진해서 전입된 상황이었다. 부회장도 바뀌었고 상무는 유임되었다. 회원지원부장도 바뀌었다. 회원지원 상무소관이 바뀌었다. 신용보증업무에 상무가 보임됨으로써 분리되었고 IT관련이 회원지원상무소관으로 바뀌었다. 2015년의 관건은 3.15일에 예정된 전국조합장 동시선거가 관건이었다. 전산도 양재동에서 의왕쪽으로 옮겨가는 과정 중에 있었다.

2015년의 최대 문제는 메르스 사태였다. 이로 인해 관광의 침체가 있었고 활성화되어 있는 마을도 많은 타격을 입게 되었다. 체험학습을 줄줄이 취소하는 사태가 빚어져 애로를 겪었다. 다문화의 식체험의 교육을 전담했었던 숙명여대에서 자체 사정으로 인해 식체험 교육을 못해준다는 바람에 다른 곳에서 요리실습을 하게 되었다. 2015년도 추계체육행사는 장독대 마을에서 1박 2일로 진행이 되었다. 임진강에서 천렵을 해서 피라미튀김을 해서 먹었고 매운탕도 끓여서 먹었다. 숙소에서 취침을 했고 다음날에는 임진강변을 산책했다. 아주 절경의 경치를 즐겼고 흥겨운 시간을 가졌다. 매월 가진 상무주관 회합에서 IT부장이 특별한 음식들을 공수해와 맛있게 먹기도 했다. 회원지원부장과, 농촌지원부장이 바뀌었고 농촌사랑만 그대로인 셈이었다. 신용보증기획부장은 상무로 영전이 되었다. 그리고 업무부장은 기획부장으로 영전했다. 농촌지원부장은 인천본부장으로 영전했다. 회원지원부장은 농협홍삼의 전무로 보임되었다.

연도 말에는 이 팀장의 아들 결혼식이 있었다. 가을쯤에 원장의 아들 결혼식도 있었다. 성대하게 치러졌다. 며느리는 인천 교육청의 교육공무원이었다. 부회장의 자녀혼사가 있기도 했다. 농촌사랑에 와서 3월에 3권 '심향을 향한 여정' 이란 책을 발간했다. 모두들 축하를 해 주었다. 집사람은 제2 교감에서 제1 교감으로 보직이 변경되었다. 동창회에서 보내주는 홋가이도행을 다녀오기도 했다. 큰아들은 어학연수를 하면서 수시로 유럽여행을 다니는 식이어서 여행경비를 보내주느라 애를 먹었다. 올해1월 말에 귀국해서 취업준비에 매진했다. 꼬박 1년이 걸렸다. 최종 합격지는 농협손해보험이었다. 9월부터 면접에 들어갔고 최종 합격통보는 11월에 받았다. 12월부터 연수에 들어갔다. 작은 아들도 공부를 충실히 해서 장학금을 받기도 했다. 순풍에 돛을 단 듯 만사가 잘 풀려갔고 순조로웠다. 연수원에서는 2016년이 연수원 창립 10주년이었기에 그에 관한 준비를 해야 했다. 연수원에 근무했던 이들에게 원고를 청탁해야 했고 여러 가지 자료를 수집해서 편집해야 했다. 16년에는 회장선거가 예정되어져 있었다. 16년에는 경주교육원의 개원도 예정되었다.

직장생활 8

2016년 1월 초순이었다. 연수원직원이 다같이 봉고차를 타고 식사를 하러가던 길이었다. 인사담당 상무에게서 원장에게로 전화가 왔다. 부원장을 구미교육원장으로 발령을 내려한다는 얘기였다. 식사를 마치고 상무님께 전화를 드렸다. 대비를 해야 했고 준비를 해야 했다. 전혀 몰랐던 상황에서 갑자기 원장으로 발령이 난다는 통보를 받은 것이다. 흥분을 감출 수 없었다. 정년을 2년 남기고 드디어 사무소장으로 발령을 받는 것이다.

그렇게해서 구미교육원으로 오게 되었다. 사정을 알아보니 구미원장을 했던 J원장께서 상호금융교육원으로 전출을 가는 바람에 자리가 비게 된 것이었다. 그리고 연수원의 부원장은 교육원장께서 온다는 것이었다. 1월 25일자로 부임이 되었다. 미리 짐이랑은 사택에 가져다 놓았다. 농·축협 6급 신규직원에 대한 4주간의 교육이 거의 막바지를 맞고 있었다. 마지막 날 둘째시간에 특강을 했다. 그리고 또 이어서 4주간의 6급 신규직원 교육이 시작되었다. 무척이나 차가운 날씨였는데 32킬로미터 구미보를 돌아오는 극기 훈련이 있었다. 눈보라가 몰아쳤고 힘든 과정이었다. 마지막에는 막걸리도 한잔 마셨다. 뜨끈한 어묵 국물이 그간의 어려움을 식혀주었다. 정문에서 팀별로 원장과 기념촬영을 했다. 마무리를 하고 귀가할 때에는 모두들 정이 들어 눈물을 흘리기도 했다.

3월에 중앙이념교육원의 개원이 있었다. 본교육원의 정 교수가 파견되어 이념교육원의 개원에 일조를 했다. 개원식에 참석을 했고 회장님의 특강을 들었다. 야심차게 회장의 임기를 시작하는 듯 여겨졌다.

5월에는 회장님의 현장경영이 있었다. 경북의 160여명의 조합장과 지부장을 모시고 교육원에서 업무보고회의 등이 진행되었다. 회장님의 교육원 방문도 있었다. 준비를 하고 대비를 하느라 노심초사했다. 교육일정은 쉼없이 이어졌다. 숨도 쉴 수 없을 만큼 꽉 찬 일정이었고 단 하루의 여유나 휴식할 시간도 없었다. 4급, 5급에 대한 리더십교육에는 수요일마다 금오산의 등반도 있었다. 농·축협만 하다가 중앙이념교육원의 이념교육으로 인해 중앙회 4급 리더십교육까지 부가되었다. 중간의 금오산등반도, 도리사등반으로 병행되기도 했다.

2017년에는 농촌 일손 돕기로 변경되었다. 농·축협에 대한 주 교육은 상호금융관련 교육이 주된 교육으로 전문화 되어 있었다. 교수님들의 교육에 수고가 컸었다. 신임으로 들어온 교수가 세 명이었다. 정 교수님 2명, 박 교수님 1명이었다. 박 교수님은 파이팅이 넘쳤고 열정적으로 최선을 다했다.

5월에 양산에서 결혼식을 올렸다. 7월에 교수요원의 차출이 있었다. 결국 박 교수가 경주교육원으로 차출되었다. 안타까운 노릇이었다. 춘계체육행사도 교육원 내에서 치렀다. 운동장에서 여러 가지 경기를 했었고 식사를 하는 순으로 진행이 되었다. 팀장님들 또는 교수님들과 골프를 하기도 했다. 또한 스크린 골프를 하기도 했다. 상반기의 업적평가에서는 교육원 중 수위에 오르기도 했다.

여름이 지나고 휴가를 떠났고 본격적으로 하반기가 되었다. 박 교수님의 공백은 채워지지 않았는데도 교육의 과정은 여전히 쉼없이 계속되었다. 계획에 없었던 펀드 교육 등도 추가로 실시되기도 했다. 추계체육행사는 팀별로 진행이 되었다. 영양사도 교체가 되었다. 또한 파트직원 또는 협동기획의 직원들의 변동도 일부 있었다. 변주임이 나갔고 새로운 직원이 보강되었다. 일부 교육원에 대한 보강공사도 있었다. 하반기에는 감사도 받았다. 특별한 지적사항은 없었다.

2016년에는 변화가 많은 해였다. 중앙이념교육원의 개원이 3월에 있었다. 7월에는 창조농업센터의 개원이 있었다. 10월에는 도농협동연수원의 개원이 있었다. 회장님이 중점을 두는 부분이었다. 새롭게 변화되는 농협의 이념 비전 등이 새롭게 제시되었다. 원장님들의 새로운 임용도 있었다. 도농협동연수원의 부원장은 미래전략부장으로 영전되었다. 후임은 농촌지원부장이 왔다. 인재개발원도 7월 1일자로 개편이 되었다. 최 부원장이 보임되었고 10월 1일자로 남 원장이 외부에서 영입되었다. 그리고 교육관련 부분이 전 그룹적으로 통합되는 체계로 바뀌게 되었다.

2017년 새해가 밝았다. 교수에서 팀장으로 승진을 했다. 그리고 팀장 한명이 전출되었다. 그리고 새롭게 교수에 대한 면접이 있었다. 이로 인해 많은 교수들이 교육원을 떠났고 보충되었다. 새롭게 팀장이 보강되었고 3명의 팀장이 보직되었다. 교수요원도 한명이 더 보강되었다. 상주시지부에서 전입되었다. 새롭게 세 개의 팀으로 편성해서 조직이 개편되었다. 교육원이 전체적으로 변경되었던 것은 전문교육이 상호금융에서 경제사업 쪽으로 변환된 것이다. 지난해 10월 개원한 경주교육원에서 상호금융에 관한 전문교육을 실시하게 됨으로써 이제는 경제사업으로의 전환이 불가피했다. 기본교육인 4, 5급 리더십 교육도 3박 4일에서 4박 5일로 더 늘어났다. 경제사업의 교육은 교육기간은 좀 짧은 편이었다. 연초에 경제사업부분 신규직원 교육에 경제대표이사께서 내원을 하셨다. 거금의 직상금을 주셨다. 교육원사상 유례가 없는 일이었다. 경주로 갔었던 박 교수가 인사 이동되어 안동의 신용보증국으로 전출되었다. 교수들간의 업무분장도 있었다. 서무교수도 신 교수로 바뀌었다. 정 교수는 기획교수가 되었다. 김과장님이 대구지역본부로 승진 전출했고 후임으로 칠곡군지부에서 강과장님이 왔다. 새로 개편된 체계로 구미교육원이 힘차게 새 출발을 했다. 업적은 5/9 수준이었다. 분기별로 원장협의회가 있었다. 매월요일마다 구미로 내려갔고 금요일마다 상경하는 일이 계속적으로 이어졌다.

4월 하순쯤에 지원팀과 식사를 하러갔다. 그리고 사택으로 돌아왔는데 문제가 생겼다. 갈비뼈가 나간 것이었다. 월요일이었는데 처음에 X-레이를 찍고 검진을 했는데 도저히 통증이 가라앉지 않는 것이었다. 목요일에 가서 다시 초음파로 검사를 했더니 금이 갔다는 얘기였다. 복대를 하고 본격적인 치료에 들어갔다. 그리고 상경해서 토요일에 다시 정 원장네 병원에 가서 X-레이를 찍었다. 7 ,8, 9번 세 개의 뼈가 금이 갔다는 것이다. 새롭게 복대를 하고 약 처방전을 받았다. 그리고 1주일정도 휴가를 냈다. 2개월간 가료를 해야 한다는 식이었다. 가만히 있어야 하는 병이었다. 참으로 대략난감한 순간이 아닐 수 없었다. 6월 하순쯤이 되어서야 어느 정도 몸이 회복되었다.

여름 휴가 때에는 몽골과 러시아 여행을 떠났다. 8박 9일쯤이었다. 바이칼 호수의 광대함과 그 멋진 경치에 푹 빠졌다. 러시아의 새로운 면모도 보고 왔다. 하반기부터는 거의 리더십교육이 대부분이었다. 폭염이 있을 때에는 일손 돕기도 할 수 없는 때가 있었다. 그런 경우에는 금오산 등반을 했다. 세상은 엄청난 변화가 있었다. 작년부터 시작된 탄핵정국은 결국 새로운 정권의 탄생을 불러왔다.

5월 10일에 대통령의 취임식이 있었다. 5.18광주민주화운동 기념식에서는 감동적인 행사가 있었다. 적폐청산의 검찰 수사도 있었다. 전직대통령 및 측근들에 대한 재판도 진행되었다. 5월에는 영양사의 결혼식이 있기도 했다. 그전에 이 전무님의 아들 결혼식도 치러졌다. 10월쯤에는 10일간의 황금연휴가 있기도 했다.

2017년에는 유독 연휴가 계속적으로 이어졌다. 연휴기간에는 청도 운문사에 가족행사를 다녀왔다. 그리고 숙박은 경주교육원 숙소를 이용했다. 5월쯤에 건강검진을 했었는데 콜레스트롤 중성지방, 그리고 역류성 식도염 등이 나왔다. 그리고 6월에는 어금니 하나를 발치했다. 8월에는 부친의 팔순잔치가 있었다. 부산 광안리 수정궁이란 횟집에서 60여분의 친지 친구 분 등을 모시고 치렀다. 9월에는 아들의 결혼식이 있었다. 2월에 상견례를 했었다. 5월쯤에 웨딩촬영이 있었다. 그리고 신부집에서 보내온 예단을 받았고 추후에 함을 보냈다. 여러 가지가 복잡했다. 예식이 끝나고 직원들과 감사의 인사를 드리는 회합 간담회가 있었다. 도계 농협식당에서 맛있게 먹었다. 11월에는 6급 신규직원에 대한 추가교육을

2주간에 걸쳐서 실시했다. 강사초청으로 황 원장을 초청했었고 최 원장도 초청했다. 농기계 모임의 사람들을 초청해서 사택에서 하루를 보내기도 했다. 도리사 그리고 금오산을 올라가보기도 했다. 여러 곳의 음식점에서 별미를 맛보기도 했다. 상주의 추어탕집, 민물매운탕 기타 등등 맛있는 집들이 즐비했다. 11월에는 세구기집이란 곳에서 민물매운탕을 먹기도 했다. 12월 말에 최종 퇴임식이 있었다. 고아에 있는 중식집에서 치러졌다. 승진을 한 조 부원장님, 정 팀장님, 그리고 영양사의 전별식도 함께 치러졌다. 화기애애한 가운데 전 직원이 참석해서 퇴임을 축하해 주었다. 이로써 375개월 31년 3개월의 직장생활도 종지부를 찍었다.

구미를 떠나며

지난주 목요일이었다. 오후 6시에 회합이 예정되었다. 오후 4시 KTX 편으로 김천구미역으로 향했다. 중식 때 신임원장님이 인사차 다녀갔다는 얘기를 들었다. 오랜만에 정장차림을 하고보니 만감이 교차하는 느낌이 들었다. 오늘로 31년 3개월의 직장생활에 종지부를 찍고 자연인으로 돌아가는 마지막 자리에 참석하기 위해 가는 길이다.

김천구미역으로의 마중은 신 교수가 나왔다. 반갑게 인사를 나누고 회합장소로 출발했다. 조금 준비가 덜 되었다는 얘기를 했고 바로 준비된 후 참석하면 될 것이라고 했다. 너무 무덤덤하게 자리를 생각했고 너무 가볍게 여겼다는 회한도 남았다. 가족들도 좀 부르고 좀 더 빛나는 자리로 만드는 것이 필요했을지 모를 일이다. 식전행사는 많았다. 중앙회장 명의의 공로패의 전수도 있었고 전별금전달도 이어졌다. 꽃다발전달도 있었다. 기념촬영도 이어졌다. 이번 정기인사에서 승진한 교수들에 대한 전송행사도 겸했다. 또한 퇴직하는 영양사에 대한 송별식까지 겹쳤다. 원장의 송별인사와 건배제의가 있었다. "2년 동안 구미교육원장으로 재임하는 동안 여러분들이 물심양면으로 도와주시고 협조해 주신 덕으로 이렇게 무사히 직분을 마치고 귀가하게 되었습니다. 저로 인해 재직 중 불미스럽고 고역스럽게 한 부분에 대해서는 너그러운 양해를 당부드립니다. 항상 건강하시고 행복한 나날들 보내시길 기원드립니다. 그동안 저에게 성원을 보내주시고 맡은 바 직분을 충실히 수행해주신 교수님 직원 등 모든 분들게 진심으로 감사의 인사를 올립니다. 고맙습니다. 감사합니다. 사랑합니다. 저의 건배구호는 '고감사' 입니다. 고감사하면 고감사로 화답하시기 바랍니다." 2년 동안의 교육원 생활이 주마등처럼 스쳐지나갔고 마음 가득히 감흥이 올라왔지만 그 울컥하는 마음을 삼켰다. 전체직원이 참석했지만 불가피하게 참석하지 못한 이들도 몇몇이 있었다. 중식당이라 술은 연태고량주로 준비가 되었고 안주는 여러 요리가 코스로 나왔다. 식당여사님들까지 참석해 방안이 가득 차는 느낌을 주었다. 원장퇴임식이라는 플래카드가 걸렸다. 한분 한분의 직원들이 모두 소중한 인연으로 맺어진 이들이었고 깊은 정이 들었던 분들이었다. 착잡한 심정을 이루 말할 수 없었다. 공로패는 이렇게 새겨져 있었다. "귀하께서는 1986년 이래 본회에 재직하시는 동안 농업·농촌에 대한 남다른 열정을 가지시고 농협운동에 열과 성을 다하여 본회 발전은 물론 지역사회 발전에 기여한 공이 크므로 그간의 노고와 업적을 기리고자 이 패를 드립니다. 2017. 12. 31 농업협동조합 중앙회 회장 김병원" 다음으로 부원장과 팀장의 송별사와 건배제의가 있었다. 마지막은 영양사의 인사와 건배제의를 끝으로 공식적인 건배제의는 끝났다. 미리 준비했던 술 수정방을 땄다. 그리고 한분 한분께 술을 권했고 감사인사를 표했다. 2년 동안 동고동락했던 구미교육원가족들과의 마지막 작별의 시간이었다. 분위기가 무르익었고 흥분한 직원들의 고성이 오가기도 했다. 먼저 식당여사님들이 자리를 떴다. 한 분 한 분 작별을 고하며 다시 한 번 감사인사를 드렸다. 마지막으로 식사가 나왔다. 짬뽕과 자장면이었다. 대부분 술을 별로 즐겨

하지 않는 직원들이라 술은 그렇게 많이 소모되지는 않았다. 한없이 아쉬움이 남는 자리였고 밤이 새도록 지난날들을 추억하고 얘기를 나누고 싶었지만 계속 이어지는 근무로 인해 자리를 끝낼 수밖에 없었다. 일부 교수님들은 교육원 사택에서 하루를 더 유하면서 밤늦도록 추억을 되새기자고 했지만 그럴 수도 없었다. 집사람도 굳이 내려오겠다고 했지만 만류했다. 모든 직원들과 작별을 고하고 차에 올라 김천구미역으로 향했다. 정 교수님이 굳이 마지막까지 배웅을 하겠다며 따라나섰다.

지난 2년간은 순식간에 지나간 듯했다. 언제 왔는가 싶었는데 벌써 마무리를 해야 할 시간이 되었고 떠날 때가 되었다. 처음에는 구미가 낯설고 어색했었는데 이제는 익숙해졌고 정이 많이 들었는데 작별을 고하는 때가 온 것이다. 아쉬움이 남았다. 보다 더 열정을 쏟아야했고 보다나은 교육원으로 만들고 싶었는데 제대로 이뤄진 것이 아무것도 없는 듯한 느낌이 가득했다. 6급 신규직원교육, 그리고 4급 책임자교육, 5급 자기주도리더십교육 등 하나도 소홀히 할 수 없는 소중한 시간이었고 교육이었는데 너무 타성에 젖었었고 일상적인 교육으로 넘겨버린 듯한 아쉬움이 남았다. 금오산 산행, 도리사 산책 등 그리고 소통의 시간 돌아오는 버스 속에서의 일체가 되는 화합의 시간 등 많은 추억과 기억을 안고 떠나는 듯하다. 직장생활의 마지막을 열정적이고 정열적으로 했어야 하는데 하는 회한이 남았다. 1년 동안을 그렇게 쉼 없이 달려온 교육과정의 연속에 놀랄 지경이었다. 그래도 다른 교육원에는 어느 만큼의 여유도 있고 어느 정도의 쉼이 잠깐씩은 있었는데 비하여 구미교육원의 교수님들 그리고 직원들의 업무는 과도하다고 여겨질 지경이었다. 강의에, 진행에, 기획에, 모든 것에 과부하가 걸렸던 교수들을 보다 더 챙겨주고 덜어주고 업무를 분산시켜야 할 필요가 있었음에도 그렇게 부담을 덜어주지 못하고 끝내는 T/O까지 줄어든 상태로 떠나게 되니 미안하기 그지없었다. 보다 더 교수님들을 챙겨주고 살뜰하게 대해주지 못함에 아쉬움이 남았다. 매일매일 하루하루를 보다 멀리보고 장기적인 관점에서 교육원의 역할과 기능의 강화를 이룰 수 있도록 했어야 하는데 회한만 남았다. 교육환경의 개선도 그렇게 제대로 해내었는지 모를 일이다.

아무튼 부족한 것 투성인 채로 남겨두고 떠나는 게 너무나 송구하다. 리모델링도 제대로 과정을 밟아 이뤄질 수 있도록 해두었어야 하는데 초석도 놓지 못하고 가게 되니 안타까움이 크다. 시골 교육원의 한계를 뛰어넘어 제대로 멋진 교육원으로 자리매김할 수 있도록 하고 싶었는데 한계가 많았다. 이제는 남아있는 이들의 몫으로 남겨두고 떠난다. 남은 이들이 제대로 구미교육원의 위상을 높이고 모든 농협직원이 가고 싶어 하는 교육원으로 우뚝 설 수 있기를 기대해본다. 구미교육원을 떠나며 그간 숨겨왔던 속앓이를 풀어놓고 나니 그나마 위안이 된다. 모쪼록 구미교육원이 교육원 중의 최고 교육원이 되고 우리 농협의 미래를 책임지는 농협인을 책임지는 위대한 교육원이 되길 기원한다.

화순에서

지난 주말이었다. 화순 금호리조트에서 가족행사가 있었다. 금년 들어 두 번째 회합이었다. 우리와 처제네가 유사였다. 본래 계획은 5월에 하는 것으로 일정이 있었는데 나의 사정으로 인해 한 달 가량 행사가 미뤄졌다. 당초에는 경주, 세종 등 여러 곳이 물망에 올랐었는데 최종적으로 정해진 곳이 화순이었다. 거의 30명 가까운 대가족이 모이는 행사이니만큼 여러 가지로 신경 쓸 일이 한두 가지가 아니었다. 17평 6개를 당초 예약했는데 굳이 그렇게 많은 숙소가 필요 없다고 해서 두 개는 취소를 한 상황이었다. 주말에 출발을 하려고 보니 결제를 먼저 해야 숙소의 입실이 가능하다는 얘기가 있었다. 결국 직접 전화를 했다. 그랬더니 예약자 명의를 대면 숙소의 키는 수령할 수 있다는 회답이었다. 그러니 먼저 도착하는 팀에서 키를 수령해서 호실로 입실하면 되었다. 오후 2시부터 입실이 된다고 해서 대전팀은 그 시간에 맞춰 도착을 하고 아이들을 그곳의 부속시설인 아쿠아리움에 입장을 시켜 신나게 물놀이를 즐기게 해 주었다. 워터파크 형식이었다. 실내 물놀이장이니 별도의 비가림 시설 등은 필요가 없었고 아이들도 직접적인 햇볕을 받지 않고도 신나게 물놀이를 즐길 수 있었다. 문제는 수영모자와 안경이 필수적인 지참 품목이었다. 제대로 준비물을 챙겨오지 않은 아이들은 입장을 불허하니 낭패였고 발을 동동 굴렀다. 결국 울며 겨자 먹기식으로 판매대에서 비싼 수영모자와 안경을 구입하지 않을 수 없었다. 우리 가족팀의 건이도 결국 수영모와 안경을 찾다가 실패하고 하는 수없이 모자와 안경을 구입해서 입장을 했다.

얼마 후 가족들이 속속 도착했다. 조금 시간이 지나고 난 후에는 큰 아들과 그 여친도 도착해서 모임에 합류했다. 아들은 따로 방으로 가서 외할아버지와 외할머니께 인사를 드리고 여자 친구를 소개하고 인사시켰다. 외할아버지의 덕담이 이어졌다. 좋은 인연으로 부부의 연을 맺고 결혼하게 되는 것은 인생사에서 최고의 행운임을 명심하라는 취지였다. 그래서 혼인은 인륜지대사라고 하지 않았던가. 식사가 차려진 방으로 이동해서 식사를 하면서 가족들을 소개하고 인사를 나눴다. 워낙 많은 식구들이라 혼비백산할 만큼 혼란스러웠으리라. 다음에는 아이들 방으로 가서 각각 아이들과 인사를 나눴다. 이제는 다들 초, 중, 고등학생들이니만큼 자기들의 앞가림을 할 정도로 성장한 아이들이었다. 인사를 마친 아들과 여친은 작별을 고하고 전주로 출발했다. 본격적인 가족의 회합이 있었다. 그리고 자리를 파하고 화순 리조트를 한 바퀴 돌아본 뒤 최종적으로는 건물 2층에 위치한 노래방에 집결이 되었다. 방이 여럿이었지만 곳곳이 투숙객들로 만원이었다. 마이크를 잡는 사람이 임자였고 주인공이었다. '달의 몰락', '립스틱 짙게 바르고', '천년을 빌려준다면' 등 각자 자신의 18번을 찾아서 불렀다. 박수갈채를 받았다. 기나긴 여흥의 시간이 지나고 모두들 숙소로 돌아왔다. 이제는 각자 방으로 가서 여장을 풀고 잠자리에 들었다. 밤사이에 여러 우여곡절이 많았던 모양이다.

다음날 날이 밝았다. 장인어른의 생신잔치가 있었다. 아이스크림 케이크에 촛불을 밝히고 손자, 손녀, 아들, 며느리, 딸네들, 사위들이 막내 손녀 지윤 양의 우크렐라 연주에 맞춰 생일축하 노래를 합창했다. 케이크는 아이들 몫이었다. 막내 손자, 손녀는 학교에서 받은 상장을 자랑하며 할아버지로부터 직상금을 받기도 했다. 손자는 5장의 상장을 받아왔고 손녀도 2장의 상을 받았다. 박수를 많이 받았다. 본래 리조트의 퇴실시간은 11시였지만 그곳을 나오는 시간은 꽤 지난 시간이었다. 거의 정오에 가까웠다. 대전의 두 팀이 먼저 출발하고 모두들 작별을 고했다.

광주로 돌아오는 길은 무등산 국립공원의 주변 길을 통과하는 길이어서 무척이나 정취가 넘쳤고 아름다웠다. 수풀이 우거져있었고 전혀 더위를 느껴볼 수 없을 만큼 시원스럽게 여겨졌다. 인근의 저수지는 바닥을 보이고 있어 가뭄의 실상을 떠올리게 해 주었다. 겨우 바닥이 드러나지 않을 정도의 물만 담겨져 있는 상황이었다. 길을 가던 길에는 트랙터를 만나 한동안 지체되기도 했다. 아직도 모내기를 끝내지 못했는지 트랙터 뒤에는 묘판이 가득 실려져 있기도 했다. 광주집에 도착해서 잠시 휴식을 취했다가 상경길을 서둘렀다. 그러나 어차피 서울로 가는 길은 정체와 지체를 반복하기 마련임을 감지하고 있었다. 천안논산간이 막힌다고 해서 당진 쪽으로 방향을 선회했다. 당진에 도착해서 서해안으로 접어들었더니 첩첩산중이었다. 24킬로미터 정도가 정체구간이었다. 송악IC에서 빠져나와 국도를 달렸다. 삽교호 방향으로 해서 서평택IC로 다시 진입했는데 여전히 정체는 계속되고 있었다. 서평택IC에서 서평택JC까지 거북이걸음으로 갔다. 그리고 평택 충주간으로 고속도로를 바꿔 탔다. 그런 후 10킬로미터를 달렸다가 화성-평택간 고속국도로 올라왔다. 그리고 사당까지는 그런대로 무난하게 올라올 수 있었다.

1박 2일간의 가족행사로 인해 이틀간의 휴일이 완전히 소모되었다. 집에 도착하니 7시경이었다. 저녁식사를 하고 휴식을 취했다. 화순에는 적벽도 있고 여러 관광지도 많고 먹을거리도 풍부한 시골이었는데 제대로 그 흥취를 느껴보지도 못한 채 후다닥 보내고 오고 말았다. 아무튼 가족의 안위를 확인했고 모두들 열심히 세상살이를 하고 있고 자식들을 키우느라 애를 태우고 있는 모습이 안쓰럽기도 했다. 오늘의 우리나라의 보통의 사람들의 삶을 느껴볼 수 있는 기회였던 듯하다. 모두들 건강하고 행복한 생활을 계속 구가하길 기원한다.

2016 리더십 컨퍼런스

광양에는 홍쌍리에 매실 농장을 경영하는 여사님이 있다. 창조경제센터를 만들려고 한다. 1인당 국민소득이 거의 3만 불 시대를 살고 있다. 그러나 우리 농업인은 만불 시대에 그치고 있다. 나는 농가소득 5천만 원 소득시대를 열고 싶다. 애절함이 있다. 40년간 농심을 가슴에 묻고 살았다. 주말의 일상은 농민과 함께 하려고 한다. 피아골에 가면 처녀농군이 있다. 된장을 만들고 매실 가공품을 만든다. 벤처대학에 서산시장이 얼마 전 수료를 했다. 그리고 우등상을 받았다. 그래서 내가 프러포즈를 하라고 했다. 감격의 눈물을 흘렸다. 선거직 사람들의 애환은 이루 말할 수 없는 부분이 있다. 눈물을 거의 흘리지 않는 내가 흐르는 눈물을 주체할 수 없었다. 내일 귀농귀촌 박람회를 AT센터에서 하게 되는데 내가 특강을 하고 서산시장이 홍보를 할 계획이다.

오늘 애기할 내용은 농촌 농업 그리고 금융시장 그리고 교육 리스크 등이 될 것이다. 56년간 지속되어온 농협이 창립이래로 최대의 위기를 맞고 있다. 오늘 오전에 심사분석 회의를 했다. 67년도 대한민국의 GNP는 64달러였다. 2015년은 27,500달러에 이르고 있다. 농기계에 의한 이앙을 시작한 곳이 경남 고성, 부여 세도, 나주 남평이었다. 한국의 농협은 세계 3위 수준에 올라와 있다. 인디언들은 그런다. 항상 일정한 거리를 말로 달리다가 꼭 뒤를 되돌아다본다. 소위 말하는 피드백이다. 우리도 농협의 현재에서 뒤를 한번 되돌아볼 필요가 있다.

“먼저 교육에 관한 부분부터 얘기를 해봅시다. 중앙이념교육원장 지금까지의 이념교육 현황에 대해 설명해 보세요. (중앙원장) 지금까지 3기가 진행되었고 1박2일간의 농박 체험이 진행되고 있습니다. 이런 이념교육이 절실히 필요하다는 것에 공감을 하고 있고 지속 발전시킬 필요가 있다고 소감을 피력하고 있습니다. 다음 구미교육원장 협동조합의 원칙 가운데 지역사회 기여의 원칙이 있는데 이에 대한 의견을 말해 보시오. (구미원장) 예전에 경기북부의 한 농협에서 조합원의 해산결의에 의해 농협이 해산된 적이 있었습니다. 그런 후 잔여재산이 모두 조합원에게 배분된 예가 있습니다. 농협은 공익기관이기 때문에 그 잔여재산을 조합원에게만 배분하는 것은 문제가 있다는 것이 공론화 되어 일정부분은 지자체에 기부하도록 하는 것이 정관에 삽입된 바 있습니다. 다음은 경주환경농업교육원장 답변하세요. 소비자 교육을 1박2일 한 적이 있는데 이에 대한 효과는 어떻습니까. (경주환경농업교육원장) 아주 좋은 반응을 보였습니다. 그러나 예산 부족으로 인해 과정이 축소 운영되었는데 향후에는 더욱 강화해 나가도록 하겠습니다.

내가 잘 아는 후배 중에 강레오라는 셰프가 있습니다. 이 사람이 예전 타워호텔에서 주방장으로 있습니다. 여기에는 최고 수준의 회원 5천명이 있습니다. 내가 경제대표에게 그런 제안을 했어요. 최고의 명품 농산물을 이곳에 전시하고 판매할 수 있는 것을 한번 추진해 보는 것이 어떻겠는가? 라고 했습니다. 향후에는 이곳 회원 5천명을 농촌사랑연수원에 초

빙해서 우리 농산물의 홍보대사로 만들도록 교육을 할 계획입니다. 그리고 이어령 교수의 생명자본주의와 고은 시인의 강의를 들으면서 최고의 국민 농협을 홍보하고 입소문을 내게 할 것입니다. 산지유통부장은 이런 곳에 어떤 우리 농산물을 가져다 놓으면 좋을 것이라고 생각됩니까. (산지유통부장) 신선채소 수급 등의 업무를 맡고 있는 산지유통부장입니다. 제가 생각할 때는 K-멜론이 적절할 것으로 보입니다.

얼마 전 농협중앙회는 문화융성위원회와 MOU를 체결한 바 있습니다. 마을 스토리와 문화 예술을 입히자는 얘기였습니다. 농산물에 혼, 이야기 등을 예술로 승화시켜 보자는 것입니다. 농촌지원부장 이에 대해 설명을 좀 해보세요. (농촌지원부장) 농협은 문화융성위원회와 MOU를 체결하고 6차 산업의 활성화를 위해 100개 마을을 지정해서 문화와 예술을 마을에 도입하는 방안을 마련하고 있습니다. 체험마을을 방문하고 개발할 계획입니다. 명예 이장제나 명예 문화예술 이장제도 적극 도입할 계획입니다.

협동조합의 원칙에 자율과 독립이라는 것이 있습니다. 항상 염두에 두어야 할 것이고 그것이 우리 조직을 지탱하게 해주는 근간이라는 것을 잊지 말아야 합니다."

"금융과 은행부문에 대해 말씀드리겠습니다. 미국과 중국의 현황에 대해서 외환담당상무님 설명해 보세요. 중국이 최근 7% 대의 성장률을 보이던 예전에 비해 성장률이 둔화 되었습니다. 6.7% 수준으로 떨어졌습니다. 수출의존도가 20~30%에 이르고 있습니다. 중국의 성장률이 1%

떨어지면 우리의 성장률도 0.5% 떨어지는 것으로 추정됩니다. 미국의 양적완화는 계속되고 있고 금리 인상 이슈도 4차례에 걸쳐 인상될 것으로 예견되었으나 현재 상황은 두 차례 정도로 인상이 일어날 것으로 예측되고 있습니다. 저금리 기조가 유지되는 상황에서 여신운용은 한계에 다다랐고 수익확충을 위해 다각적인 방안이 모색되어야 합니다.

FTA에 관해서 미래전략 부장 설명해 보세요. (미래전략부장) 54개국과 체결이 되었고 전 세계 영토의 76% 수준에 달합니다. 현재 추진 중인 나라가 4개국(멕시코, 러시아, 일본 등)입니다. 초 민감 품목(양념채소류) 등은 아직 완전 개방에는 이르지 않고 있습니다. 일부 교역되고 있는 것은 저급한 농산물이나 냉동식품 등입니다.

우리 국민들의 경제상황에 대한 인식 정도는 저성장시대에 들어섰다는 것으로 되어 있습니다. 그래서 금융에서 앞으로의 수익원은 비이자수익이 될 것이라고 하는데 수석 부행장 대책을 말씀해보세요. (수석부행장) 전체 영업이익이 4조 4,500억 원 수준입니다. 그중에서 6,200억~6,300억 원이 비이자 수익이었습니다. 향후 은행에서 수익을 창출하기 위해서는 교차판매가 이루어져야 하는데 그것이 관건입니다. 우리의 교차판매 수준은 3.5건 수준입니다. 반면 세계적인 은행인 웰스 팝은 6~7건의 교차판매 실적을 거양하고 있습니다. 고객이 원하는 상품을 만들고 직원들의 마케팅 능력을 배양시켜야 하는 것이 과제입니다. 그래서 은행에서는 우리자산 바로알기. 우리상품바로알기 교육을 시키고 있습니다. (회장) 앞으로 비이자 수익 증대방안을 만들어서 금융지주 회장께 보고를 한번하세요. (수석부행장) 예 잘 알겠습니다."

"농협 유통 사장 저성장시대 우리 농산물의 판촉을 위해 어떤 복안을 가지고 있는지 방안을 설명해보세요. (유통사장) 농협유통의 주 고객층은 50-60대가 주류를 이루고 있습니다. 젊은 층을 끌어야하는데 그런 부분에 부족함이 있습니다. 농산물도 다품종 소량생산의 시대를 맞고 있습니다. 조명도 LED로 일부 교체를 했습니다. 지속적으로 환경을 개선해 나가겠습니다. 상품을 사고 싶게끔 만드는 유인책을 강구할 필요가 있습니다. (회장) 제가 10시쯤 방문을 해 봅니다. 인사를 하지 않아요. 내가 회장인 줄도 모르겠지만 말이지요. 꾸준히 직원을 교육할 필요가 있습니다. 하나로 마트를 갔는데 분유가 없어요. 젊은 주부들은 분유가 필수적인데 말이죠. 이것을 진열해 놓았다가 팔리지 않으니까 진열대에서 치워버린 겁니다.

하나로유통 사장. 광양 지부장 들어 보세요 제가 얼마 전 광양을 갔습니다. 그랬는데 조합장들이 얘기를 해요 경제사업을 하다 보니 계속 적자가 쌓이는데 회장님께서 이를 보전해 주는 방안을 마련해 주십시오. 제가 그랬습니다. 체질개선을 좀 하세요. 완주의 고산농협은 경제사업을 600억 원 합니다. 그리고 수수료로 40억 원을 받아요. 농민들이 6~7%의 수수료를 아낌없이 내는 것입니다. 생산에서 수확 그리고 판매까지가 유통입니다. 많은 수단을 찾아야 합니다. 은행 종기부장 오늘 오전에 발표 잘하셨는데 그 내용을 간략하게 한번 설명해 보세요. (종기부장) 조선, 해운, 철강, 건설, 등 5대 부문의 산업 구조조정이 임박해 있습니다. STX의 경우 2004년도 2억 달러 2007년 15억 달러 2008년 21억 달러의 한도 증액이 있었습니다. 한화로 하면 2조 2천억 원입니다. 2013년 1조 5천억 원 2016년 7,700억 원의 충당금을 쌓았습니다. 다른 은행에서는 서서히 한도를 축소시켜 가던 때에 저희들은 그런 내막을 모르고 계속 한도를 증액하다 보니 부실규모가 증대되었습니다. 이제부터는 우리도 기업여신의 심사와 투자를 분리하고 조기경보 시스템 도입, 산업분석도 세분화해서 부실을 막도록 제도를 정비해 가고 있습니다. 올 내년까지는 2천억 원대의 수익이 불가피해 보입니다.

(회장) 호박씨까서 한입에 톡 털어 넣었다는 말씀이죠. 시군지부장이 그렇게 고생해서 시장 군수 보좌하고 금고유치해서 수익을 내었는데 그 모든 것을 몇 사람의 판단 착오로 인해 엄청난 손실을 보게 된 것이라는 것이죠. 은행장님 말씀해 보세요."

"(은행장) 1998년 IMF 때 중앙회 수익이 1조 3,500억 원이었습니다. 조흥 등 유수 은행이 모조리 문을 닫았죠. 그때 우리는 표정관리 했었습니다. 우리의 강점은 공공금융, 소매금융이었습니다. 그런데 전혀 생경한 대기업에 대규모 여신을 실행해서 혹독한 대가를 치루고 있습니다. 모든 은행이 산업의 한계를 깨닫고 한도를 줄여가고 여신을 회수하는 때에 우리는 그런 내용을 전혀 모른 채 한도를 증액하고 늘려가는 우를 범했습니다. 둘째 한보철강, 건영건설 PF 대출 등에서도 엄청난 손실을 입었습니다. 셋째는 은행에 농협적 문화가 잔존해 있습니다. 실력 능력이 아니라 우리끼리 지역주의에 휩쓸려 있는 것입니다. 농협을 일러 느려터진 곰이라고 평가됩니다. 승진고시 폐지하는데 10년 이상 질질 끌고 있습니다. 시장의 치열한 경쟁은 아예 도외시 합니다. 적당주의가 만연되어 있습니다. 우리투자증권에 목표를 주면 5번을 찾아옵니다. 그래서 목표가 조정됩니다. 그러면 그들은 무슨 수를 쓰더라도 기필코 그 목표를 달성합니다. 우리농협은행 직원은 목표를 주면 3번쯤 찾아옵니다. 목표를 달성하려고 하지만 안 되면 말고 식입니다. 4조 4천억 원의 부실이 예상됩니다. 기력을 회복할 수 있도록 전농협적으로 응원해 주시고 힘을 실어주십시오. 은행은 중환자실의 입원해 있는 상황입니다. 환자가 달릴 수는 없습니다. 달리면 죽습니다. 위기를 공유할 필요가 있습니다. 금고를 가진 시군지부에서는 최대한 수익을 창출해 주시길 당부 드립니다. 직원들의 전문성을 제고할 필요가 있습니다. 연공서열 지역주의를 폐지해야 합니다. 메리트 시스템이 정착되어야 하고 제도개선이 있어야 합니다.

회장 일본의 경우 아베가 노부나가를 총리에 앉혀서 최대한 신속하게 오늘의 위기를 극복해 내야 한다고 합니다. 핀테크에 관해 핀테크부 부장님 설명해 보세요. 디지털 뱅크라는 책이 있습니다. 이 책에서는 은행의 종말을 예고하고 있습니다. (부장님) 핀테크가 처음 나온 것은 별그대 라는 드라마에서 천송이 코트가 화제에 오르면서 시작되었습니다. 그것을 중국 사람들이 살 수 없는가라는 것에서 2014년부터 시발이 되었습니다. 금융과 IT가 접목된 것을 말합니다. 예를 들면 애플, 구글, 네이버, 카카오, 알리바바 등입니다. 삼성페이, 구글 페이, 애플 페이 등입니다. 경기도와 저희가 MOU를 체결해서 도세 시세 등을 모바일 계좌로 연동 납부하는 시스템이 구축되었습니다. 오픈 플랫홈(일종의 정거장)을 만들어서 그곳에서 소비자 고객이 원하는 형태로 쇼핑을 하고 결제하는 방식입니다. 우리가 시도하려고 하는 것이 콕뱅크라는 것입니다. 카카오의 경우

3800만 고객이 하루에 평균 5회식 접속한다고 합니다. 우리의 경우 고객 2300만의 금융정보를 갖고 있는 것입니다. 상호금융에서 개발 중인 콕뱅크는 6월말까지 개발이 되면 7월초부터 출시가 될 것입니다.

농심을 가슴에 안고 농민 곁으로 라는 슬로건을 보고 농림축산식품부 장관이 무척이나 흡족해 했습니다. 잘못된 관행을 고쳐가고 있습니다. 회장전용 엘리베이터 식당 등을 모두 없애고 있습니다. 농협무역 사장님 지금 모든 계열사의 수출입 업무를 이관 받고 있습니까? (농협무역사장) 일부 이관 받았고 일부 계열사의 경우 직원을 파견 받아 업무를 추진하고 있습니다. 남해화학 부사장 어떻게 하고 있죠? (남해화학 부사장) 무역관계 직원을 농협무역에 파견에서 무역관련 업무를 진행하고 있습니다. 한삼인 사장 어떻게 진행됩니까? (한삼인사장) 저희의 수출입업무는 전부 농협무역에 이관했습니다. 서울우유에서 조사료를 수입하고 있습니다. 제가 무역사장으로 있을 때 진행을 했습니다. 조사료 수입팀 직원 5명을 농협무역에 파견해서 업무를 진행하고 있습니다. 26년간 각계열사별로 진행되던 수출입 업무가 이제부터는 농협무역으로 일원화 될 것입니다. 농협 양곡 사장 양곡의 유통은 어떻게 되고 있죠? (농협양곡사장) 모든 양곡의 유통을 농협양곡으로 일원화하고 있습니다. 양곡을 팔려면 온갖 곳의 하나로 마트 매장을 다 돌아다녀야 하던 것을 이제는 양곡유통 사장만 찾아가면 다 되도록 되었습니다. 각 부서에서는 잘못된 관행을 척결해서 업무효율화를 기해야 할 것입니다."

"금융에 관해서 살펴봅시다. 2015년 9월에 애널리스트를 대상으로 조사한 바에 의하면 지배구조 문제에 신한 96, 하나 66, KB 58, 농협 41, 우리 39 수준입니다. 어떻게 우리농협이 이렇게 저평가 되고 있는 이유가 뭐라고 생각됩니까. 기획실장 답변해 보세요. (기획실장) 우리의 경우 농협중앙회가 실질적인 지배권을 행사하고 있어 외부에서 보는 시각은 별로 바람직하게 보고 있지 않은 듯합니다.

다음은 위기관리능력부분입니다. 신한 93, 하나 61, KB 65, 농협 37, 우리 38 수준입니다. 금융지주에서 답변해 보세요. (담당상무) 직원의 전문성이 부족합니다. 또한 정보수집능력이 부족합니다. 그리고 위기가 닥쳤을 때 선제적 대응능력이 모자랍니다. 향후에는 직원의 전문성을 제고시켜야 합니다. 심사와 리스크 관리, 여신관리를 향상시키는 인프라를 구축하고 데이터를 축적시켜서 상황을 분석하고 대응해서 능력부족을 만회해 나가겠습니다. 산업분석팀도 증대시켜서 40여개의 산업분석 분야를 143개 분야로 확대했습니다. 오너십이 부족합니다. 자기 일처럼 해내야 하는데 추진력의 부족입니다. 향후 대응책을 강구해서 회장께 보고할 필요가 있습니다.

CEO 경쟁력 부분입니다. 신한 86, 하나 80, KB 60, 우리 42, 농협 32로 평가되었습니다. 어떻게 CEO경쟁력 부분이 이렇게 저평가 되는 이유가 뭡니까? (의왕지부장) 농협은 리스크가 크다는 것입니다. 전문경영인 출신인 CEO도 아니고 의사결정구조가 복잡하다는 것입니다. 직원들도 신용이면 신용 경제면 경제에서 잔뼈가 굵어야 하는데 그렇지 못하다는 것입니다. (충북본부장) 경쟁력을 강화할 필요가 있습니다. 직원들 간의 화합이 선결되어야 합니다. 그리고 법인간의 전문성 확보도 필요합니다.

미래 성장성 KB 74, 신한 72, 하나 63, 우리 57, 농협 31, 농협은 더디게 움직인다. 미래성장동력이 없는 상태다. (부안지부장) 5.6~8일까지 마실 축제가 진행될 계획입니다. 회장님께서도 참석하시고 해안길을 따라 둘레길이 조성되고 그곳을 거닐며 힐링하는 계기를 만들 것입니다.

농협에서는 공격적 마케팅을 하지 못한다. 농업과 관련되어 있어 제대로의 경쟁력을 발휘하지 못하고 있다.

글로벌 시장 하나 90, 신한 82, KB 66, 우리 44, 농협 24, 국제부장 답변하세요. (국제부장) 우리의 글로벌 현황은 뉴욕에 지점 1개소가 있고 중국과 베트남에 사무소가 있는 형편입니다. 해외 네트워크가 부족한 상황입니다. 하나는 외환과의 합병을 통해서 글로벌 시장을 개척했습니다. 상주시지부장 귀농귀촌의 유인책을 말씀해 보세요. (상주지부장) 시장이 축협조합장 출신입니다. 그리고 귀농귀촌을 하기 좋게 하기 위한 많은 정책들이 시행되고 있습니다. 창농박람회도 열릴 것입니다.

금융지주회장께서 향후 금융지주를 이끌 방안에 대해 말씀해 주시겠습니다. (지주회장) 은행업은 전체적으로 하향화 되고 있는 상황입니다. 반면 비은행업은 성장되고 있고 수익면에서도 40%를 점하고 있습니다. 은행부문에서 고정이하가 4조원 잠재부실 우려채권이 5조원 수준입니다. 5대 취약업종 조선, 해운, 건설, 철강, 석유화학에 부실부분의 17조를 털었습니다. 배당은 4~5%수준으로 하다 보니 충당금을 적게 쌓은 부분도 있습니다. 자구노력이 뒤따라야 합니다. 고통을 분담할 필요가 있습니다. 산업분석팀에서 여신심사와 연계되는 시스템을 구축해야 합니다. 또한 편중여신 체크 시스템도 구축되어야 합니다. 조기경보시스템도 개발

됩니다. 신용감리인원을 증가시키고 부실차단시스템도 가동되도록 해야 합니다. 두 번째 10~20조의 자본금입니다. ROE를 따져야 합니다. 자본금 수익률이 7.8%로 국민은행에 비해 높습니다. 신한에 비해서는 2% 부족합니다. 해외프로젝트도 시행해야 합니다. 350조의 자산 90조의 자본입니다. 자산규모로는 두 번째 큽니다. CIB 은행 증권 보험에서 경쟁력이 있습니다. 해외 글로벌 해외 네트워크도 구축해야 합니다. 중국의 공소그룹과의 제휴도 해야 할 것입니다. 탭티브 시장에서 전략적인 선택과 집중이 필요합니다. 지분투자 합작 등을 통해 수익력을 증대시켜야 합니다. 인터넷 소액대출등도 시도해볼만 합니다. 라보뱅크 크레디 아그리꼴 등과의 합작이 필요합니다. 사회공헌 1등 금융그룹입니다. 밝은 미래가 있습니다. 시너지를 발휘한다면 충분히 새로운 수익원을 창출할 수 있다고 봅니다."

"브랜드 이미지 NH카드 신한 53, 현대 49.2, 농협 37.1, 삼국지에 보면 유비의 삼고초려가 있습니다. 제갈량을 모실 때 자기가 쓰던 방을 내줍니다. 칼도 자기 칼을 줍니다. 나를 모시듯이 모셔야한다고 신신당부를 합니다. 그때 제갈량의 나이 24세입니다. 유비는 45세였습니다. 지혜란 빌리기가 힘듭니다. 카드사업의 미래 또는 ROA전망 등에 대해 카드분사장 설명해 보세요. (카드분사장) 저도 분사에서 회사화로의 전환이 필요하다고 봅니다. 독립해야 합니다. 부대사업이나 사업영역은 무제한입니다. 돈과 실물의 중간에서 매개역할을 하는 것이 카드입니다. 성장동력 역할도 할 것으로 기대됩니다. 회사로의 독립이 필수적입니다만 여건이 성숙되어지지 않았고 불비된 점이 있습니다. 종합적인 계획서를 만들어서 보고를 드리겠습니다. (경기지역본부장) 시기적 탄생이 얼마 되지 않았습니다. 그리고 홍보기회가 부족했습니다. 그리고 인력도 부족합니다. 독자적인 서비스 개발도 되지 못했습니다. 전문인력 양성도 서비스도 타사카드에 비해 약세입니다. 연령 고객취향 등을 고려해서 서비스를 업그레이드할 필요가 있습니다. 전반적인 상황에서 활성화가 필요합니다.

삼성 42%, 대우 39, 농협 32.9%, 증권사 사장 오셨습니까? 우리투자증권은 어떠하며 앞으로의 전망은 어떻게 될 것인지 말씀해보세요. (증권사장) NH투자증권은 5위 수준입니다. 광고를 공격적으로 해야 하는데 그렇지 못한 부분이 있습니다. 광고모델도 최상급을 써야 하는데 그러지 못합니다. 본래 업계1위였는데 미래에서 대우를 인수하면서 2위로 밀려있습니다. 자본금 자산규모로 2위입니다. 저성장 저금리 시대에 투자형 상품을 발굴해야 합니다."

"생명보험 쪽을 살펴보겠습니다. 삼성생명에서는 IFRS를 위해서 현금을 확보하고 유동성을 확보하기 위해 본사빌딩을 매각했습니다. 필요한 현금이 20조에 이를 것으로 보입니다. 자 그러면 우리의 사정은 어떻습니까. 우리는 IFRS를 언제까지 해야 하고 얼마나 쌓아야 합니까. 생명에 외부에서 오신 상무님 답변해 보시죠. (상무) 2020년까지 4년 내에 1조4천억 원을 쌓아야 합니다. 증자나 후순위채 발행 또는 신종채권의 발행을 검토하고 있습니다. (회장) 그러면 내부적인 자구노력은 없습니까? 만기보유증권을 매도가능증권으로 변경해서 자본을 확충하려고 계획 중입니다. (회장) 삼성이 그렇게 소중한 본사 빌딩을 팔아가면서까지 자구노력을 보이는데 농협은 뭔 자구노력을 하려고 합니까. 방카슈랑스 만료기간은 2017년 3월로 다가오는데 이에 대한 대책은 뭐죠(생명관계자) 농림부와 국회 쪽에 의원입법을 추진 중입니다. 어려운 국면은 다가오는데 꿈틀거리지 않고 있습니다.

금융 쪽 우리농협의 경우 1인당 수익률이 3,500만원 수준입니다. 반면 국민은 6,300만원 신한은 9,600만원 하나는 4,400만원 수준입니다. 우리가 이렇게 낮은 생산성을 갖는 이유가 무엇입니까. (원주시지부장) 낮은 생산성의 원인은 마케팅 능력 부족입니다. (음성, 원주, 파주지부장) 노동생산성이 신한의 경우 우리의 3배 수준입니다. 일하는 사람은 적고 관리조직이 너무 크고 많다는 것입니다. 점포의 경우 4억 5천만 원 수준입니다. 반면 신한의 경우 17억 원 수준입니다. 4배의 차이를 보입니다.

조직에 대한 전반적인 실태와 현황을 용역을 줘서 컨설팅을 하고 있는 것으로 알고 있습니다. 생명에서는 IFRS를 대응할 수 있는 대책을 마련해서 지주회장께 보고를 올리시죠."

"'오래된 미래'라는 책이 있습니다. 인도의 라다카섬 이라는 곳에서 자연환경이 좋은 곳이었는데 그곳에 자본이 들어오면서 갈등이 생겨나고 문제가 발생됩니다. 그래서 자본이 들어오기 전 상태로 되돌려 놓자. 생명이 자본이다. 생명자본주의를 주창하고 있으며 인간성의 회복을 주장하고 있습니다. 자본가에 대항해서 생명이 살아있는 삶의 터전을 지켜나가자는 얘기입니다.

78년 농협에 입사해서 4주간 신규직원 교육을 받았습니다. 농업이 어려워지면 당연히 농협도 어려워집니다. 농업생산성이 높지 않고 고령화로 어려움을 겪고 있습니다. 짐로저스는 농업이 가장 유망한 산업이라고 얘기합니다. 여러분도 잘 아시다시피 공룡이 사라진 이유에 관해서 살펴보죠. 느림 때문이라고 합니다. 빠른 종에게 잡아먹힘으로써 공룡이 멸종되었다는 것이죠. 또한 쥐 때문에 사라졌다고도 합니다. 신상품이 개발되지 않으면 조직이 활력을 잃습니다.

일본농협을 살펴보죠. 미래전략부장 어째서 일본 전중이 사라지게 되었을까요. 2019. 3월이면 일본 전중은 사라지게 됩니다. (미래전략부장) 전중이 TPP에 반대하고 정부의 농업정책에 반기를 들었기 때문에 그렇게 되었다고 생각됩니다. (회장) 우리는 오랫동안 일본의 농협을 본받고자 했었고 그것을 추종해 왔다고 해도 과언이 아닙니다. 제가 생각할 때 전중의 소멸 이유는 농민위에 군림했기 때문입니다. 협동조합의 정체성 목적 원칙 등에 충실하면 정부의 간섭이 불필요합니다. 제대로의 역할에 충실한 협동조합을 왜 정부에서 죽이냐 살리느냐를 하겠습니까. 속 깊은 얘기를 하나 하겠습니다. 예전 나주에 베로나인이라는 배로 만든 전통주가 있었습니다. 정 회장이 와서 그것을 없애라는 지시가 떨어졌습니다. 제가 그것을 없애는데 6개월이 걸렸습니다. 정말 부서 간 이기주의가 팽배해 있다는 것을 처음으로 알게 되었습니다.

오늘 오전에 심사분석회의가 있었습니다. 보고를 위한 보고 등은 필요가 없습니다. 빠른 시일 내에 분석회의를 해야 하고 핵심적인 사항 예를 들면 새로운 성장동력 등과 같은 신선한 보고가 필요합니다.

뱀이 나타났다고 합시다. 그러면 어떻게 하시겠습니까. 119를 부른다. 설계를 짠다. 사람을 불러댄다. 온갖 대책이 다 강구됩니다. 잘되는 사람의 발목을 잡는 것은 안 되는 일입니다. 지양해야할 부분입니다. 남의 얘기는 좋게 해야 합니다. 우리조직에 팽배해 있는 관료주의 내려놓아야 합니다. 권위주의 대우받고 싶은 것 다 내려놓아야 합니다. 회장에 취임하고 나서 회장에게 바라는 것을 적어 내도록 했습니다. 요약하면 집행간부 등 위로부터 혁신이 있어야 한다. 무사안일하고 골프 치는 이들이 승진하고 기계적인 인사를 인력개발부에서 합니다. 사업분리를 하고나서 신경이 망가져갑니다. 자회사 관리를 철저히 해야 합니다. 관료주의가 만연해 있습니다. 하인리히 법칙이 있습니다. 대형사고가 날려면 29번의 징조가 있고 잔잔한 징후는 300번이 발생한다는 것입니다. 빙산의 일각이라는 얘기가 있지 않습니까. 빙산 위에 부분만 보이지만 밑에는 더 큰 문제와 사고개연성이 있다는 것입니다. 제가 항상 얘기하는 사회적 태만이 있어서는 안 된다는 것입니다. 일하는 개미 30%, 따라다니는 개미 40% 그리고 발목 잡는 개미 30%가 있습니다. 일하는 개미 30%에서 그들만 모아서 일을 시켜보면 또다시 분열되고 똑같이 뒷다리를 잡는 개미가 생긴다는 것입니다.

제가 시를 한 편 읊겠습니다. '첫마음'이라는 정채봉 시인의 시입니다.

이 대표께서 농업경제부분에 관해 한 말씀이 있겠습니다. (이대표) 마케팅의 4P라는 것이 있습니다. 저는 항상 한P를 더해서 5P를 얘기합니다. 그것은 열정이고 필로소피입니다. 회장님 말씀하시는 농심과도 일맥

상통합니다. 최선을 다해 농업경제부문의 효율화를 위해 진력하겠습니다. (축산대표) 미친 듯이 일을 해야 한다는 것을 신조로 삼고 있습니다. 그렇게 열심히 열정을 다해 노력하겠습니다.

(조감위원장) (전무이사) (상호금융대표)우리가 잃어버린 야성을 찾아야 한다고 봅니다. 2015년농축협에서 1조 2978억 원의 수익을 냈는데 상호금융에서 3천억 원을 추가 지원했고 예금자 보호기금에서 2,200억 원의 보험료를 절감시켜주었습니다. 베트남의 지압장군이 그렇게 얘기했습니다. 전쟁은 화력 곱하기 속도전이다. 그래서 그들은 미국을 이겼고 독립을 쟁취했습니다. 상호금융이 더욱 선진화된 체계를 갖추도록 힘쓰겠습니다.

(회장) 우리는 대한민국 국민입니다. 투철한 국가관을 가지고 열심히 일해야 합니다. 장시간동안 리더십 컨퍼런스에 동참하시느라 수고하셨습니다. 감사합니다."

돌아갈 배를 침몰시켜라

제1부

파부침주破釜沈舟 : 밥 지을 솥을 깨뜨리고 돌아갈 때 타고 갈 배를 가라앉힌다는 뜻으로 살아 돌아오기를 기약하지 않고 결사적 각오로 싸우겠다는 굳은 결의를 비유해서 이르는 말

주방이 개방된 식당을 보여주면서 얘기가 시작되었다. 왜 이 식당은 주방을 개방했는가.

서천지부장 : 자부심을 갖고 있기 때문에 주방을 개방할 수 있었다. 또한 좁은 공간을 넓게 보이게 하기 위해서이다.

고창지부장 : 고창은 수박, 땅콩, 장어 등의 주산지다. 고객에 대한 자신감의 표현이고 고객에게 신뢰를 주기 위해서이다.

인천지역본부장 : 오감을 자극하기 위해서이다.

부산지역본부장 : 주방을 개방하면 위생적으로 보이기 때문이다.

장승현 부장 : 주방에서 고객이 어떤 음식을 선호하는지를 알아보기 위함이다.

회장 : 정답 (구두티켓)

우리는 항상 농업인에 우리 입맛에 맞는 음식만을 제공했다. 제대로

우리가 갖다 준 음식을 제대로 먹고 있는지 우리가 제 역할을 했는지에 대한 반성은 전혀 없었다. 농업인의 입맛에 맞는 음식을 제공해 보려고 생각도 하지 않았고 그런 관점이 아예 전무했다. 우리가 제공한 음식이 농업인 입맛에 맞지 않았다. 그래서 국도 남고 반찬도 남는 상황이 발생한다.

회원농협장 세 명만 모이면 중앙회를 욕하고 비난하고 죽일 놈들이라고 성토한다. 농림부 역시 마찬가지다. "농협직원은 배불리 먹고 있고 월급도 공무원보다 훨씬 풍성하다." 그런 상황에서 농협직원이 제 역할을 한다면 농업, 농촌, 농업인이 이렇게 힘들고 어렵겠는가. 우리가 깊이 생각하고 반성해야할 부분이다. 왜 농업인은 우리 농협직원이 갖다 준 음식을 제대로 맛있게 먹지 않는가.

얼마 전 농협생명에서 사장이 와서 보고를 했다. 농협생명의 85%를 회원농협에서 일하고 있는데 수수료는 중앙회에서 그만큼에 훨씬 미치지 못하게 주고 있는데 이런 부분에 대해서 개선을 하겠다. 어떻게 회원농협에 실익을 줄 것인가를 고민해서 그대로 실행하겠다. 금전적으로 직접 주는 것이나 또는 농가 소득증대를 위해 다른 방법 등을 모색해서 실행하겠다. 장비를 준다든가. 취향에 맞춰서 짬뽕이 먹고 싶다면 그렇게 줄 것이고 짜장면이 먹고 싶다면 그렇게 주겠다. 입맛에 맞춰서 준다는 것이 필요할 것이다. 지게차를 줘서 농산물의 순회수집 또는 산지 수집을 용이하게 한다든가. 1톤 차량을 지원해서 순회 수집을 원활히 하는데 일조를 한다든지 방법은 찾아서 맞추겠다. 이것이 잘되는 식당의 전략의 전형적인 예다. 입맛에 맞는 반찬을 제공해야 계속 식당을 찾을 것이고 신뢰를 회복할 것이고 고객에 대한 적절한 응대방법이 될 것이다. 우리 스스로 입맛에 맞는 밥, 국, 반찬을 제공하려는 노력을 해야 할 것이다.

조금 전 기획실장이 우리의 빚 26조 8천억 원에 대해서 설명했다. 보험에서 이렇게 하면 농업인이 나서서 우리의 빚을 갚아주려고 앞장 설 것이다. 우리 협동조합은 비영리로 되어있다. 기업과 차이나는 부분이다. 국민의 생명의 끈을 연장하는 것이 필요하다. 1억 이상의 연봉을 받는 임직원이 3천명을 넘고 있다. 영업성공사례를 보면 항상 정면으로 승부하고 공격해서는 전혀 승산이 없다. 측면 돌파를 해야 하고 정에 호소하고 감성을 불러일으켜야 한다.

명량해전에서 이순신 장군이 하신 말씀 중 "신에게는 12척이 남았습니다." 협동조합의 영혼을 찾았는가? 우리는 이념중앙교육원을 개원했고 1320명의 직원을 교육했다. 회원농협직원과 중앙회 직원이 그렇게 친숙해 질 수가 없었다. 무조건이라는 유행가를 개사해서 부르면 "농민이 부르면 무조건 뛰어가겠다." 내가 자신감을 가질 수 있었다. 자신감을 가질 수 있게 되었다. 올해는 3600명을 교육할 계획이다. 이념중앙교육원 뿐만 아니라. 구례, 경주교육원에서도 이념교육을 확대 실시한다.

창조농업센터를 만들었다. 한국농업의 미래를 디자인하기 위해서 필요했다. 2,647명이 다녀갔고 3억 9천 2백만 불의 수출 실적도 올렸다. 기술, 자본, 유통, 무역을 디자인하고 있고 6차 산업의 메카로 자리매김할 것이다. 울무라는 제품이 있었다. 고양유통에 전시하고 판매하는데 2개월이 소요되었다. 처녀 농군 CEO포럼에서 5만원에 판매되었다. 상품을 잘 만들 필요가 있다. 농협유통과 하나로 유통에서 고민해야할 부분이다.

도농협동연수원의 개원을 했다. 또 하나의 마을 만들기와 국민의 농협 만들기를 위한 일환이었다. 국민의 농협을 위해 국민과 함께하기 위해서이다. 농촌은 5천만 국민의 고향이고 마음이다. 이 농촌을 살려야 한다. 18일에 조찬포럼이 진행된다. 우리 농협에서 조찬포럼을 하는 것은 최초의 일이다. 농민신문 월구독료는 6만원이다. 이를 통해서 농업, 농촌, 농협을 알려야 하고 홍보해야 한다.

우리는 몸을 던졌다. AI가 발생해서 전국이 몸살을 앓고 있다. 29,660명을 동원했다. 살처분 645회 27,294회 방역을 했다. 소독차량 지원도 적극적으로 했다. 오죽하면 청와대 경제수석께서 감사전화가 왔다. 앞으로 농협에서 상시방역체제를 구축하겠다.

제주에서 태풍피해가 지난해 났다. 성산 무가 다 파헤쳐지고 엄청난 피해를 입었다. 농우 바이오에 얘기해서 6억 원의 종자를 무상 공급했다. 농협케미컬은 2억 원어치의 농약을 공급해서 피해농업인을 도왔다. 맥주보리로 대신 파종했다. 언론에서 농협에서 이렇게 도와주고 있는데 행정은 뭐했느냐는 질타가 있었다.

다문화 가정과 젊은 인재 육성을 위해 우리는 무엇을 할 수 있는가. 안성팜랜드에서 다문화 부부 60쌍의 합동결혼식이 있었다. 농업인의 실익을 위해 혼신의 노력을 다했다.

스마트팜 종합자금이라는 것을 만들어서 금리 1%로 자금지원을 했다. 보증비율도 85%에서 90%로 늘렸다. 대출이자 중 정부에서 1%를 부담하고 본인이 1%를 부담하면 되도록 했다. 농협에서도 1%를 부담했다. 50억 원의 한도를 책정했다. 스마트팜 부장에게 박수 한 번 주세요.

귀농귀촌인에 대한 신용보증한도를 3억 원까지 확대시켰다. 이전까지의 관행과 비효율을 제거하기 위해 진력했다. 해외사무소를 폐쇄했고 홍보와 교육의 통합을 이뤘다. 해외사무소를 폐쇄해서 28억 원의 예산을 절감했고 홍보도 38명의 직원이 31명으로 줄었다. 교육원도 10개 교육원을 통합해서 변화와 혁신의 플랫홈이 되도록 했다. 골프회원권도 처분토록 했다. 홍보도 집중하도록 했고 농협앱을 개발토록 독려하고 있다.

농협세계화와 도약의 발판을 마련했다. 프랑스. 네덜란드. 말레이시아를 방문했고 ICAO의 회장이 되었다. 양돈기술의 이전을 협의했고 파프리카 재배기술도 협약했다. 우리는 8단까지 키우는데 그쪽은 28단까지 키우고 있었다.

제2부

퍼팩트 스트롬Perfect Strom이 몰려오고 있다. 빅 크라이스Big Crisis

사회적 불안이 증폭되고 있다. 소비자들이 주머니를 열지 않고 있다. 지방아파트 건설업체 회장이 날 찾아왔다. 나주에 골프장도 있는 회장이다. 1조5천억 원을 예금할 곳을 찾고 있었다. 혁신센터지점에 천억 원을 예금했다.

충북유통 전무 : 유통환경의 변화에 관해 향후 불확실성이 증가될 것으로 보고 있다.

한국경제 어떻게 될 것이다. 중장기적 방향이 불투명하다. 중국의 대미수출이 10% 감소하면 우리의 대 중국수출이 0.36% 감소한다.

대외협력 부장 : 중국성장률이 6.7%에 달하던 것이 6%로 떨어졌고 우리와 같이 양극화를 겪고 있으며 부동산의 버블이 생기고 보호무역주의로 전환될 움직임이 있다. 우리는 중국에 중간재를 수출하는 형편이다.

농협무역 : 중국 바이어가 원하는 상품을 제공해 줄 수 있어야 하는데 아직 그런 기반이 취약하다. 파프리카 농가가 있었다. 처음 설비투자 등을 위해 자금지원을 요청할 때는 농협에서 냉대했다. 결국 새마을금고에서 대출을 받아 설비투자를 했다. 그런데 열매를 맺으니까 물량을 달라고 하니 그건 어불성설이다. 완곡하게 거절했다. 생산단계에서부터 잘 관리가 되어야 한다. 포도도 잘 솎아야 하고 품질이 균질해야할 필요가 있다.

금융위기라고 하는데 수석부행장 리스크관리 등 앞으로의 금융 어떻게 해야 할 지 말씀해 보세요.

수석부행장 : 지금까지는 공급자 중심의 마케팅을 했는데 앞으로는 고객을 찾아가는 방법으로 마케팅의 패러다임을 바꿔나가겠습니다. 고객이 창구에 왔을 때 영업을 했던 과거의 전통적인 방법에서 이제는 수요자 중심의 마케팅으로 영업추진방향을 전환해 나가겠습니다.

지주회장 : 리스크 관리에 허점이 있었기에 대손충당금의 충당이 많았고 그것이 결국 손익에 직격탄을 맞게 되었다. 기업, 가계부채 등이 증가되고 있는 가운데 금융의 위험요소가 가중되고 있다. 농협은행은 괜찮은가. 스트레스 테스트를 통해서 수익을 낼 수 있을지를 정밀하게 진단하고 대책을 강구해 나가겠다. 금리가 인하되면서 예대마진이 줄고 이자수익이 줄어들어 주 수익원이 악화되고 있는 실정에서 비이자 수익의 증대가 획기적으로 강구되지 않으면 안 된다. 증권 자산운용 등 비은행 부분에서 수익을 늘려가야 할 것으로 본다.

구례지부장 : 향후 군지부 입장에서 가계부채가 늘어나고 예대마진이 줄어드는 상황에서 현상황을 어떻게 보고 있는지 얘기해 보세요. 가계부채가 늘어나면서 개인회생을 신청하거나 파산을 신청하는 이들도 있고 연체가 급증하는 현상이 있다. 조기경보시스템을 통해 고위험인 고객에 대해서는 꾸준하게 모니터링을 해서 위험리스크를 줄여나가야 한다. 사전회수를 통해 손실의 최소화를 도모해야 한다.

청년실업률이 증대되고 있다. 젊은이들의 미래가 보이지 않는다. 이런 젊은이들을 농촌에 끌어들일 방안이 있는가.

충북지역본부장 : 새농민회와 젊은 농과계전공자들을 연계해서 젊은 이들이 농촌으로 돌아올 수 있는 환경을 만들어 나가고 있다.

신용보증기획부장 : 농신보에서는 귀농한 이들에 대해 신용보증을 확대해 가고 있다. 3억 원 한도에서 보증을 해 주고 있다.

세상에 블랙스완이 온다면 어떻게 위기를 극복할 수 있겠는가. 어떻게 대응할 수 있겠는가. 1, 29, 300의 하인리히법칙이 있다. 그런 예를 들면 어떤 것이 있겠는가. 911사태 같은 것이 좋은 예가 될 것이다. 숱한 징조가 있었지만 그런 부분에 대비가 없었고 대응하지 못해 많은 인명피해가 있었다.

에베레스트에는 베이스캠프가 있다. 그것을 2천 미터에서 6천 미터로 옮기니 등정에 성공한 사람이 3천명으로 확대 되었다. 우리의 베이스캠프도 3부 능선에서 7부 능선으로 옮겨가야 한다.

여신담당 상무님 : 여신 취급직원의 능력을 향상시킬 필요가 있다. 수익의 90%가 이자수익이다. 여신담당자들이 책임만 무겁고 손실이 생기면 손해를 배상하는 등 위험요소가 많다. 포인트제를 도입해서 사고가

생겼을 때에는 포인트를 차감하는 방법을 강구하고자 한다. 우리의 대출이 160조원이고 신한은행이 190조원이다. 그중 7천억 원 정도가 고정이하이고 대손충당금이 1조2천억 원에서 3천억 원 수준이다. 1.65%의 고정이하 여신비율이다. 부실여신을 줄여 나가야할 필요가 있다.

농협이 증권사를 보유하고 있는 부분에 대해 상당히 부정적인 시각을 갖고 있는 이들이 많다. 분명한 것은 목적을 분명히 해야 한다. 농민의 삶을 풍요롭게 하기 위해서 증권사는 영업이익을 많이 내야하고 그것이 농민의 삶의 질을 향상시키는데 사용되어야 한다.

신용카드에 있어서도 우리가 다른 카드사에 비해 현저하게 경쟁력이 낮다. 그것에 대해 논의 해보자.

태안지부장 : 카드의 문제점으로 생각되는 것은 메리트가 적고 고객의 혜택이 타 카드사에 비해 열악하다. 젊은 주부 또는 여성고객을 위한 전용 카드 등이 부족하다. 이벤트도 타사에 비해 적다. 가맹점도 적다.

카드 사장 : 아직 카드사는 완전하게 은행으로부터 독립사업화가 되어있지 못하다. 이것을 계속 독립화 할 것인지에 관해서도 논란이 있다.

분명한 것은 카드의 독립화는 계속 진행시켜야하고 독립화해야 한다는 점이다.

하나로 마트와 다른 대형 유통업체의 문제를 짚어보자. 다른 대형 유통업체에 비해 경쟁력이 떨어지는 이유는 무엇인가.

아산지부장 : 직원들이 눈동자를 맞추지 못한다. 상품의 다양성이 부족하다. 정리정돈이 잘 되어있지 못하다. 홍보도 부족하다. 매장에 젊은 사람이 보이지 않는다.

농협유통사장 : 양재동에 가보면 바닥이 헤어져 있다. 옷들이 왜 그렇게 많은 것인가 이해할 수 없다. 13일부터 설맞이 준비를 한다고 한다. 15일간만 한단다. 성남, 수원 등도 마찬가지였다. 설맞이 계획서를 가져와 보라고 했다. 일반 백화점에서는 크리스마스 맞이를 40일전부터 하고 있다. 좀 쉴 수 있는 공간도 만들고 주차요원도 좀 젊고 반듯하게 인사하도록 하고 고객의 접점에 있는 이들인데 신경을 쓸 필요가 있다. 그리고 우리 농협동인들에 관해서도 좀 우대해 줄 수 있는 방안을 강구해 달라.

A마켓 부장 : 쿠팡 A마켓 우리의 매출 실적은 99억 원이다. 다른 브랜드에 현격하게 수준차이가 난다. 홍보가 부족하고 다양성이 떨어진다. 인터넷상으로 클릭을 유도할 만한 그런 상품이 보이지 않는다. 아직 시스템의 구축이 미흡하다. PB상품도 더 확대되어야 할 것이다. 채움카드회원은 통합회원이 되도록 해야 한다.

축산대표 : AI방역에 애써주신 여러 시군지부장님들에게 감사의 인사

를 올립니다. 매뉴얼을 만들고 상시 방역체제를 구축해 나가도록 할 계획이다. 축산 농가는 냄새부분에 상당히 애로를 겪고 있다. 축사도 무허가로 지어놓고 양축을 하는 농가도 상당수 있다. 행정적으로 지원이 필요하다.

우리 축산부분이 다른 업체에 비해 시장점유율이 낮은 이유는 무엇인가. 계열화 사업체가 되어 있지 못한 부분이 있다. 도축 가공 판매 등을 일관화 시켜야 한다. 목우촌 사업부분에서 양계도 종계생산 등에 애로를 가지고 있어 원가를 낮추지 못하고 있다.

포항에 관해 얘기를 하겠다. 이강덕 시장이 있다. 이 사람이 사람을 끌어들이는 매력적인 분이다. 한 회합에서 일어난 일이다. 한사람이 시장에게 건의를 했다. 포항에 영일만친구 란 노래비를 세워야 한다. 그렇게 건의를 하자 시장이 그 사람에 가서 포옹을 해주며 스킨십을 발휘해 포옹을 했다. 기계면의 명예이장이어서 자주 그곳을 방문하고 있다. 그런데 실상은 노래비가 세워져 있는데도 그렇게 맞장구를 쳐준 것이다.

또 한 분을 소개하면 신안군수인 박우량 군수다. 경청을 잘하는 것이 필요하다. 미역 소금을 판매해서 군의 주력품목의 판매에 많은 노력을 기울이고 있다.

책임을 느껴야 한다. 가슴이 울렁거림이 있어야 한다. 회장 4년 임기인데 벌써 1년이 흘렀다. 시간이 아깝다. 회장을 끝내면 농민운동을 할 것이다. 소통을 하고 있다는 느낌을 받는다.

농협사료가 비싸다. 가격이 낮아졌다. 그러면서도 품질이 좋아지면서 낮아졌으니 금상첨화다.

카길 애그리 퓨리나에서 "동물이 건강해질 때 인류도 건강해 집니다."라는 로고를 쓰고 있다. 우리가 써야할 로고다.

농협 홍삼에 대해 살펴보자. 한삼인에서 농협홍삼으로 사명을 바꿨다. 어느 것이 좋은가. 50대 50으로 나왔다. 깊이 고민해야 할 부분이다. 적자가 나고 있는데 가슴을 치고 통곡해야할 부분이다. 재고의 처리가 필요한 부분이다. 인삼농협도 한국양계처럼 한 농협으로 할 필요가 있다. 노동생산성을 올려야 한다.

SOP 사전예방시스템을 갖춰야 한다. 농협의 역할은 어디까지인가.

5부 농가소득 5천만 원 시대의 마중물이 됩시다. 내가 남평조합장을 하면서 2,020만원의 농가소득을 4,300만원까지 올리는데 14년이 소요되었다. 올인을 하면 이런 소득이 증대되는 소리가 들린다. 수많은 역경을 극복해 나가야 한다.

친환경농업을 하기 위해 토양분석을 시작했다. 그리고 토양분석센터를 만들었다. 퇴비장을 만들고 왕겨숯공장을 만들었다. 왕겨팽연화시설을 만들었다. 연작피해를 방지하는 최적의 방안이다.

논토양을 바꿔야 한다. 상토가 나오고 왕겨숯이 나온다. 농가 소득이 도시가구소득의 64.4%에 불과하다. 그중 농업소득은 1,126만원으로 정체되어 있다. 전체 농가소득의 30% 수준이고 나머지는 이전소득이 70%를 차지한다. 1. 농가수취가격향상 2. 농업 경영비절감 3. 농·식품부가가치 제고 4. 농외 소득원 발굴 5. 농사소득 간접지원을 통해서 향상시켜갈 수 있다.

농·축협 균형발전. 2017년도에 컨설팅부를 만들었다. 연간 200개소를 컨설팅할 것이다. 회원농협을 도시, 시군소재, 농촌, 산촌, 도서로 5개로 분류할 것이다.

청남농협이 적자 7억 원에서 컨설팅 이후 흑자 6억 원으로 변모되었다.

이념교육의 확산을 이뤄내겠다. 양곡과 관련해서도 사후정산제를 도입했다. 실비주의 원가경영, 시가주의 원칙은 우리 협동조합의 대원칙이다. 협동조합전문가를 육성해서 회원농협에 강의할 수 있도록 하겠다.

조직혁신, 구스타프 두다멜 엘시스테마. 600명을 모아 오케스트라를 만들어 연주한다. 이합집산형 조직이다.

CS을 강화하기 위해 3.0CS를 도입했다. 고객과 소통하는 고객서비스를 해 나가겠다.

우리의 조직문화 주인의식 부재 28.6% 상명하복 29.4% 비효율적 보고체계 10.2% 파벌주의 27.1% 나를 먼저 내려놓아야 한다. 벽을 가지고 있다. 최소율의 법칙이 있다. 고객의 접점에서의 실패는 농협 전체를 욕 먹인다.

미래의 먹을거리. 신성장동력은 무엇인가. 9년 동안 목표를 미달성했다.

미래전략부장 : 빠르게 세상은 변화하고 있다. 우리의 신사업은 무엇인가. 5년 후, 10년 후 우리의 먹을거리를 내놓아 보세요. 기획실장 향후 조직개편을 단행해서 미래전략부를 어떻게 개편할 것인지를 고민하세요.

우리의 비전과 미션 사업을 발굴해야 한다. 그리고 그것에 걸맞은 인재양성이 필요하다. 미래전략부라는 곳이 해외협력국과 협동조합 연구만 하는 것으로 되어 있다.

NH개발도 여행 기술교류 공사. 렌트. 건축회사로 인식되어져 있다. 사명도 바꾸고 새롭게 변신할 필요가 절실하다. 협동조합적 기업으로 탈바꿈하지 않으면 안된다. 국내관광사업과 건설관련 협동조합적 기업으로의 변환이 필요하다. 60억 원 수익을 내는 것도 중요하지만 신뢰가 실추되면 의미가 없다.

생명산업. 생명자본주의 시대다. 신의약 소재 바이오 네탄올. 수산. 인체치료용돼지. 종자가 금보다 비싸다. 나노항공, 정보기술. 예천곤충 엑스포. 석유대체연료. 씨앗하나. 곤충식품 5가지 곤충이 식용화단계이다. LED 버티컬 팜, 동물·식물, 동식물 자원 등도 향후 먹을거리로서 주목할 필요가 있다. R & D에 대한 투자가 필요하다. 고추, 토마토, 양파, 파프리카 등 종자에 대한 로얄티로 지불되는 부분도 큰 비용으로 농민들의 부담으로 작용이 된다.

유전자원이 부족한 네덜란드에서 먹을거리에 대해 자신 있게 투자해서 수익성을 확보하고 있다. 스위스의 경우도 정밀기계산업인 시계가 침체되고 정체되자 곧바로 패션산업에 업태를 바꾸고 있다. 식자재 시장이 100조 시장이다. 대형유통채널이 등장하는 시대다. 알리바마에서 광균제를 판매해서 수익을 내고 있다.

미래에는 핀테크 빅데이터의 시대가 될 것이다. ICT 융복합팀을 만들어서 대응하고 있다. 상품개발 등에서는 정보시스템의 빅데이터가 활용될 필요가 있다.

위대한 농협인으로 스피드 경영시대다. 뱀이 나타났다면 이를 처리하기 위해 위원회를 만들고 구성하고 회의를 하고 이런 식의 시스템으로는 스피드 경영이 될 수 없다(로스페로)

네덜란드에는 호스피시라는 곳에 와겐대학이 있다. 그곳에서 농진청이 하는 역할 농촌경제연구원이 하는 역할을 다하고 있었다. PCP 농민교육은 민간에 위탁해서 교육하고 있었다. MOU를 체결해서 종자와 농업기술, 무역부문에서 서로 교육하고 협조하기로 했다.

점심시간에 잠깐 만났는데 2시간 후 MOU가 가능했다. 이것도 다 의회의 승인을 얻은 후 절차를 거쳐서 성립된 것이었다. 우리로서는 상상할 수 없는 일이다. 최소한 1개월이나 6개월이 소요될 일이다. 스피드 경영이 얼마나 필요한지를 실감하는 순간이었다. 그 사람들의 복안은 자신들의 기술 상품 노하우 등을 한국에 팔아먹을 수 있을 것이다. 한국시장을 겨냥한 속셈이었다.

예전에는 표적을 겨냥하고 쏘았는데 요즘은 쏘고 나서 겨냥한다는 것이다. 준비-조준-발사라는 순이었던 것이 이제는 준비-발사-조준의 순이다. 톰 피터스의 초우량기업의 조건에서 스피드 경영을 강조하고 있다. 삼성은 벌써 마하경영에서 광속경영으로 바꾸고 있는 실정이다.

도전을 위한 대담함이 없으면 공염불에 불과하다. 할 수 있다라는 마음가짐과 실패를 용인하는 조직문화의 혁신이 필요하다. 신상필벌도 중요하지만 개선의 기회를 제공하는 것이 필요해 보인다. 인터넷 도박사고가 있었다.

기러기 리더십 동영상

김선주 목사얘기. 시골마을에 가서 두메산골 교회를 설립하고 30명의 주민 중 20명을 신도로 끌어들였다. 고스톱 멤버가 부족할 때 전화를 하라고 할 정도가 되었다.

영업마케팅의 성공이 절실하다. 조직적인 대응전략의 마련이 필요하고 도전정신이 절실하다.

최영태 사장의 사례를 보자. 남대문 구멍가게를 하던 사람이 세계적인 거부로 되었다. 소비자가 지불하는 가치 서비스와 제품을 어떻게 충족시킬 것인가를 항상 고민해야한다.

나드리 화장품 성공. 뉴욕 보석거상 . 콜드브루의 강자 야쿠르트 아줌마. 방판의 성공신화다. 홍삼판매를 위해서 야쿠르트 사장을 만나라. 그렇게 해서 방판을 뚫어야 한다.

설화수 (방판 면세점) 성공신화를 쓰고 있다. 마케팅을 잘 해야 한다. 7,000개의 라면종류가 있다. 멜론, 사과, 배, 파프리카 등도 수출 시장을 확대해 나가야 한다.

김상영 선수의 동영상.
도종환 담쟁이

마무리 농업인 소득 5천만 시대를 위해 파부침주의 심정으로 우리 한 몸을 바치자.

담쟁이

도종환

저것은 벽
어쩔 수 없는 벽이라고 우리가 느낄 때
그때 담쟁이는 말없이 그 벽을 오른다.

물 한 방울 없고 씨앗 한 톨 살아 남을수 없는
저것은 절망의 벽이라고 말할 때
담쟁이는 서두르지 않고 앞으로 나간다.

한 뼘이라도
꼭 여럿이 함께 손을 잡고 올라간다.
푸르게 절망을 잡고 놓지 않는다.

저것은 넘을 수 없는 벽이라고
고개를 떨구고 있을 때 담쟁이 잎 하나는 담쟁이 잎 수천 개를 이끌고
결국 그 벽을 넘는다.

몽골 러시아 여행기

1일차

[8월 4일(금) 한국 날씨 맑음 몽골 울란바타르 날씨 비 비행 8시15분 인천공항 출발 11시경 울란바타르 도착. 관광일정 자이산 승전 기념탑. 이태준 기념관. 복트칸 궁전]

아침에 새벽어둠을 뚫고 캐리어 두 개에 가방하나 그리고 각각 손가방을 어깨에 메고 집을 나섰다. 캐리어 끄는 소리가 조용한 새벽 정적 속에서 울려 퍼졌다. 내방역에서 출발하는 공항버스가 신대방 삼거리역에서 도착하는 것은 4시 50분경이었다. 이수역에서 출발하는 G위원장의 버스는 다른 방향이었다. 핸드폰으로 연락을 취해보니 버스를 타고 인천공항으로 가는 중이었다. 일행은 모두 열 명인데 서울에서 4명이 출발하고 6명은 김해공항에서 출발했다.

남자들은 다 고등학교, 대학동창들이었다. 도착시간이 1 시간 정도차이가 나는 상황이어서 서울팀이 먼저 도착해서 기다려야 했다. 휴가철이라 인천공항은 사람으로 인산인해였다. 이리저리 수속하는 곳을 수소문해서 겨우 도착하고 보니 긴 줄 행렬이 끝이 없어 보였다. 간신히 줄을 서서 기다렸다가 수속을 마치고 안으로 들었다. 면세품 점에서 필요한 몇 가지를 샀다. 탑승구에서 겨우 일행인 위원장 부부를 만날 수 있었다.

얼마 전에도 저녁식사를 한 적이 있었고 오래전부터 교유했던 터라 서로 잘 아는 사이여서 스스럼이 없었다. G위원장은 건설회사의 사장으로 재직 중에 있었다. 둘째아들이 삼성SDI에 취업을 해서 천안에서 교육을 받고 있는 중이었다. 큰아들도 유수대학의 박사과정을 밟고 있는 중이어서 남부러울 것이 없는 셈이었다. 기내식으로 나온 흰쌀죽 등으로 요기를 했다. 짐을 꾸리고 정비를 하느라 집사람은 거의 잠을 자지 못한 상태였다. 비행시간 동안 부족했던 잠을 좀 보충했다. 비행기에서 내려 수속을 마치고 짐을 찾아서 게이트로 빠져나오니 통역이 안내표지를 들고 우리일행을 찾고 있었다. 반갑게 인사를 나누고 인근의 찻집으로 이동했다. 차를 시켜서 한잔을 마시며 일행이 도착하기를 기다렸다. 30여분쯤 기다렸을 때 부산에서 출발한 일행이 도착했다.

부산에서 온 세 친구는 모두 학교동창이었다. 세 부부였다. L교수는 모교에 재직 중으로 학장까지 지낸 명망 높은 분이었다.

우리는 모두 반갑게 인사를 나누고 가이드를 따라서 버스로 이동했다. Y사장의 경우는 거의 30년만이라 더욱 감회가 새로웠다. 대형 버스에 짐을 옮겨 싣고 출발했다. 먼저 식사를 했다. 중식이었다. 식당은 한강이라는 상호의 한국식 식당이었다. 간단히 맥주를 한잔했다. 메뉴는 한국식이었다. 맥주는 타이거 맥주였다. 스프와 야채 그리고 소고기가 나왔다. 카페 같은 분위기였다. 야외도 좌석이 있었는데 실내로 착석했다. 에어컨을 틀어달라고 해야 했는데 관두고 말았다. 맨 먼저 찾는 곳은 항상 화장실이었다. 인증샷을 찍는 것도 빼먹지 않았다. 건배제의도 있었다. 울란바타르의 시내 관광을 위해 맨 먼저 들른 곳은 자이산 승전기념탑이었다. 비가 내리고 있었다. L사장은 포항에서 제철소 하청업체를 운영하는 사장이었고 사모님은 부산시 공무원이었다. Y군은 거제에서 생활하고 있었다. 우산을 쓰고 올라갔다. 제2차 세계대전의 승리와 몽골 사회주의 혁명 50주년을 기념하는 탑이다. 울란바타르를 한눈에 내려다보이는 곳에 위치해 있다. 입구에는 한 사나이가 독수리를 데리고 있었으며 관광객을 눈길을 끌고 있었다. 높은 탑이 입구 쪽에 위치해 있고 탑을 휘감아서 원형형태로 된 안쪽에 그림들이 혁명당시의 상황을 엿볼 수 있게 해 놓았다. 우산을 쓰고 사진을 찍는 상황이어서 불편한 상태로 관광을 마칠 수밖에 없었다. 다시 버스로 와서 인근의 이태준 선생 기념관을 찾았다. 이태준 선생은 1983년 경남 함안에서 태어나 1907년 세브란스 의학교에 입학했다. 세브란스 의학교 2기로 졸업한 후 1914년 몽골로 이주하였으며 몽골인의 각종 질병치료에 헌신했다. 몽골사회에서 하늘이 내린 의사로 존경을 받았으며 국왕의 주치의로도 활동하였고 공헌을 인정받아 최고훈장인 '에르데닌 오치르' 를 수상하였다. 의열단으로 일제타도를 위한 운동에 적극 참여하였으나 1921년 일본과 연계된 백계 러시아 군에 의해 울란바타르에서 살해되었다. 기념관에는 그의 사진 그리고 묘지 등이 있었고 코스모스도 피었다. 이국땅인 몽골 울란바타르까지 와서 몽골을 위해 헌신한 이태준 선생의 얼이 살아 숨쉬고 있었다.

다음은 복트칸 궁전이다. 몽골 불교 마지막 궁이었다. 단청 등이 다 벗겨져 세월의 흔적을 느껴볼 수 있었다. 개선문, 절과 2층 목조건물 등으로 이루어져 있었다. 복트칸이 개인적으로 수집한 박제동물과 그가 남긴 유물들이 전시되어져 있었다. 사진 촬영이 금지되었다.

울란바타르의 수흐바타르 광장에 들렀다. 1921년 7월 혁명영웅 담다니 수크바토로가 중국으로부터 몽고의 독립을 선언했다. 중앙에는 징기스칸이 앉아 있었고 양쪽 좌우측에도 쿠빌라이 칸 등의 동상이 있었다. 광장 중앙에는 기마상이 있었다. 이곳에서도 기념촬영을 했고 단체사진도 찍었다. 광장을 둘러싸고 여러 건물들이 즐비했다. 오페라 하우스도 있었고 한쪽에는 동방견문록의 저자 마르코폴로의 동상도 우뚝 솟아있었다. 관광을 마치고 들른 곳은 식당이었다. 현지식이었다. 와인을 한잔씩 했고 약주도 곁들여졌다. 첫날이라 모두들 피곤한 상태여서 더 이상의 술자리를 갖는 것은 무리였다. 호텔은 이리저리 변경이 되다 최종적으로 정해진 곳이 라마다였다. 시설은 훌륭했다. 일류 호텔에 못지않았다.

2일차 8월 5일(토)

[테를지 국립공원 징기스칸 기마상 –거북바위 – 아리아발 사원 승마체험 유목민 생활체험 서식 (허르헉)]

아침은 호텔의 식당에서 뷔페식으로 식사를 했다. 7시 30분부터 가능했다. 한국인 셰프가 있어 한결 든든한 느낌이었다. 그는 계란 요리를 해주고 있었다. 반숙, 오믈렛 또는 야채 오믈렛 등이었다. 제법 시간이 걸렸기에 줄을 서서 기다리는 형편이었다. G위원장은 반숙 둘을 받아서 간장 소스와 밥에 비벼서 먹었다. 한국식 간장은 특별히 한국인 셰프에게 정중히 부탁해서 얻어온 것이었다. 빵과 잼을 발라서 먹기도 했고 요거트도 인기가 좋았다. 처음에는 견과류를 찾지 못했었는데 나중에 알고서

요거트에 그것을 넣어서 먹기도 했다. 해장이 필요했는데 마땅치 않았다. 해장을 위해 속을 풀만한 얼큰한 국물 같은 것을 찾아내는 것이 쉽지 않았다. 매일 숙소가 달라지니 짐을 꾸려야 하는 것도 보통일이 아니었다.

호텔에서의 출발은 9시경이었다. 테를지 국립공원까지 1시간 30분쯤 소요되었다. 중간에 돌무덤 같은 샤머니즘의 장소에 내려 기념촬영을 하고 탑돌이 하는 식으로 세 바퀴를 돌았다. 청명하고 맑고 푸른 하늘을 볼 수 있었다. 한쪽에서는 여러 가지 기념품들을 팔고 있었다.

다음은 중식을 하러 게르처럼 생긴 식당에서 식사를 했다. 그곳에서 만난 한국인 관광객이 잠깐 설명을 해 주었다. 게르에서의 잠은 괜찮았냐고 했더니 잘만하다고 했다. 일행들은 산등성이 위로 난 길을 따라 산책을 하기 위해서 산행을 갔다고 했다. 식당을 나와서 한참을 이동하던 중에 집사람이 핸드폰을 잃어버렸다고 고백을 했다. 식당에 급하게 전화해서 핸드폰이 있는지 확인한 후 찾으러 가겠다고 했다. 목적지로 가던 길에서 차를 돌려 다시 되돌아가기로 했다. 그런데 웬일인지 의사소통에 문제가 있었는지 미니버스편에 핸드폰을 보낸다고 했는지 아무튼 버스기사가 버스를 정차시켜놓고 그를 만나기 위해 초원을 가로질러 뛰어갔으나 그 기사가 가버리는 바람에 만날 수 없었다. 다시 버스를 추적해서 버스기사와 조우해서 사정을 확인 했는데 핸드폰을 받아오지 않았다는 것이다. 미니버스관광객들이 승마체험을 하는 동안 나는 가이드와 집사람과 함께 소형버스를 타고 게르식당으로 갔다. 그리고 핸드폰을 찾아왔다. 한 시간쯤 소동이 있었고 일정에 차질이 빚어졌다. 징기스칸 기마상이 들판가운데 우뚝 솟아있었다. 관광객들은 엘리베이트를 타고 올라가 기마상 위에서 사방을 조망할 수 있었으나 우리는 시간이 부족해 그러지 못했다. 징기스칸이 처음 대륙을 정벌하고 시작했던 곳이라고 했다. 말이 향하고 있는 방향은 동쪽이라고 했다. 사방천지에서도 다 기마상을 볼 수 있을 만큼 기마상은 거대했고 웅혼한 기상을 느끼게 해주었다. 옆쪽으로는 철로 만들어진 실제와 비슷한 기마상이 10여개가 바닥위에 서 있었다. 기마상은 2010년 완공이 되었고 울란바타르에서 54킬로미터 떨어진 곳의 전진불독 초원지역에 위치해 있다. 지상 50미터 건물높이 10미터 동상높이 40미터였다. 테를지 국립공원에 있는 거북바위는 오랜 세월의 풍상을 겪었음을 느껴볼 수 있었다. 부족하고 미흡한 것은 화장실이었다. 문도 부실했고 예전 시골식 화장실이어서 관광객의 눈살을 찌푸리게 할 수밖에 없는 구조였다. 관광철도 3개월 정도에 불과했다.

다음은 아리야발 사원이다. 부처님이 타고 다니셨다고 전해지는 코끼리를 형상화한 사원으로 새벽사원이라는 별칭도 갖고 있다. 인간의 백팔번뇌를 연상케하는 108계단을 걸어 올라가야 하는 데 이 계단이 코끼리의 코를 상징하고 사원이 코끼리의 머리를 상징한다. 불교탄압으로 많은 사찰이 사라져 몽골에 남아있는 사원 중 하나로 1988년 복원이 되었다. 사원으로 올라가는 중에 비가 내렸다. 우산을 준비하지 않았던 터라 고스란히 비를 맞으며 올라갔다. 다행히 사원에서 내려올 때에는 맑아져 있었다. 사원을 내려오는 길에는 Y군의 사모님이 길이 미끄러워 넘어졌다. 그런데 그녀를 일으킨 이는 다른 일행이었다. 그것이 Y군에게 부인네들이 집단적으로 성토의 대상이 되게 한 일이 되고 말았다.

버스로 30여분을 이동하여 승마체험장에 도착했다. 한 한국인 관광객 남자가 급하게 가이드에게 도움을 요청했다. 한국인으로 가족여행을 왔는데 가방을 택시에 놔두고 내렸다는 얘기였다. 가이드는 영사관 등에 전화를 연결해 주고 편의를 제공받을 수 있도록 한 후 우리와 합류했다. 앞에서 마부들이 말을 끌고 우리는 말안장의 손잡이를 잡고 승마체험을 했다. 한 시간여를 걸었는데 제법 운동을 한 듯했다.

승마체험 후에 일행은 숙소인 게르로 이동해서 짐을 옮겨놓고 식사를 하러갔다. 식사는 현지식인 허르헉이었다. 양고기 전통요리였는데 텁텁하고 질겨서 입맛에 잘 맞지 않았다. 식사 중에는 현지의 공연도 있었다. 악기연주와 춤이었다. 전통몽골 복장이었다. 공연이 끝난 후 우리 일행도 공연자가 제공하는 모자를 쓰고 기념촬영을 했다. 나와 집사람은 몽골 전통 복장을 착용하고 기념촬영을 해보기도 했다.

게르 숙소에는 텃밭처럼 경작을 하고 있었는데 상추, 쑥갓, 감자, 호박 등이었다. 아주 소규모였고 옆에는 물통이 배치되어져 있었다.

식당이 있는 건물 뒤쪽으로 화장실과 샤워실이 마련되어져 있었다. 가이드의 요청에 의해 게르에 전기장판이 개인적으로 하나씩 제공이 되었다. 커피포트도 요청을 했으나 뜨거운 물을 물통에 담아 제공이 되었다. 게르 세 곳에 우리 일행은 분산 재배치되어 잠을 자게 되었다. 게르에서 술자리가 있었다. 게르에서도 아스라이 징기스칸의 기마상이 뚜렷이 보였다. 아래쪽으로는 강이 흐르고 있어 레프팅을 즐기기도 하는 듯했다. 한 켠에 보트들이 놓여 있었다. 게르에서 노래도 한 곡조씩 하면서 여행의 운치를 즐겼다. 밤하늘의 별을 감상하고 싶어 했으나 날씨가 흐린 탓에 밤하늘의 별을 관찰할 수는 없었다. Y사장과 집사람이 노래를 번갈아 불렀다. 7080노래, 전통가요 목포의 눈물 등이었다.

3일차 8월 6일(일)

[울란바타르로 이동 초이진 라마사원 중식(한식) 엘승타슬하 고비사막 낙타체험 게르 숙박]

게르에서 잠은 그런대로 편안했다. 전기장판 덕에 춥지는 않았다. 기온이 낮았기에 불을 피우지 않으면 추운 날씨였다. 화장실에서 세면을 하고 식사를 하러 식당에 갔다. 식사는 뷔페식이었다. 숙박자들이 모두 한꺼번에 몰려 길게 줄지어 섰다. 자리를 확보하는 것도 쉽지 않았다. 거의 80% 정도는 한국인으로 보였다. 김, 고추장, 깻잎장아찌 등으로 입맛을 맞춘 식이었다. 식사를 하고 짐을 꾸려 다시 울란바타르로 갔다. 잠깐 이마트에 들러 쇼핑을 했다.

간식거리 등을 좀 샀다. 첫 관광지는 초이진 라마 사원이었다. 수흐바타르 광장에서 도보로 10분 거리에 위치했다. 복트칸이 동생 롭산 하이다브를 위해 지은 사원이다. 1937년까지 사원이었다가 42년에 박물관으로 전환되었다. 그리고 중식으로 한식인 소갈비를 먹었다. 한우처럼 맛있지는 않았지만 그런대로 먹을 만했다. 중식 후에는 엘승타슬하로 이동했다. 3시간30분이라고 되었지만 거의 5시간이 소요되었다. 중간에 화장실이 있는 곳에서 잠시 정차했는데 요금을 내고 화장실을 이용하는 식이었다. 엘승타슬하는 모래의 단절이라는 뜻이며 작은 고비사막이라고도 불린다. 초원에서 약 80킬로미터가 이어진 모래언덕이다. 울란바타르에 가장 인접한 사막이며 몽골 대부분의 생태계 모습을 볼 수 있는 곳이다. 울란바타르에서 280킬로미터 떨어져 있다. 초원이 끝없이 펼쳐져 있었고 간간이 소, 양, 염소, 말, 등의 모습도 볼 수 있었다. 중간에 빗방울이 떨어져 걱정을 하기도 했는데 도착해서 비는 그쳤다.

사막에서 낙타타기 체험을 했다. 낙타가 무릎을 꿇고 앉은 상태에서 올라탈 수 있었고 고삐와 앞쪽 봉을 잡고 있어야 했다. 안장이 된 것도 있었으나 대부분은 안장이 없어 앞봉을 잡을 수밖에 없었다. 대부분의 낙타는 쌍봉낙타였다. 모래언덕 쪽으로 1시간여를 탔다. 중간에 잠깐 쉬는 휴식시간을 갖기도 했다. 사진도 찍고 낙타도 휴식을 취했다. 걸으면서 배변을 하거나 소변을 보는 경우도 있었다. 먼저 온 일행은 사막을 사진 촬영하기 위해 낙타를 보내고 사진 촬영에 열중하는 모습을 보이기도 했다. 이제 말도 타고 낙타도 타서인지 익숙해져서 낙타위에서 사진도 찍고 한결 편안하고 여유로운 모습을 보이기도 했다. 낙타타기 체험을 마치고 마침 주인마님이 귀가해서 실제 게르의 모습을 구경하는 기회를 갖기도 했다. 양젖이라는 것을 마셔보기도 하고 과자를 시식해보기도 했다. 게르에는 생활에 필요한 상비약 등도 있었고 사진첩도 걸려있기도 했다. 우리 일행은 낙타타기 체험을 마치고 30여분정도 차량으로 이동해서 게르에 여장을 풀었다. 이번에도 게르 세 곳에 나눠졌다. 여자는 여자대로 남자는 남자끼리 자는 식이었다. 일단 여장을 풀고 식당에 모여 저녁식사를 했다. 식사 후에는 야외 벤치에 앉아 유치환의 시 '생명의 서'를 낭송했다. 그리고 게르로 들어왔는데 들어오자마자 빗방울이 쏟아졌다.

조금 있다가는 우박까지 내리쳤다. 밤하늘의 별들을 볼 것을 잔뜩 기대하고 왔는데 사막지역에서 우박과 비바람을 맞게 된 셈이었다. 화장실은 먼 건물에 있었다. 혈기방장한 Y사장은 그대로 게르앞 한적한 곳에서 볼일을 보기도 했다. 밤은 깊어갔고 들려오는 음악소리는 아주 정취를 더해주었다. 4차 산업혁명을 얘기하고 탈원전에 대해서도 논쟁이 벌어지기도 했다. 포항L사장은 왜 우리가 원전을 포기해야 하는지 이유를 모르겠다고 항변했다. 세계적으로 원전이 세 번 사고가 났다. 체르노빌과 후쿠시마, 그 외 한 곳이다. 우리는 이러한 사고에 대해 항상 안전하다고 하는데 왜 이를 중단시키고 탈원전을 해서 전기료 인상의 불씨를 만들고 국민들을 불안하게 하는지 알 수 없다는 식이다. 이러저런 얘기를 나누며 고비사막의 밤이 깊어가는 줄을 몰랐다.

4일차 8월 7일(월)

[조식 (캠프식) 울란바타르 이동(4시간 소요) 국영백화점 관광 중식 (현지식) 전신마사지 체험 석식 삼겹살]

게르에서 일어난 우리는 세면을 하고 짐을 꾸렸다. 식당에서 식사를 하고 버스로 이동해 출발했다. 초원은 끝없이 펼쳐졌고 중간 중간에 목축동물 들의 이동으로 인해 도로에서 정체가 빚어지기도 했다. 크락션을 울리면 동물들이 도로에서 비껴나갔다. 중간 기착지인 화장실은 올 때 이용했던 그곳을 그대로 이용했다. 한 참여자는 로망으로 간직한 것이 초원위에서 우산으로 가리운 채 소피를 보는 로망을 가졌었는데 성취

시키진 못했다. 또 불발로 끝난 원은 밤하늘의 쏟아지는 별빛을 받아보는 것이었는데 그것도 기상악화로 인해 뜻을 이루지 못했다. 몽골의 수도 울란바타르에 도착해서 중식을 하고 국영백화점을 구경했다. 울란바타르는 140만 명이 살고 있고 40만대의 차량을 소유하고 있었다. 대부분이 일본제품으로 보였다. 간간히 우리나라 제품도 있었는데 버스는 대부분 대우나 현대제품이었다. 구경의 백미는 단연 캐시미어였다. 일부는 마그네틱을 사기도 했고 우리는 칼을 샀다. 내일로 예정된 고비 캐시미어점 방문을 앞두고 있었기에 일단 물품을 봐두고 점지해 놓는 식이었다. 백화점 구경 후의 일정은 전신 마사지 체험이었다. 1시간 정도 소요되었다. 간편복으로 갈아입고 안마사들의 마사지를 받았다. 악력이 대단해서 몸이 으스러지는 것처럼 느껴질 정도였다. 마사지를 마치고 한 멤버가 허리의 통증을 호소해와 좀 쉬었다가 곧바로 저녁식사를 하러가는 것으로 일정을 조정했다. 그리고 저녁 식사 후에는 호텔에서 휴식을 취했다. 우리 부부는 늦은 시간에 스카이 라운지로 올라가 맥주를 마시며 울란바타르의 야경을 감상했고 밤바람을 쐬었다. 날씨가 얼마나 차가운지 야외의 라운지에는 담요가 제공되었다. 막 한국에서 온 한국관광객 가족은 두 딸을 데리고 막 울란바타르에 도착한 듯 여겨졌다. 서울의 밤 야경처럼 그렇게 화려하진 않았지만 그런대로 운치가 있었고 불야성을 이뤘다.

5일차 8월 8일(화)

[몽골 역사박물관 중식(한식) 고비 캐시미어 판매장. 몽골전통공연 석식(샤브샤브)]

호텔에서 조식을 하고 몽골 역사박물관으로 갔다. 이곳 역시 사진촬영이 금지되었다. 가이드가 얘기했다. 사슴의 4가지 효용이 있다. 첫째는 가죽을 벗겨서 사람의 옷으로 활용할 수 있다. 둘째, 고기를 먹을 수 있게 해준다. 셋째, 사슴의 힘줄을 사용해서 실로 활용한다. 넷째, 사슴을 타고 다니면서 운송수단으로 활용한다. 몽골인들은 그들의 조상이 늑대와 사슴에서 유래되었다고 믿고 있으며 그들을 숭상한다. 또한 땅에서 나는 것은 동물이나 짐승의 먹을거리로 인식하고 있었다. 박물관의 1층 전시실에는 선사시대. 고대유목 국가시대 2층 몽골의 전통의상 3층 몽골제국시대 전통문화 6전시실 전통생활 7전시실 청나라 지배기 8전시실 1921년부터 90년까지 사회주의시대 몽골 8전시실 1990년 이후 민주주의와 개혁의 시기 몽골역사박물관을 나와 잠시 이마트에 들렀다. 아리랑 김치라는 볶음김치를 샀다. 그리고 징키스라는 술도 샀다. 중식으로 말고기로 된 한식을 먹었다. 우리의 추어탕식으로 끓여내었다. 그런대로 먹을 만했다. 한국인이 운영하고 있었다. 13년을 몽골에 거주하고 있는데 아직도 양고기 등 현지식에는 익숙해지지 못하고 있다고 했다. 중식을 마치고 코비라는 캐시미어 직판장에 갔다. 쇼핑에 부인네들이 모두 들떠있었다. 가족들의 캐시미어를 고르고 사느라 여념이 없었다. 남편들은 모두 의자에 앉아 대기하는 형편이었다. 일부는 부인을 외조하고 있기도 했다. 음료를 한잔 테이크 아웃해서 소파에 앉아 먹으면서 휴식을 취했다. 대부분 가디건 쉐타 목도리 등이었는데 서울에 비하면 저렴한 가격대였다. 쇼핑을 마치고서는 공연장으로 이동했다. 제일먼저 도착했다. 공연 1시간 전이었다. 예전 극장 같은 분위기였고 느낌을 주었다. 공연시간에 임박해서 줄을 섰다. 제1착으로 입장했는데 공연시간이 되자 관객은 입추의 여지가 없었다. 4시부터 공연을 시작해서 5시쯤 마무리가 되었다. 내용은 잘 이해가 되지 않았지만 그들의 독특한 문화가 느껴졌다. 몸을 자유자재로 움직이는 여자의 1인 연기는 특별했다. 악기도 전통악기를 연주했다. 중간에 집사람의 인사발령 소식이 있었다. 도봉중학교에서 오신 일행을 만나기도 했다. 한국인 관광객 중에는 제주자치도 장애인협회 회원 20여명도 있었다. 한 여사님은 열심히 고비사막에서의 추억 등을 선생님에게 설명해 주기도 했다. 그야말로 물 만난 물고기처럼 활기차게 설명했다. 저녁에는 한국식 중식당에서 샤브샤브를 먹었다. 야채와 소, 양고기, 닭고기 등이 나왔다. 맥주를 6병 주문해서 집사람 인사발령 축하주로 마셨다. 일정을 마치고 버스로 호텔로 돌아왔다. 다시 또 5층 라운지에 모여서 커피 아이스크림 버드와이저(체코산) 등 마셨는데 메뉴 추천은 한국인 셰프가 해주었다. 이제 일정을 마치고 호텔 숙소로 돌아가 짐을 쌌다. 오늘로 몽골일정은 종료가 된 셈이다. 내일 일찍 출발해야 했기에 더 이상 놀 수가 없었다. 아쉬움이 남았다.

6일차 8월 9일(수)

[울란 바타르에서 이르쿠츠크 이동 1시간 20분 소요 데카브리스트 박물관. 중식 즈나멘스키 수도원 영원의 불 키로바 광장. 폴란드 카톨릭 교회 스파스키야 교회 석식]

6일차이고 8월 9일 수요일이다. 날씨는 맑았다. 짐을 꾸리고 준비를 하느라 거의 자정쯤까지 집사람이 부스럭거렸다. 자정쯤에 잠에서 깨어난 나는 좀체 잠을 이룰 수 없었다. 몽골에서의 마지막 밤이었다. 집사람은 거의 자정 무렵에야 겨우 잠든 듯했다. 새벽 2시 20분쯤에 프론트에서 모닝콜이 왔다. 체크아웃 당부시간은 2시 50분이었다. 간단히 세면을 하고 짐을 들고 로비로 내려갔다. 거의 2시 45분이 되자 체크아웃이 되었다. 혹시나 해서 화장실 유리컵을 깨뜨렸다고 얘기를 했는데 변상을 할 필요는 없다고 해서 안도했다. 거의 2시 50분쯤에 호텔에서 출발할 수 있었다. 세상은 아직까지 깜깜한 상황이었다. 동이 트기에는 아직 시간이 일렀다. 공항에 도착하니 3시 15분이었다. 공항의 의자에 앉아 각자 가이드가 준비해준 아침식사를 했다. 샌드위치와 사과 요플레 등이었다. 남은 음식은 모두 가이드에게 전해졌다. 러시아로 가기위한 출국 수속이 있었다. 수하물은 15킬로그램이었고 합이 30킬로그램이었다. 술을 많이 산 관계로 혹시 초과하지 않을까 걱정했는데 다행히 무사히 통과가 되었다. 블루베리 음료수가 가방에서 발견되어 압수되기도 했다. 모자는 벗어야 했고 잠바도 벗었다. 벨트도 풀어야 했다. 모든 물도 가이드에게 전달하거나 버려야 했다. 공항면세점에서 고비의 캐시미어 목도리를 사는 이도 있었다. 비행기의 이륙은 10분이 지연되어 5시 40분에 시작되었다. 어스름한 여명에서 서서히 동이 터오고 있었다. 붉게 물들어지는 하늘이 멋졌다. 수속을 하던 중에 배낭여행을 하는 중년 한국 직장인을 만났다. 1년에 두 차례 보름씩 꼭 배낭여행을 해오고 있다고 했다. 34개국을 돌아다녔다고 했다. 자신의 몽골에서의 이동경로를 핸드폰으로 지도를 보여주면서 여행한 행적을 보여주었다. 몽골에서 8일간 여행을 마치고 바이칼호수 주변을 돌아보기 위해 6일을 작정하고 그곳으로 가는 중이었다. 최종적으로는 다시 울란바타르로 가서 인천공항으로 귀국할 것이라 했다. 일본인 여행객 일행도 만날 수 있었다. 비행시간은 1시간 30분쯤 걸렸다. 북쪽으로 이동했고 시차는 없었다.

이르쿠츠크에 도착은 거의 7시20분쯤이었다. 가이드를 만나 미니버스로 이동해서 호텔로 갔다. 이비스라는 호텔이었다. 일단 그곳에서 아침식사를 했다. 호텔은 삼성급호텔이었다. 비즈니스용이라 했다. 일류는 아니었지만 그런대로 깨끗해 보였다. 조금 지체는 되었지만 곧바로 체크인이 되었다. 짐을 풀고 10시 20분에 집결하는 것으로 되었다. 오전은 오는데 너무 피로하니 휴식을 취하고 오후에 관광일정을 소화하는 것이 좋겠다는 가이드의 제안이 있었으나 그냥 관광을 좀 더 빨리 시작하는 것으로 논의가 되었다. 샤워만 간단히 하고 곧바로 집결해서 관광에 들어갔다.

이르쿠츠크는 인구 67만의 중형급 도시였다. 바이칼 남단에 위치해 있었다. 앙가라강과 이루쿠츠크강의 합류점이 되는 이르쿠츠크주도이다. 시민의 8할 이상이 러시아인이고 나머지는 몽골계 민족으로 구성되어져 있다. 1661년은 이르쿠츠크가 시작된 해이며 350년의 역사를 갖고 있는 전통 있는 도시이다. 러시아 코자크 기병부대가 모피를 구하기 위해 정착하기 시작하면서 출발되었고 정부는 1686년에 주정부가 세워졌다.

맨 먼저 관광을 한 곳은 데카브리스트 박물관이다. 1825년 러시아 최초의 근대혁명가들을 기리기 위한 박물관이다. 120명의 지식인들이 참여했다. 부인들에게는 두 가지 선택이 있었다. 귀족신분을 유지한 채 남편과 결별하고 재가하는 것이 있었다. 또 다른 한가지는 귀족신분을 버리고 남편을 따라 시베리아 유형을 선택하는 것이다. 11명의 부인이 시베리아 유형을 택했다. 러시아의 근대화를 위해 애쓴 데카브리스트와 그 부인의 형극의 삶이 느껴졌다. 언제나 그런 선각자의 희생 위에서 역사는 발전해 가는 것이리라.

박물관 앞에는 형형색색의 꽃들이 만발해 있었고 좋은 경관을 보여주었다. 한 켠에는 생활상을 엿볼 수 있는 집도 마련되어져 있었고 귀족의 복장을 세워놓아 기념촬영도 할 수 있게 해 놓았다.

다음은 즈나멘스키 수도원이다. 혁명가 및 부인들의 무덤이 있는 곳이다. 트루베츠크의 아내 에카제리나가 유명했다. 건물의 하얀색 외관이 돋보였다. 부부간에 사진촬영을 하기도 하고 곳곳에서 기념촬영을 했다.

중식은 러시아식 식사였다. 식당의 앞마당에는 꽃마차가 놓여 있었다. 그것을 끄는 자세로 부인들이 각자 사진을 찍었다. 화장실에는 개별적으로 손을 닦을 수 있는 손수건이 준비되어져 있었다. 와인을 시켰고 우아하게 식사를 할 수 있었다. 주문 등에는 가이드의 도움이 필요하기도 했다. 인증샷을 찍고 식사를 마쳤다. 길가에는 자작나무가 숲을 이루고 있었다. 자작나무에는 차가버섯이 기생했다. 자작나무는 불에 잘 타기 때문에 집을 짓는 목재용으로는 사용하지 않았다. 우리는 인제의 자작나무 숲길을 떠올렸다. 그리고 정비석의 산정무한에 나오는 자작나무도 떠올렸다. 다음으로 찾은 곳은 키로바 광장이었다. 카톨릭 교회, 꺼지지 않는 불, 러시아 정교 교회, 우리나라 광화문 광장과 유사한 형태였다. 주정부 청사가 있었다. 길게 늘어진 정원에는 수많은 꽃들과 화초들이 예쁘게 가꾸어져 있었다. 분수도 있었다. 기념촬영을 하면서 광장을 가로질러 걸었다. 가이드가 간간이 설명을 해주었지만 러시아인이라 그런지 우리말이 서툴렀다. 특이한 부분은 우리처럼 신호등이나 건널목 표식이 되어 있는 것이 아니었다. 차가 다니다가도 사람이 오면 서는 형식이었다. 아무런 표시가 없어 기이하게 생각했는데 나름대로 표식은 되어져 있었다. 이정표처럼 건널목 표식이 있었다. 도로에는 예전 전차도 그대로 다니고 있었다.

처음 이주해온 폴란드인이 카톨릭 교회를 세운 건물이라고 했다. 이르크츠쿠는 '시베리아의 파리'라는 별칭이 있었다. 지식과 교양을 지닌 데카브리스트들이 현지인들을 교화시키고 교육시킨 공적도 있었다. 영원의 불은 세계 2차 대전의 승리를 기리는 의미를 담고 있었다. 가스를 원료로 제공해서 결코 꺼지지 않는 불이란 설명이었다. 부부인 듯한 동상이 하나 있었다. 뒤쪽에는 토끼가 한 마리 있었다. 다산을 상징하고 화목한 가족을 의미했다. 그 코를 만지면 소원을 들어준다는 얘기를 했다. 코가 반들반들했다. 또 하나의 동상은 선생님과 어린이들의 동상이었다. 뒤쪽에는 개의 모양이 새겨져 있었다. 마찬가지로 코를 만지면 공부를 잘한다고 하는 속설이 있었다. 영원의 불 아래쪽으로 내려갔더니 앙가라강이 나왔다. 바람이 세차게 불었다. 강가는 한적했다. 한 강태공이 낚시줄을 드리우고 있었다. 이르쿠츠크를 세운 이의 동상도 세워져 있었다. 화장실에 가려고 보니 유료여서 포기하기 참기로 했다. 40루블이라고 했다. 강변으로는 철책이 둘러쳐져 있었다. 특이한 것은 철책에 사랑의 맹세를 위한 자물쇠들이 잔뜩 매달려 있었다. 사랑의 증표로 영원한 사랑의 맹세를 매달아 놓았다.

오늘의 마지막 관광은 스피스키야 교회였다. 사진촬영이 금지되었다. 바깥에서만 촬영을 했다. 모자도 쓸 수 없었다. 여자들은 수건이나 스카프를 머리에 두르도록 했다. 바깥에서만 촬영을 했다. 벽화가 천정까지 그려져 있었다. 인근에는 러시아 영화 '제독의 연인'의 주인공 동상이 있었다. 코르챠크제독의 동상이었다. 발틱 함대를 이끌었던 제독으로 한 여인과의 사랑으로 인해 괴로워한 제독의 아픔이 있었다.

관광을 마친 후에는 인근에 있는 통나무거리로 왔다. 산책을 하다가 적당한 맥주집에 들러 수제 맥주를 한잔했다. 흑맥주도 있었고 가벼운 맥주도 있었다. 길거리에는 기타를 치며 거리공연을 하는 팀들도 볼 수 있었다. 젊음의 거리답게 수많은 인파가 거리를 거닐고 있었다. 막판에는 백화점에 들어가 쇼핑을 했다.

7일차 8월 10일 (목)

[일정 호텔 조식 리스트 비양카 딸지 박물관 – 중식 – 바이칼호 박물관–전통시장 구경 (자유시간) 유람선 (오믈 훈제, 보드카) – 반야 –앙가라강 입수 저녁식사 – 카페 – 미니밴 호텔]

여행의 마지막 날인 셈이다. 가이드가 바뀌었다. 러시아인에서 한국 유학생으로 바뀌었다. 아주 쾌활하고 명랑했다. 대학 경제학부 3학년이라 했다. 몽골에서도 7년을 학교에 다녔다. 남양주에 부모님이 살고 있다고 했다. 학비가 연간 3백만 원 수준이라고 했다. 먼저 리스트 비양카 마을로 갔다. 슬로프를 타고 높이 올라갔더니 바이칼 호수가 한눈에 내려다보이는 전망 좋은 곳이 있었다. 사진촬영을 하고 다시 내려왔다. 바이칼 호수는 풍부한 호수라는 의미를 담고 있었다. 수량은 5대호와 필적하고 지구의 담수의 20%를 차지하는 장대한 스케일의 호수였다. 우리나라 부여족이 이곳에서 유래했다는 설도 있었다. 길이 636km 폭 79.4km 길고 좁은 협곡형태를 갖고 있었다. [바이칼 호를 배로 달리면서 춘원 이광수가 소설 『유정』에서 그려낸 최석과 남정임의 순결하고도 애잔한 순애보를 떠올렸다. 소설 속의 최석은 딸같은 정임과의 연애 사건에 휘말린 뒤 바이칼 호반에서 죽기로 작정했고 정임은 최석을 만나기 위해 병든 몸을 이끌고 바이칼 삼림지대 사이로 눈썰매를 달린다. 그녀를 기다리고 있는 것은 최석의 싸늘한 시신이었다. 정임은 최석이 죽어간 바이칼에 남았다. 지금도 정임은 바이칼 호반 어디선가 죽은 최석을 그리워하며 늙어가고 있는 것만 같았다.]

다음 관광지는 딸지 박물관이라는 곳이었다. 17세기부터 정착했던 러시아인들의 가옥, 사원, 건축물 등을 볼 수 있었다. 에벤키족과 브리야트족 그리고 슬라브족의 초기모습을 중심으로 구성되어져 있다. 우리 민속촌과 유사하다고 보면 될 것이다. 학교, 감옥 관공서, 교회 등이 줄지어 있었다. 조그만 동물원도 한 켠에 있었고 이색적으로 게르도 두어 채 있었다. 그곳에서는 기념품 등을 팔고 있었다. 여러 곳에서 온 관광객들로 무척 붐볐다. 가게에서 마그네틱도 좀 사고 건물 또는 현지 복장을 한 이들과 기념촬영을 하기도 했다.

중식을 하러 간 곳은 호수와 앙가라 강이 만나는 곳에 위치해 있는 전통식당이었다. 오믈회를 맛볼 수 있었다. 와인도 나왔다. 분위기가 귀족풍이었다. 여종업원들이 와인을 따라주었다. 차창 밖으로는 샤먼 바위도 보였다. 앙가라 강과 바이칼 호수가 만나는 지점에 있는 조그만 바위였다. 전설을 간직한 바위였다. 바이칼 할아버지는 336명의 아들과 어여쁜 외동딸 앙가라를 두고 있었다. 바이칼은 앙가라를 이르쿠트라는 청년에게 시집보내려고 마음을 먹었다.(이르쿠트는 물결이 사나운 강이다. 이르쿠츠크라는 도시 이름이 바로 이 강 이름에서 온 것이다). 그런데 바이칼에 사는 갈매기들은 앙가라에게 멀리 북쪽에 있는 예니세이라는 용사가 더 멋있다고 자랑하였다.(예니세이 강은 앙가라강이 흘러 들어가 만난 다음에 멀리 북극해로 빠져나간다). 그때부터 앙가라는 예니세이를 사랑하게 되었다. 이를 눈치 챈 바이칼은 딸을 감시하였고, 마침내 그녀는 아버지가 잠든 사이에 몰래 도망을 치려했다. 바이칼은 잠에서 깨어나 놀라서 큰 바위를 집어던져 앙가라의 하얀 목을 맞혔고 그녀는 그만 죽어버렸다. 지금도 앙가라는 늘 예니세이를 그리면서 눈물을 흘리고 있다고 한다. 이는 바이칼 주변의 자연현상을 의인화하여 설명한 흥미로운 전설이다.

샤먼 바위를 배경으로 사진도 찍었는데 비가 내리고 있어 우산을 쓰고 찍을 수밖에 없었다. 다음으로 간 곳은 바이칼 박물관이었다. 여러 생물들이 아쿠아리움처럼 헤엄치는 모습을 볼 수 있었다. 철갑상어도 있었고 오믈도 있었다. 거의 20년 정도가 자라야 온전한 몸상태가 된다고 했다. 바다표범도 있었다. 왜 내륙인 바이칼호에 바다표범이 사는지는 의문이 들 수 있는 부분이었다. [바이칼 호 생태학 박물관에는 진기한 어족

(그중 민물에 사는 유일한 물개인 '네르파'는 복어처럼 생긴 물개인데, 머리털 나고 처음 보는 동물이었다.)들이 전시돼 있는데, 이는 원래 바다였던 바이칼이 심연에서 융기하면서 바다에서 서식하던 동·식물들이 통째로 호수로 변한 바이칼에 맞게 진화한 때문이라고 한다.]

이후에는 호수가로 이동해서 파도를 보았다. 바이칼호에 손을 담그면 3년, 발을 담그면 5년, 몸을 담그면 10년이 젊어진다고 했다. 1월초부터 얼음이 얼면 거의 5월말이 되어야 해빙이 된다고 했다. 바이칼 호수에 빠져 파도와 바람을 맞았다. 그러던 중 우산을 물속에 빠뜨려 잃어버리기도 했다. 물살이 세찬 관계로 들어가 볼 수는 없었다. 전통시장으로 가서 쇼핑을 했다. 마그네틱을 몇 개 사고 보석은 가격이 너무 비싼 관계로 포기하고 말았다. 오믈의 훈제 형태가 있었는데 사진을 찍으니 불호령을 내렸는데 나중에 알고 보니 사라고 독려하는 상행위의 일부였다. 다음은 유람선을 탈 차례였다. 배 뒤쪽으로 앉았다. 바람막이로 천막이 되어 있었기에 안온한 분위기를 느낄 수 있었다. 가이드가 오믈 훈제와 보드카를 가져왔다. 그것으로 건배를 하며 부부간에 러브샷을 했다. 비바람이 세차게 내리고 있어 사진을 촬영하기도 어려웠지만 운치는 더할 나위 없었다. 유람선에서 내려서는 다시 버스를 타고 이동해서 반야를 할 곳으로 갔다. 반야는 우리식으로 얘기하자면 사우나와 유사한 것이었다. Y교수가 한번 해 본 경험이 있어 주도를 했다. 가운을 하나씩 걸치고 사우나실 같은 곳으로 들어갔다. 일단 들어가기에 앞서 자작나무잎을 넣고 끓인 차를 한잔씩 하고 들어갔다. 바깥에는 페치카에 물을 부을 수 있도록 바께쓰와 물바가지가 있었다. 무척이나 열기가 뜨거웠고 수증기가 나왔다. 빗자루처럼 생긴 자작나무로 만들어진 것을 몸에 두드려 혈액순환을 시키는 식이었다. 내 차례가 되어 물을 퍼와 페치카에 뿌려대니 수증기가 바깥으로 뿜어져 나왔다. 다시 한 번 실연을 하고 있었는데 모두들 견디지 못하고 뛰쳐나왔다. 집에서 나온 일행 모두는 과감하게 앙가라 강에 입수를 했다. 바닥에 자라난 이끼로 인해 미끄러워 넘어질 뻔하기도 했다. 한사람씩 입수하고 기념촬영을 했다. 기분은 무척이나 상쾌했다. 개운한 느낌을 주었고 지난 여행 동안의 피로를 말끔히 풀 수 있을 정도였다. 반야용 집에는 사냥해온 동물들의 박제도 걸려 있기도 했다. 다시 집결지로 갔더니 모두들 모여 있었다. 훨씬 부인네들이 오랫동안 반야를 하리라 여겼는데 의외였다. 식사는 러시아식 꼬치구이였다. 보드카를 마셨다. 이야기도 여행 중에 있었던 경험담 얘기로 열을 올리고 있었다. 한 부인은 반야가 체질인지 늦어서야 나오기도 했다. 처음 여행을 시작할 때 한 분이 감기몸살이 와서 계속 힘들어 했는데 막판쯤에는 거의 회복이 되었다. 우여곡절이 많았던 여행이었다. 식사를 마치고 이르쿠츠크로 향했다. 어제 위원장이 물색해서 정해 두었던 카페로 가서 최종 파티를 열었다. 와인을 시켰고 적절한 안주로 피날레를 장식했다. 모두 여행의 소회를 얘기했고 건배제의를 했다. 대표적 건배사는 사우디(사나이의 우정은 디질 때까지(죽을때까지))라고 선창하면 아우디(아줌마의 우정도 디질 때까지)라고 화답했다. 또 하나의 건배사는 이상은 높게, 사랑은 깊게, 잔은 공평하게였다. 러시아 이르쿠츠크에서의 밤은 깊어만 갔다. 호텔로 돌아온 일행은 내일 9시에 체크아웃하고 출발한다는 얘기를 듣고 해산했다. 이제는 마지막 인천공항행 비행기만 타고 떠나면 되는 것이다.

8일차 8월 11일 (금)

[체크 아웃 호텔 조식 11:30분 이르쿠츠크 -- 인천공항 16:05분 착]

이제는 여행을 끝내고 돌아가는 날이다. 짐을 꾸리고 가방을 챙겨서 로비로 내려왔다. 호텔이 지난번 몽골에 비하면 아주 수준 차이가 났다. 일회용품 등도 부족했고 여러 가지 상황이 좋지 않았다. 일부는 보완이 되기도 했지만 여전히 만족할만한 수준은 아니었다. 일회용 커피나 차 등도 없었고 물만 달랑 두병 있었을 뿐이었다. 침대도 꼭 몸에 맞을 만한 사이즈여서 운신의 폭이 좁을 수밖에 없었다. 욕실의 샴푸, 비누, 로션, 빗 등도 아예 비치가 되어있지 않았다. 체크아웃을 하고 여권을 배부 받았다. 호텔의 조식은 전통적인 서양식이었다. 흰죽이 있기는 했지만 밥을 먹을 수는 없었다. 빵도 토스트를 기계에 구워 먹는 식이었다. 다른 빵은 잼으로 넣어 맛볼 수 있었다. 과일은 토마토, 메론, 사과 등이었다. 야채는 상추, 오이 등이었다. 커피는 일회용처럼 밀크커피로 커피 잔에 가득 나왔다. 앉은 사람들의 대부분은 한국인이었고 일부는 외국인들도 보였다. 아침녘에는 무슨 음식 촬영을 하는지 한참 접시를 가져다 놓고 카메라 셔터를 누르기도 했다.

호텔 앞에 세워진 미니버스에 짐을 옮겨 싣고 호기롭게 출발했다. 공항에 도착하니 9시 30분쯤이었다. 짐을 끌고 가서 통관 절차를 밟았다. 짐을 모아놓고 모두들 의자를 차지하고 앉았다. 그런데 상황이 심상치 않았다. 11시 30분 출발이라던 시베리아 항공편이 출발시간이 늦춰진 것이다. 2시 40분이라고 했다. 우리 팀에서는 난리가 났다. 인천공항에서 김포공항으로 가서 김해공항으로 가는 국내선을 예약해 놓았는데 그것에 차질이 빚어질 것으로 예상이 되는 것이다. 비행편을 마지막 비행편으로 예약을 변경해 두었다. 거제로 가야할 Y사장은 8시에 바로 인천공항에서 거제로 향하는 버스를 예매해 두었는데 그것을 탈 수 있을지 알 수 없게 된 것이다. 최종적으로 출국 수속이 이루어진 것은 한시 30분가량이었다. 그리고 비행편의 출발시간도 4시에 출발하는 것으로 확정되었다. 통관절차도 그렇게 오래 걸릴 수가 없었다. 화통이 터져 참을 길이 없을 지경이었다. 한 승객의 얘기에 의하면 20년 전과 하나도 달라진 것이 없다는 얘기로 울화통을 터뜨렸다. 대기실에서 있으면서 허기를 채우기 위해 뭔가를 해야 했다. 일단 면세점에서 초콜릿을 한 봉지 샀다. 두 개정도씩 먹으면서 배를 채웠다. 도저히 상황의 변화를 예측할 수 없으니 어떻게 자리를 떠나 달리 방책을 세워볼 수도 없었다. G위원장과 L사장이 바깥으로 나가 카페 등 휴식을 취할만한 곳을 물색하기도 했지만 부인네들이 그냥 죽치는 것으로 했다. 결국 간편식을 파는 곳에서 햄버거식으로 된 것을 다섯 개 사와 나눴다. 개찰이 막 이뤄지고 있는 상태였기에 부랴부랴 취식물을 들고 뛰어서 개찰구를 통과했다. 먹는 것은 기내에서 할 수밖에 없는 상황이었다. 개찰 후 버스를 타고 비행기에 올랐다. 제시간에 출발을 했다면 인천공항에 있어야 할 시간에 출발이 된 것이다. 비행시간은 세 시간 30분 가량이 소요되었다. 인천공항에 도착하니 한숨이 절로 안도의 한숨으로 바뀌었다. 통관절차도 단 5초에 통과가 되었다. 짐을 찾으면서 문제가 생겼다. 커다란 잠금장치가 가방에 부착되어져 있었다. 상황을 파악하려고 가보니 사갖고 온 칼이 문제가 되었다. 세금을 일부 납부하고 무사히 통관절차를 마쳤다. 모두들 바쁘다 보니 작별인사도 제대로 못하고 헤어지고 말았다. 밤늦은 시간에 공항버스를 타고 귀가했다. 마침 아들이 마중을 나와 한시름 들었다. 결국 부산팀은 서울역으로 가서 KTX를 타야했고 거제 Y사장 부부는 딸이 살고 있는 노량진에서 하루를 더 묵고 다음날에 거제로 가는 상태가 되었다. 7박 8일간의 몽골, 러시아 여행이 마무리되었다. 여행기간 내내 모두들 화기애애한 가운데 서로 얼굴 붉히지 않고 순조롭게 일정을 소화하면서 추억을 많이 만든 여행이었다. Y사장 부부의 후기를 그대로 옮겨본다.

'시야는 넓어지고 함께한 사람들과의 관계는 깊어지는 우리의 여행도 그랬습니다. 아름다운 시간을 기억할 사진 그리고 맛있고 럭셔리한 여행, 웃음과 인문학 따스함과 편안함을 주신 아우디들 감사드리며 다음 만남을 기대합니다.

좋은 추억 만들어준 동훈, 득우, 병조, 종수 부부 감사합니다. 몽골 대초원 게르안에서의 한 잔의 술과 정겨운 이야기들 좋은 갑자기 쏟아진 우박과 빗소리의 멋진 앙상블, 바이칼 호숫가 레스토랑에서의 와인과 약물 맛도 좋았지만 무엇보다 특별했던 것은 여행기간 내내 유리 일행들의 묵은 우정이 자아내는 훈훈한 분위기와 밝은 웃음 소리였을 것이라 생각됩니다. 다시 한 번 모든 분들께 감사드립니다. 특별히 고생하신 G위원장 부부에게 곱빼기로 감사드립니다.'

에피소드 1.

여행준비물과 관련한 내용이다. 남자들이 준비해야 하는 것으로 의무적으로 부과된 것이 소주 4팩이었다. 그리고 서울팀에서 가져오기로 한 것이 각각 와인을 두병씩 가져오기로 했다. 나머지 밑반찬 등은 각자가 챙겨서 오는 것으로 되었다. 나는 그래도 양주가 있어야 할 것으로 여겨서 발렌타인을 사가지고 갔다. 그리고 포장된 김치도 가지고 갔다. 그것이 아주 긴요하게 잘 활용이 되었다. 나중에는 결국 김치도 술도 부족해서 더 사고 마지막에는 세관을 통과하는 곳에서 문제가 되기는 했지만 아무튼 술은 부족하지 않았다. 중간 중간에 와인도 사고 하는 등 여러 가지 상황에 맞게 적절하게 대처한 덕분이었다. 러시아에서는 40도 이하의 술은 술도 아니라는 것에서 역시 대국답다는 느낌이었다.

향후 간다면 추천해 줄 준비물로 권장하고 싶은 것이 있다. 첫째는 망원경이다. 초원을 달리고 여행할 때 먼 곳의 경치를 잘 보기 위해서는 망원경이 있어야 하리라. K사장이 준비를 해와 역시 여행의 베테랑답구나 하는 느낌이었다. 둘째, 김치다. 역시 우리음식이 그래도 입에 맞는 느낌이었다. 간간이 한국식당을 들렀기에 김치를 맛볼 수 있었지만 우리 국산 김치 맛에 비할 바가 아니었다. Y교수가 총각김치를 가져와서 모두들 맛있게 잘 먹었다. 셋째, 스피커였다. 이도 Y교수가 준비를 해왔는데 처음에는 작동이 잘 되지 않았는데 나중에는 충분히 활용이 되었다. 야외나 게르 등에서 회합하고 분위기가 필요할 때에는 스피커를 부르트스로 연결해 놓으면 음질도 좋고 사이코 조명까지 분사가 되어 한껏 분위기를 고조시킬 수 있었다. 넷째는 커피포트였다. 게르에서 취침할 때 야식을 먹으려면 끓는 물을 필요로 하는데 커피포트가 제공되지 않았다. 게르에서 잘 때 첫날에는 전기장판이 제공되어서 따뜻하게 잘 수 있었다. 둘째 날에는 종업원이 와서 화로에 불을 피워주었다. 장작을 넣고 토치로 불을 지펴주었다. 11시쯤과 새벽 4시쯤 등 두 차례에 걸쳐서 불을 피워주었다. 다섯째는 장갑과 줄이 있는 모자였다. 장갑은 우리 모두 준비가 되지 않았다. 낙타를 탈 때나 말을 탈 때 장갑이 필요한 상황이었다. 줄이 있는 모자는 역시 승마시나 낙타를 탈 때 모자가 날려가는 것을 방지하기 위함이었다.

에피소드 2.

화장실과 관련한 내용이다. 몽골의 울란바트르에서의 화장실은 전혀 문제가 되지 않았다. 그렇지만 야외로 관광을 할 때는 대략난감한 수준이었다. 워낙 관광철이 짧으니 인프라가 제대로 갖춰져 있지 못했다. 거북바위 등에서는 아예 화장실의 문이 닫히지 않는 형태이고 재래식에 밑에서 올라오는 냄새 등에 역겨움이 견디기 힘들 정도였다. 다음은 사원의 화장실도 유사한 형태였다. 2일차 3일차 게르에서 숙식을 할 때에도 샤워장 또는 화장실 등이 문제가 있었다. 화장실에 휴지도 질이 낮은 수준이었고 그나마 떨어진 경우도 있었다. 또한 어떤 경우에는 남자 샤워장에서는 온수가 나오지 않아 남자들을 여자 샤워장을 쓰도록 안내하는 경우도 있었다. 우리나라 같으면 상상할 수 없는 일이었다. 초원을 달리는 과정 중에는 화장실은 깨끗했는데 그것이 다 유료화 되었고 시건장치가 되어져 있었다. 러시아에서는 화장실을 사용하는 부분에서 유료화 된 곳이 많아 사용에 애로를 겪어야 했다. 한 한국인 관광객은 그렇게 토로하기도 했다. 소변을 공짜로 보면서 유료화된 화장실을 사용한 것을 빗대어 "40루블 벌었다."라고 푸념하기도 했다.

에피소드 3.

몽골의 경우 평균수명이 67세라고 했다. 또한 지상에서 자라고 나는 것에 대해서는 짐승들을 위한 것이라는 인식이 있었다. 그들은 러시아에서 영향을 받아 공산화의 과정을 거쳐 1991년에 민주화되는 과정을 거쳐 자본주의와 민주주의 체제가 성립되어져 국가체제의 정비가 아직까지 완벽해지지 않았다. 어떤 곳에서는 공산주의의 잔재가 남아 있었고 러시아의 흔적도 지워지지 않은 듯했다. 300만 인구 가운데 140만 명이 울란바트르에 살고 있었다. 가축은 6천만 마리가 있었다. 양, 소, 염소, 낙타 등 드넓은 초원에 여러 가축들이 혼재된 채로 자유롭게 방목되고 있었다. 간간이 나무들도 있었고 숲도 있었으며 어떤 곳에는 강이 보이기도 했다. 우리의 바램 중에 하나는 밤하늘의 별을 바라다보고 정취를 느껴보는 희망을 가져보기도 했는데 여의치 못했다. 또한 시골에서 느꼈던 밤하늘의 느낌은 받아볼 수 없는 아쉬움으로 남았다. 두 번째로 러시아에서는 해산물이 풍부해서 랍스타를 맛볼 수 있지 않을까 하는 원을 가졌었는데 그것은 동쪽 블라디보스톡 등에서 가능하고 바이칼호 쪽으로 이르쿠츠크에서는 어렵다는 후문이었다. 또 하나의 바램은 가급적이면 러시아에서 더 오래 묵기를 희망했었는데 그것도 받아들여지지 않았다. 단지 울란바트르에서 이르쿠츠크로 가는 것도 처음에는 철도로 가는 것도 협의되었다. 거의 24시간이 소요되는 것으로 되어 결국 무산되었다. 국경을 통과하는데 걸리는 시간이 8시간이라고 했다. 이르쿠츠크의 공항에서 출국수속을 하면서 국경에서 수속을 하는데 8시간이 소요된다는 것이 빈말이 아님을 실감할 수 있었다.

에피소드 4.

반야에 관한 것이다. 거의 여행의 막바지에 이뤄졌다. 일행은 버스에 내려 자작나무 숲길을 걸어서 들어갔다. 20분쯤 걸었는데 옆으로 난 숲길로 말을 달리는 처자들을 볼 수 있었다. 바람처럼 무서운 속도로 질주하고 있었다. 반야는 남자는 남자대로 여자는 여자들끼리 하는 식이었다. 조금 더 걸어가는 길옆에 재래식 화장실이 있었다. 필요한 분들은 볼일을 봤다. 반야는 우리식으로는 찜질방이고 사우나를 하는 식이었다. 나무로 된 조그만 집 같아 보였다. 그곳에 들어가자 여러 짐승으로 표구를 해서 벽 쪽에 걸어 놓았다. 안쪽으로 들어가자 탁자가 놓여있었고 타월과 찜질용 반바지 같은 것이 주어졌다. 우리는 옷을 갈아입고 차를 한 잔씩 마셨다. 자작나무 잎을 달여 끓인 차였다. 한 켠에는 물 바께쓰와 물바가지가 놓여있었다. 그리고 벽 한 쪽으로는 페치카가 있었다. 안으로 들어가자 우리 목욕탕의 사우나실처럼 꾸며져 있었다. 앞쪽으로는 열기를 뿜어져 나오는 페치카 화로가 들여다보였다. 돌덩이 같은 것이 놓여있었다. 빗자루처럼 된 나뭇잎 뭉치를 가지고 사람의 팔, 어깨, 가슴, 배 등을 살살 치면서 혈액순환을 도모했다. 그리고 간간히 바깥에서 물바가지에 물을 떠와서 화로에 끼얹으면 그곳에서 열기가 수증기로 화해서 바깥으로 쏟아져 나왔다. 처음에는 Y회장이 했었다. 그런데 내가 할 차례가 되어 물을 끼얹었는데 처음은 별 문제가 없었다. 그런데 두 번째 물을 끼얹었는데 그것이 G사장의 오른쪽 눈가에 증기가 쏟아져 나오는 바람에 화상을 입게 되었다. 급히 사과를 하고 사죄를 했는데 그 화상은 제법 심각해 보였다. 모두들 열기에 화들짝 놀라 바깥으로 튀어져 나왔다. 그리고 반야 집에서 빠져나와 강가로 갔다. 그리고 물속에 입수를 했다. 그리고 기념촬영을 했다. 일부 멤버는 흔적을 강에 남기기도 했다. 해맑은 표정으로 기념촬영을 하고 단체사진까지 찍고는 반야체험을 마쳤다. 개운한 느낌을 주었고 여행의 피로가 말끔해지는 느낌이었다. 마치고 식사 장소로 갔더니 의외로 부인들이 먼저 나와 기다리고 있었다. 반야체험도 이색적이었고 그래도 경험 있었던 Y교수의 주도에 의해 쉽게 체험해 볼 수 있는 셈이었다.

에피소드 5.

이마트와 백화점 체험 그리고 캐시미어 직매장 코비에서의 쇼핑이 있었다. 이마트에서는 그래도 우리나라 것이라는 것에서 편안함이 있었다. 상표들도 대부분 한글로 표기되어져 있었다. 익숙할 수 있었고 쇼핑도 우리나라에서 하는 느낌이었다.

쇼핑을 마치고 나와서는 어린 동심으로 돌아가 호떡을 하나씩 먹었다. 나만 좋아했고 추억을 간직한 줄 알았는데 그것이 아니었다. 다들 그 시대를 살았던 이들이니 호떡을 다 좋아했다. 우리가 예전에 먹었던 그런 맛은 아니었지만 말이다. 농경종업을 하지 않고 목축위주로 이루어지다

보니 과일, 채소 등이 우리나라에 비하면 색깔, 크기, 맛 등에서 아주 열악하기 그지없었다. 우리나라에서 생산되지 않는 외국산의 과일 들도 많았다. 곡류도 칼로스에서부터 일본 아키바리 우리의 이천쌀 등이 전시는 되어져 있었으나 찾는 이들이 별로 없어 보였다. 물을 사고 간식거리 등을 사가지고 그곳을 빠져 나왔다.

백화점이라고 하는 곳이 국영이라고 하니 우리식으로 보자면 70년대 화신백화점 같은 느낌이었다. 마그네틱들을 좀 산 듯했다. 우리는 문제의 장식용 칼을 한 자루 샀다. 본래의 의도는 과일 등을 깎아 먹어보려고 했는데 의도한 대로 잘 되지 못했다. 결국 출국심사 때 적발이 되어 곤욕을 치렀다. 몽골의 백화점에서는 캐시미어를 관광하고 눈요기하는 선에서 백화점을 둘러보았다. 그리고 본격적인 쇼핑은 캐시미어 전문 판매점인 코비에서 이루어졌다. 국내에서 사는 것의 절반값에 사는 상황이라 모두들 캐시미어를 사느라 분주했다. 어떤 분은 공항 면세점 캐시미어점에서 목도리를 사기도 했다. 내가 들은 것은 징키스라는 술에 관한 것과 캐시미어를 꼭 사가지고 와야 한다는 얘기를 들은 바 있었다.

두 번의 백화점 방문이 있었는데 첫 번째는 부부들이 서로 같이 다니면서 쇼핑을 했는데 두 번째는 여자들만 들여보내고 남자들은 카페같은 곳에서 휴식을 취하기로 했는데 근처에 적당한 카페가 없었다. 이리저리 헤메다가 결국 다시 백화점에서 조우하기도 했다. 먼저 몽골을 다녀온 분에게 들은 정보였다. 러시아의 백화점은 그래도 한단계 업그레이드 된 느낌이었다. 소득 수준이 만 오천달러 수준이니 우리의 절반 수준이었다.

에피소드 6.

몽골 울란바트르의 야경 그리고 아침 산책

호텔의 옥상 꼭대기에 스카이라운지가 있었다. 실내도 있었고 바깥도 있었다. 기온이 차가워 바깥에는 담요를 비치해 두었다. 우리부부가 먼저 올라가서 다른 이들을 유혹했는데 아무도 호응이 없었다. 맥주를 두병정도 마시며 야경을 즐겼다. 옆 좌석에는 한국에서 가족여행을 온 이들을 만났는데 무척이나 여행에 대한 기대감에 부풀어 있었다. 셀카봉으로 사진도 찍어가며 무척이나 기대하는 눈치였다. 안주로 땅콩이 나왔는데 엄청난 양에 놀랄 지경이었다. 다음날 확인해 보니 다들 여행의 피로감을 이기지 못하고 다 녹초가 되었던 듯했다.

아침 산책은 호텔 주변을 돌아본 것이었다. 옆에는 컨테이너 박스 같은 곳이 우리식으로 보면 편의점 식으로 간단하게 물품을 팔고 있었다. 이른 시간이었기에 거리는 한산했다. 거의 30분정도 산책이었는데 조용한 분위기였다. 인근의 사원 비슷한 곳에 들렀다 왔다. 가는 길에 한국음식점은 본죽이 있었다. 그리고 맞은편에는 평양냉면인지 북한의 음식점이 있었다. 그리고 LG 대리점이 눈에 띄었다. 대부분의 자동차들은 일본 도요다 캠리 등 소형차 위주였다. 간혹 기아차나 현대차도 가뭄에 콩나듯이 있었다. 버스는 대우차, 현대차 등이 있었다. 어느 초등학교 이름이 부착된 채로 운행하는 차도 있었다. 말을 타려던 때에 있었던 일이었다. 한국 가족 관광객이 택시에 지갑 등이 든 가방을 놓고 내렸다. 그들은 어쩔 줄을 모르고 우리 통역에게 와서 통사정을 했다. 결국 통역이 영사관에 연락을 취해 주었고 나중에 소식을 들었더니 가방을 찾았다고 했

다. 울란바트르에서 택시를 타고 왔는데 그것이 회사택시여서 추적이 가능했다는 얘기였다.

에피소드 7

몽골 울란바트르에서 외곽으로 관광을 가면 눈에 띄는 것이 전봇대였다. 아래쪽은 A자 형태로 해서 콘크리트 모양으로 되어져 있었고 위쪽은 나무로 해서 전기를 연결하는 형식이었다. 아무래도 아래쪽은 물이 스며들거나 빗물이 스며들 우려가 크고 가축들이 몸을 비비고 할 우려가 커서 콘크리트로 기초를 한 후 그 위에 나무를 세우는 식으로 되었다. 초원에는 간혹 군집형식으로 된 게르가 보이기도 했고 마을이나 사람들이 살 것 같은 도시들은 구경하기가 힘들었다. 골프장 같은 곳도 제대로 관리가 되지 않는 듯한 모습이었다. 전차 같은 것도 아직 다니고 있었다. 그리고 전철 같은 것은 아직 건설되어져 있지 못한 모습이었다. 고가도로도 한 곳만 되어져 있었다. 신호등의 깜빡거리는 시간도 너무 빨라 뛰어서 건너지 않으면 건너는 중에 신호가 바뀌어 버리는 사단이 벌어졌다. 몽골은 관광철이 7월부터 9월 정도까지로 한정되어져 있었다. 그 외에는 대부분 너무 추워서 관광을 하기에는 부적합한 듯했다. 종교부분에 관해서는 라마교로 되어져 있었다. 우리의 불교와도 상당히 차이가 나는 듯했다. 달라이 라마도 한 켠에 사진만 몇 장 비치되어져 있는 사원이었다.

러시아에서는 우리처럼 건널목 표시나 신호등이 점등하는 형식으로 되어져 있지 않았다. 그냥 표식만 건널목이라 되어져 있고 일정수의 사람들이 모여서 건너면 자동으로 차들이 정차하고 있었다.

앙코르와트

1일차(1. 13토) [6:20분~9:50분 인천공항 - 씨엠립 아트박스관광, 전신 마사지]

오랫동안 계획했던 해외여행을 떠나게 되었다. 새벽시간에 일어나 준비를 하고 집을 나섰다. 여행용 가방인 캐리어를 끌고 손가방을 목에 걸고 아파트 입구로 나갔다. 택시기사가 집 위치를 잘못 안 것 같아 보았다. 정확한 위치를 집사람이 알려주고 잠시 기다렸더니 곧 예약해 놓은 벅스 택시가 도착했다. 거의 20인승 정도는 되어 보이는 미니버스였다. 연예인들이 타는 스타크래프트보다 더 큰 수준이었다. 손님이 우리만이 아닌 듯했다. 대림동에서 3명의 일행을 합류시킨다고 했다. 어제 마신 술로 인해 비몽사몽간에 출발을 한 셈이었다. 새벽녘이라 서울길은 한가했고 쥐 죽은 듯이 고요했다. 눈을 감고 가면을 취하면서 인천공항으로 향했다. 공항으로 가는 시간은 한 시간쯤 소요되었다. 공항도착시간이 4시 30분이었다. 비행기의 출발 예정시간은 6시 20분이었다. 공항에 도착해서 출국수속에 돌입했다. 지방에서 올라온 일행들은 이미 1시간 전에 도착해서 수속을 마친 상태였다. 항공권을 발급받았고 짐을 컨베어벨트 위에 올려놓았다. 그리고 출국장으로 들어갔다. 고작가네가 환전을 하느라 뒤쳐졌다. 면세점에 들러 소요될 물건 등을 구입해야 했는데 마땅한 것이 없었는지 면세점의 물건구입은 생략되었다. 게이트를 통과해 비행기에 올랐다. 눈이 내리고 있는 상황이어서 정상적인 이륙이 힘들었던지 비행기의 날개 위의 눈을 장비를 동원해 털어내는 준비과정이 있었다. 결국 30여분 후에야 겨우 출발할 수 있었다. 캄보디아와의 시차는 두 시간이었다.

5시간여의 비행 끝에 씨엠립 공항에 도착했다. 한국시간으로 12시 30분이었다. 현지시간으로는 10시 30분이었다. 비자를 발급받아야 입국이 가능한 상황이었다. 서류 3장을 작성하고 그 한 서류에는 사진까지 붙여서 제출했고 발급비용 1인당 30달러씩을 내고 비자를 발급받은 후 입국이 되었다. 고약하게도 한국인에게는 1달러도 추가로 받았다. 조그만 건물이 공항대합실이었다. 날씨는 더웠다. 비행기 화장실에서 옷을 갈아입었다. 두꺼운 겨울옷을 벗어버리고 여름옷으로 바꿨다. 기내식으로는 소고기덮밥 같은 것이 나왔다. 집사람은 입맛에 맞는지 깨끗이 비웠는데 나는 숙취 때문에 깨작깨작 먹다가 물만 먹는 형국이었다. 가이드가 입구에서 기다리고 있었다. 보물섬이라는 여행사의 소속된 여자였다. 한국인이었다. 권지현이라고 소개를 했다. 현지가이드로 남자분도 한 명 더 있었다. 40대 중반쯤 되어보였다. 재기발랄했다. 달변이었고 말솜씨가 보통이 아니었다. 7년 정도 이곳에서 생활한 베테랑이었다. 딸만 둘이라고 했다. 동대문근처에서 살았다고 했다. 화계사에서 수계를 받았는데 법명이 심일정이라고 했다. 무슨 식당이름 같다고 해서 싫다고 했다. 현대라는 로고가 선명한 한국 버스에 일행 25명이 승차했다. 제일 먼저 찾은 곳은 한국식당이었다. 주도로를 지나고 있다고 설명했고 몇 차례 이곳을 지날 것이라 했다. 길 양쪽에는 수많은 오토바이 행렬이 지나고 있었다. 그리고 간혹 툭툭이도 있었다. 툭툭이는 오토바이 뒤에 4륜 트레일러 같은 것을 단 운송수단이었다. 메뉴로 나온 것은 만두전골이었다. 밑반찬 등은 한국의 여느 식당과 다를 바가 없었다. 유명한 도시로 되어 있는 곳이 프놈펜, 밧담벙, 씨엠립 등이 있었다. 인구는 천6백만 명 수준이었고 국토면적은 한국의 1.8배 수준이었다. 씨엠립의 씨엠은 태국을 의미했고 립은 점령된 곳이라는 뜻이었다. 우리나라로 치면 경주 같은 곳이었다. 한국식당의 이름은 아리랑이었다. 외국에 왔음에도 한국의 식당을 이곳으로 옮겨놓은 듯했다. 마늘이 없었던 부분은 아쉬운 부분이었다. 야채도 한국보다 더 싱싱해 보였다. 농약 등도 수입해야 하니 어쩔 수 없이 친환경일 수밖에 없는 처지였다.

우리의 일행의 구성은 남자 13명, 여자 12명이었다. 어른 18명, 아이 7명이었다. 제일 어린 아이가 8살이었다. 최고령자는 스승님으로 60대 후반의 고령이었다. 함께 모두들 선원에서 수행을 함께하는 도반들이었다. 고작가와 나만 비수행자로 이방인인 셈이었다. 모두들 새벽에 출발해서 오랜 여행시간 때문에 피로한 상태였지만 왕성한 식욕을 보였다. 오신 곳은 목포, 광주, 대전 등 전국각지에서 온 셈이었다. 식사를 마치고 첫 번째 관광을 나선 곳은 아트박스란 곳이었다. 대형 그림들이 비치되어져 있었다. 작품마다 포토존이 있었다. 윈드서핑을 하는 장면에 위치해서 사진을 찍으면 실제 파도를 타고 있는 듯한 작품사진을 만들 수 있었다. 유명작가의 작품의 모사작품도 많았고 친숙한 느낌을 주었다. 고작가의 얘기로는 한국작가가 그림을 그린 것으로 보인다고 했다. 삼삼오오 몰려다니며 열심히 카메라 셔터를 눌렀다. 관광을 할 때 모두 신발을 맡겨두고 관람을 했다. 관람이 끝난 후 신발을 찾아서 신고 다음 일정인 마사지샵으로 향했다. 남자들은 남자들의 방으로 여자들은 여자들의 방으로 각각 별도의 방으로 입장했다. 편한 복장으로 옷을 갈아입고 마사지를 받았다. 소요시간이 두 시간이었다. 다리, 팔, 등, 목 등을 마사지하는 전신마사지였다. 쑥찜도 있었고 한결 여행의 피로가 풀리는 듯했다. 다음의 일정은 저녁식사장소로 이동하는 것이었다. 중간에 잠시 슈퍼에 들르기로 했다. 우리나라로 보면 조그만 슈퍼 같은 곳이었다. 담배가 12불이었다. 15천원 수준이니 면세가 수준이었다. 술은 발렌타인 21년산이 100불대 수준이었다. 공통경비로 캄보디아 캔맥주 앙코르를 두 박스를 샀다. 아이들은 간식용 과자를 샀다. 저녁은 현지식이었다. 파인애플 볶음밥 일명 '팟타이' 라는 것이었다. 볶음밥을 파인애플껍질에 싸서 내놓았다. 후식으로 파인애플주스가 나왔다. 닭고기도 조금 나왔다. 저녁식사를 마치고 호텔로 들어왔다. 호텔은 오성급 호텔로 2010년에 건축된 곳이었다. 고풍스러웠고 4층 정도였다. 고도제한이 있어 고층건물은 지을 수 없는 형편이었다. 더블 침대가 두 개 놓여있었다. TV도 있었고 의자와 탁자도 구비되어져 있었다. 가운도 두벌 비치되어져 있었고 옷장 안에는 금고도 있었다. 냉장고에는 맥주, 물 등도 비치되어져 있었다. 인터넷용 랜선도 있었고 또한 헤어드라이어도 비치되어져 있었다. 아쉬움은 비데가 없었다. 화장실 옆에 호스에 연결된 세척기가 달려져 있었다. 그것으로 씻을 수 있는 형국이었다. 와이파이도 쓸 수 있도록 패스워드와 비번이 제공되었다. 그것은 매일 비번이 바뀌는 상황이었다. 3일을 묵어야 하는 숙소였다. 바깥에는 수영장이 있었다. 깨끗하게 관리가 되고 있었다. 아침시간과 저녁시간에 수영을 즐길 수 있었다. 휘트니센터와 스파도 마련되었다. 호텔 입구에는 연못 같은 것이 있었고 팔뚝만한 크기의 비단잉어가 수십 마리가 떼 지어 다니고 있었다.

TV 방송은 YTN, KBS WORLD가 한국어로 나왔다. 후자는 영어자막이 나왔다. YTN의 경우는 한국시간도 그대로 나왔다. 관광객은 한국인이 많이 오는 상황으로 보였다. 여태까지 주류였던 일본은 이제 물러간 상황이었다. 잠깐 휴식을 취한 후 한 호실에 모여 간담회를 했다. 스승님이 수정방을 한 잔씩 따라주었다. 한 시간여의 회합을 마치고 공식적인 일정이 끝났다.

2일차(1. 14일) [호텔조식 – 호텔 부대시설이용 – 중식 제육볶음 – 에코팜 물소트레킹 – 망고 꼬치요리 시식 – 민속촌 방문 – 공연관람 – 뷔페 석식 – 유로피안 거리 야시장 탐방 레드 피아노 호텔복귀]

여행 2일차가 밝았다. 5시경에 잠에서 깼다. 아직도 바깥은 한밤중이었다. 일행 중 한 분은 5시에 일어나 호텔주변을 두 바퀴 돌았다. 그리고 밤하늘의 쏟아지는 별들을 감상했다. 이불속에서 한 시간여를 미적거리다가 기침했다. 6시 15분경에 호텔 로비 층의 식당으로 가서 아침을 먹었다. 핵심적인 요리는 계란 프라이와 베트남 쌀국수였다. 진열된 음식과는 달리 그곳에서는 접시를 들고 순서를 기다려야했다. 조금의 시간이 지난 후에 남자아이 두 명이 내려왔다. 어제 저녁에 수영을 했던 탓에 몹시도 허기가 졌던 모양이다. 피자를 시켜주기도 했었던 모양인데 아이들이 한참 자랄 때라 돌아서면 배가 고플 때였다. 식사를 하는 모습을 보았다. 그리고 부족한 것들을 좀 챙겨주었다. 일행 중에 내려오신 분은 홀로 오신 두 분이 내려와 식사를 했다. 숙소에 올라와 휴식을 취했다. 오전 일정은 없었다. 호텔 부대시설을 이용하는 일정이었다. 아이들과 몇몇 일행이 야외 수영장에서 수영을 즐겼다. 집사람이 아이들에게 선크림을 발라주었고 타월도 가져다놓았다. 앙코르 맥주를 한 잔 마시기도 했다. 12시에 호텔로비에 일행들이 집결해서 본격적인 2일차 일정을 시작했다. 먼저 간 곳은 식당이었다. 한국식이었다. 쌈밥정식으로 식사를 했다. 풍성한 야채와 제육볶음이 나왔다. 식사 후에는 버스로 이동해서 물소트레킹을 했다. 2인 1조로 물소를 타고 마을을 돌아보는 것이었다. 마부가 물소를 몰고 안내를 했다. 사진을 촬영해 주기도 했다. 중간에 물소가 배변을 하면 정지가 되었다. 잠깐 동안이었지만 아이들은 무척이나 신기해했다. 끝날 때쯤에 아이들이 바구니 하나를 들고 일행들과 보조를 같이하면서 팔찌를 파는 행상들이었다. 한국어를 곧잘 했다. “오늘 하나도 못 팔았어요. 원 달러 5개예요. 팔아주세요.” 하도 끈질기게 졸라대니 다들 사지 않고는 배겨내질 못했다. 한 개, 다섯 개, 일곱 개 다양한 구구각색의 구매였다. 느릿느릿 걷는 물소를 보면서 색다른 느낌이었다. 벼를 재배하는 곳도 있었고 파인애플 재배지, 파초 등도 볼 수 있었다. 여러 가지 꽃들도 만개해 있었다.

트래킹을 마치고 농가를 둘러보았다. 1층에는 우리로 치면 디딜방아 같은 것이 놓여져 있다. 그리고 그 옆에는 풍구 같은 것도 있었다. 건물

바깥쪽에 부엌에 해당하는 곳이 있었다. 솥을 두 개 놓았다. 70센티미터 쯤 높게 위치해 있었다. 물에 잠길 것을 고려한 배치였다. 그리고 그 옆에는 웅덩이가 있었다. 덤벙 같은 모습이었다. 물속에는 우렁이가 많이 자라고 있었다. 그 웅덩이 옆에는 커다란 항아리가 있었다. 그런 항아리가 몇 개씩 있는 집도 있고 그것이 얼마나 많은가 하는 것이 부의 척도라고 했다. 이층으로 올라가자 대나무로 만들어진 집이 있었다. 방이 두 개였다. 시원한 느낌이었다. 사진이 있었다. 왕과 왕비의 사진이었다. 예전 왕으로 보였다. 가는 곳곳마다 그 사진은 걸려있었다. 한쪽의 식당 같은 곳에서 앉아서 준비된 망고와 꼬치를 먹었다. 망고에는 심도 있었다. 모두 맛있게 먹었다. 망고는 추가로 요청을 했고 꼬치는 남았다. 머리 위쪽으로는 선풍기가 돌고 있었다. 그런데 구석지에는 먼지와 거미줄이 잔뜩 끼여져 있었다. 아직 많이 부족한 모습이었다. 다음은 버스로 이동해서 민속촌으로 갔다. 입구에는 머리가 몇 개씩인 뱀 형상의 모형이 있었다. 그리고 한쪽에는 황금개가 우리의 해태상처럼 조각되어져 있었다. 최종집결지와 시간을 통보받고 자유로운 관광에 들어갔다. 조금 들어가자 공연장이 나왔다. 한참을 기다린 후 공연을 보았다. 처음에는 사자춤을 추었다. 그리고 아크로바트 공연이 있었다. 최종적으로 공연이 끝나고 헌금함 같은 것으로 돈을 걷었다. 일부 손님들이 주머니를 털어 기부했다. 수상가옥 같은 곳이 있었다. 그곳의 나무난간에는 불개미들이 돌아다니고 있어 안타까움이 남았다. 밀랍인형관, 대부호저택, 모형건축물, 사원 소극장 등을 둘러보았다. 동물원도 있었는데 음식잔해로 인해 엄청난 악취가 진동했다. 곧바로 그곳을 빠져나와 최종집결지로 향했다.

관광을 마치고 버스로 이동해서 뷔페식 현지 식당에서 저녁을 먹었다. 전통 인살라 춤공연이 펼쳐졌다. 화장실에 가는 길에는 싸리로 만든 투망 등 생활용품이 죽 전시되어져 있었다. 화장실의 변기는 대부분 양변기였다. 소변기는 구구각색이었다. 벽면에는 금연에 대한 안내문이 한글로 조잡하게 쓰여 있었다. 그리고 음식점마다 벽면에 부착된 것은 주류 반입금지란 안내문이었다. 물병에 술을 넣어 반입하는 것도 엄금한다는 식이었다. 한국관광객의 수준을 유추해 볼 수 있었다. 와이파이는 호텔에서만 할 수 있었다. 속도가 좀 늦는 듯했고 동영상 올리기 등도 제대로 하기가 어려웠다. 식당마다 혹은 공공장소 등도 와이파이에 대한 안내는 전혀 없었다. 이때까지의 관광 등에서 볼 수 있었던 것과는 판이하게 다른 우리나라로 치면 이태원 같은 곳을 간다고 했다. 그곳은 야시장을 겸하고 있었다. 유로피안거리라고 했다. 가장 대표적인 명소는 레드 피아노였다. 안젤리나 졸리가 '톰레이더'를 촬영할 때 매일 들렀던 곳이라고 했다. 가이드의 얘기로는 벨기에인이 주인이라고 했다. 한국인들을 싫어한다는 얘기였다. 왜냐면 한국 사람이 시끄럽기 때문이라는 이유였다. 맨 먼저 학생들이 소풍을 갈 때 두 줄로 열 세워 가듯이 우리는 가이드를 따라서 쫄래쫄래 길을 걸었다. 그리고 레드 피아노 앞에서 망고주스를 한잔씩 받아들고는 자유시간을 40분쯤 가졌다. 닥터피쉬에 발을 맡기고 있는 푸른 눈의 사람들을 볼 수도 있었다. 안쪽으로 들어가니 살모사, 전갈 등으로 담근 술이 술병에 담겨져 있었다. 어떤 이는 그것을 사갖고 갔는데 꺼내보니 인형으로 된 뱀이 나와 기절했다는 얘기도 있었다. 기념품 가게들이 줄지어 있었다. 거리에는 각종 공연이 펼쳐지기도 했다. 한국의 동명대학에서 온 학생들이 길거리 공연을 하는 모습도 보였다. 태권도 도복의 복장도 이채로웠다. 야시장 구경을 마치고 집결지에 모여 다시 호텔로 돌아왔다. 야간 회합의 주관자는 고 작가였다. 커피포트 같은 형태의 간단한 냄비를 가져왔다. 네팔 히말라야 여행시 동행자가 선물해준 것이라 했다. 라면도 끓일 수 있었고 꽁치조림도 멋지게 끓여서 적절한 안주가 되었다. 준비한 술은 공부가주였다. 여행하면서 서로의 느낌과 감상을 서로 공유하고 소통하는 시간이었다. 한 시간여의 회합이후 마무리가 되었다.

3일차(1. 15일) [호텔 조식 – 앙코르와트 사원 타프롬사원 바이욘사원 – 중식 (낙지볶음) – 마사지 – 보석상 쇼핑 – 석식(삼겹살) – 전통공연 관람 8시에서 9시 호텔복귀]

아침에 집결예정시간은 8시였다. 본래 7시 30분으로 정했다가 그나마 발권을 하는 장소가 가깝다는 이유로 30분을 늦췄다. 6시에 기상해서 아침식사를 했다. 맨 먼저 줄을 서서 계란프라이 두 개를 받았다. 그리고 쌀국수도 챙겼다. 기타 빵과 오렌지주스 등으로 아침을 먹고 휴식을 취한 후 채비를 해서 호텔로비로 집결을 했다. 바나나와 남은 빵 등은 휴지로 싸서 식당에서 가지고 나왔다. 그리고 카톡으로 빵이랑 과일 등을 좀 챙겨오라고 일행들에게 카톡으로 조언을 해 두었다. 피로를 풀기위해 욕조에 물을 받아 몸을 좀 담갔다.

오늘이 여행의 하이라이트였다. 8시에 버스로 출발해서 발권을 받으러 갔다. 어떤 경우에는 줄을 서서 기다리느라 시간을 허비하는 경우가 허다했다. 입장권을 발부하는 곳은 북한에서 기부체납한 박물관에서 발권을 했다. 북한이 수년전에 200억 원을 들여 지워준 박물관이었다. 그에 대한 합당한 대가가 적절하지 않자 자신들의 요구에 의해 발권장소만이라도 박물관 인근에서 하도록 요구했던 부분이었다. 발권은 사진을 촬영하고 대금을 지불해서 입장권을 발급받았다. 37불이었다. 다음은 그것을 목에 걸고 툭툭이로 출발했다. 가이드가 신신당부를 했다. 툭툭이를 타고 가면서 휴대폰이라든지 모자라든지 그런 것을 떨어뜨리는 경우가 있는데 그냥 내버려 두더라도 끝에 가이드가 가면서 다 주워가니 걱정말라는 당부였다. 중간에 갑자기 급정거를 하면 사고가 나기 십상이라는 조언이었다. 2인 1조로 이동했다. 세 번을 툭툭이로 이동해야 했다. 가이드의 얘기로는 최종적으로 탔을 때 매너팁을 주어야 한다고 했다. 그리고 얼마 후 사원에 도착했다.

아직까지 완전하게 복원한 것이 아님을 느껴볼 수 있었다. 사원의 곳곳에 엄청난 나무들이 뿌리를 내리고 있었다. 그 나무를 뽑을 수도 없고 성장시킬 수도 없다는 진퇴양난의 상황이라고 설명했다. 그래서 주사약을 주는데 그것은 성장억제제라고 했다. 안젤리나 졸리 나무라고도 명명되었다고 했다. 3종류의 나무가 있다고 했다.

다음은 두 번째 사원으로 갔다. 지나가는 곳에 가루다&문둥이 테라스가 있었다. 죽 가는 곳에 벽면에 수없이 많은 코끼리 상들이 조각되어져 있었다. 툭툭이를 타고가면서 동영상을 찍으라고 해서 동영상을 찍었다. 신기하게도 한글로 된 설명문이 있었다. 한국의 한 독지가가 사원복원에 기여한 공로를 인정받아 안내판을 한글로 새긴 것을 건립할 수 있었다. 유일한 한글안내문이라고 했다. 중간 중간에 가이드가 설명을 해주었다. 날씨는 그런대로 선선한 편이었다. 뙤약볕아래서는 그 열기에 잠시도 서 있지 못할 정도였다. 4면상이 즐비했다. 관건은 천년의 미소를 찾는 것이었다. 수많은 4면상가운데 유일하게 미소를 띈 얼굴의 석상이었다. 모두 기념촬영을 하고 다음을 위해 이동했다. 천년의 미소를 지닌 곳이었다. 석상의 입꼬리가 살짝 위로 치켜져 올라가 있었다. 조금 지나니 천년의 미소를 닮은 짝퉁이 있었다. 어떤 이들은 짝퉁을 천년의 미소로 알고 가기도 한다고 했다.

최종 간 곳은 앙코르와트였다. 앙코르와트 프랑스 식물학자 앙리 무오가 1860년에 발견했다. 중앙통로는 공사 중이라 옆에 급조로 만든 임시다리를 통과해서 들어갔다. 중앙통로의 복원은 절반은 프랑스 절반은 일본에서 했다. 일본은 사원을 복원해주었다. 그리고 나무의 벌목권 그리고 상황버섯 채취권을 가져갔다. 이제야 캄보디아인들은 상황버섯의 가치를 알게 되었다. 3대 나무 중 하나인 나무에 대해 설명했다. 날카로운 가시 같은 것이 있었는데 킬링필드 때에 가시로 사람을 죽이는 도구로 사용되기도 했다는 설명이 있었다. 1층, 2층, 3층으로 되어져 있었다. 벽면을 따라서 부조가 조각되어져 있었다. 모두 바깥에서 조각을 해와 하나씩 돌을 쌓았다고 했다. 한 여신상이 있었는데 유방이 반질반질한 모습이었다. 착각하기 쉬운 부분이 우리는 남자들이 그곳을 만져서 그러리라고 지레짐작했는데 전혀 그런 것이 아니었다. 캄보디아는 모계중심사회였다. 결혼한 여자들이 간절히 원하는 것은 딸을 원한단다. 그래서 결혼한 신부들이 딸을 점지해달라고 축원하는 의미에서 신상의 유방을 만져서 그렇다는 것이다. 안으로 들어가니 점성술사 같은 할머니가 있었다. 할머니의 역할도 새로운 생명을 원하는 신부들에게 축복을 내려주고 예쁜 딸을 점지해준다는 얘기였다. 천상계인 3층으로 올라갔다. 70도 각도의 급경사로 올라가야 했다. 예전에는 그곳에 오르다 떨어져 죽은 사람도 있었다고 했다. 지금은 난간도 설치되었고 올라가는 곳과 내려오는 곳이 구분되어져 있었다. 사방으로는 4개씩의 목욕탕이 있었다. 천상계에서 왕이 목욕한 물이 아래층으로 내려오고 맨 마지막에 일반백성들이 목욕을 했다는 설명이었다. 서쪽에서 들어가서 서쪽으로 나오는 구조였다. 사방으로 해자를 파서 쉽게 접근할 수 없게 만들어져 있었다. 중앙의 탑은 세상의 중심 수미산을 상징한단다. 4개의 봉우리가 있었다. 호숫가에서 보면 탑과 수면에 비친 탑까지 10개의 봉우리를 만날 수 있다고 했다. 기념품가게가 있는 곳에서 일행은 휴식을 취하며 코코넛을 마셨다. 잠시 화장실을 다녀왔는데 유료여로 사용료를 1달러씩 내야했다. 처음 보는 유료화장실이었다. 좌변기형식으로 되어져 있었고 옆에 물을 뿌릴 수 있도록 되어져 있는 구조였다. 화장실로 가는 길에는 어느 공동묘지 같은 형태의 모습도 볼 수 있었다. 인적이 드문 곳으로 빠져나와 한참을 걸었다. 그리고 최종적으로 툭툭이를 탔는데 4인씩 1조가 되어 이용했다. 가이드는 모자 등의 떨어짐을 방지하기 위해 목도리를 하나씩 나누어주었다. 그리고 또 하나는 물통을 담을 수 있는 멜빵 같은 것을 나눠주었다. 실로 엮은 것으로 아주 활용하기에 간편한 것이었다. 모자를 묶을 수 있는 목도리로 모자를 묶는 것이 필요해 보였다. 앙코르와트를 둘러보고 나오니 거의 오후 1시경이 되어져 있었다. 식사를 하러 갔는데 제육볶음이 메뉴였다. 모두들 배가 고팠는지 왕성한 식욕으로 밥그릇을 비워냈다. 오후에 관광을 하기 전에 잠깐 보석상에 들렀다.

그 다음의 코스는 인공호수인 곳에 갔다. 고작가가 자신이 제일 좋아한다는 최고의 과일 두리안을 샀다. 23불이라고 했다. 냄새가 고약해서 반입이 금지되는 것이었다. 양파 썩는 냄새가 난다는 얘기다. 맛은 무척 달콤한 느낌이었다. 아이들이 손목 팔찌를 5개에서 10개까지 권고하면서 1달러에 사라는 식이다. 어제 물소투어 때 산 경험이 있던 터라 더 이상 사는 일은 없었다. 다음은 저녁식사를 하러갔다. 식사메뉴는 삼겹살이었다. 여기에는 마늘이 빠질 수 없었다. 옆 좌석에서는 바비큐를 해서 먹는 젊은 한국봉사단이 단체로 회식을 하고 있는 듯했다. 술값은 주작가가 냈다. 야간에는 캄보디아 전통 공연을 관람했다. 1시간여가 진행이 되었다. 그리고 호텔로 복귀했다. 간단히 세면을 하고 잠자리에 들었다.

4일차(1. 16화) [호텔 체크아웃 와트마이사원 – 상황버섯 중식 샤브샤브–라텍스매장 – 톤레샵호수 맹그로브 숲 – 잡화점 저녁식사 돼지갈비 – 공항]

마지막 여행 일정이 잡힌 날이다. 날씨는 쾌청했다. 아침에 나오면서 매너팁을 빠뜨리고 나왔다. 다시 숙소로 올라가 1달러를 문틈으로 넣어두고 나왔다. 9시 10분에 출발했다. 버스를 타고 와트마이 사원으로 갔다. 우리로 치면 현충원 같은 곳이라 했다. 킬링필드로 희생된 사람들의 유골을 볼 수 있었다. 본래 병원을 지을 목적으로 땅을 팠는데 그곳에 엄청난 유골이 발견되는 바람에 결국 사원이 되었다는 설명이었다. 유골의 색깔이 조금씩 달랐다. 설명을 하는 가이드가 그 사유를 설명했다. 조금 붉은 색을 띤 것이 여자유골이라는 얘기였다. 황토가 유골에 스며들었다는 얘기였고 엄마들이 애기를 낳으면서 칼슘성분들이 빠져나가 뼈가 약화된 때문이라고 했다. 사원의 입구에는 사원을 짓는데 일조한 사람들의 헌금액과 명단이 적혀있었다.

또 다른 한편에는 절이 있었다. 부처님이 수행을 하는 중에 물이 차올랐다. 그런데 계속 물이 차오르자 뱀이 똬리를 틀어서 부처님을 떠받쳐서 부처님이 살아날 수 있었다. 그래서 이곳 사람들은 뱀을 신성시하고 아주 귀한 동물로 여긴다는 것이다. 불상이 모셔져 있었고 벽면과 천장 등에는 불화가 그려져 있었다. 독실한 신심을 가진 이들은 삼배를 올리고 향을 피워놓기도 했다. 폴 포트의 사진도 한쪽 편에 게시되어져 있었다. 입구는 뱀의 형상이 지키고 있었다. 꼬리는 저 멀리 있었다. 관광을 마치고 다음으로 간 곳은 상황버섯 판매점이었다. 우리로 치면 인삼공사와 같은 곳이었다. 일본에게 상황버섯을 빼앗겼지만 일부는 남아있는 듯 여겨졌다. 들어가는 입구에 한 젊은 청년이 상황버섯을 칼로 쪼개고 있었다. 조그만 방에 들어가 설명을 들었다. 그리고 차도 한 모금 마셨다. 일부는 상황버섯주를 마시기도 했다. 다음의 행선지는 식당이었다. 샤브샤브였는데 우리와는 형식이 좀 달랐다. 야채와 어묵 등을 넣고 먹는 식이었다. 다 먹은 후에는 죽 혹은 밥을 볶아서 먹었다. 상황버섯을 판 곳에서 물을 좀 제공해주어 식사 때에 물을 더 마실 수 있었다. 우리식으로 많은 변환을 시도했는데 아직도 우리의 입맛에는 많이 부족한 듯했다. 다음의 행선지는 톤레샵 호수로 이동했다. 호수는 동양최대의 호수라 했다. 물은 흙탕물이었다. 전체 일행을 태운 배는 20분쯤 하류로 이동했다. 선장 한명과 선원이 두 명이었다. 15세쯤의 소년 1명 그리고 10세 정도의 꼬마 한 명이었다. 두 명이 배가 이동하는 동안 손님들의 등을 안마해 주었다. 그리고 매너팁을 1불씩 받아갔다. 그리고 또 그곳에서 카누 형태의 3인용에 옮겨 탔다. 뒤에서 젊은 사공이 노를 저었다. 한국말도 곧잘 했다. 예를 들면 그런 식이다. '예뻐요' 라고 비행기를 태운 후 '뻥이에요' 라고 놀렸다. 한바탕 웃음이 쏟아졌다. 맹그르브 나무가 즐비한 사이를 이리저리 잘 운행해서 다녔다. 우산이 비치되어져 있었다. 부채도 플라스틱으로 된 조잡한 것이 비치되어져 있었다. 나무숲에 있을 때에는 소용이 없었는데 바깥으로 나오니 우산을 써야만 했다. 화관을 씌워주기도 했고 사진을 찍어주기도 했다. 수상풀을 꺾어주기도 했다. 최종으로는 캄보디아 지폐로 만든 종이접기로 만든 하트모양의 상징물을 선물하기도 했다. 매너팁을 내릴 때 주었다. 카누에서 큰 배로 옮겨 타서 호수의 매점 같은 곳으로 갔다. 그곳에는 악어들을 볼 수 있었다. 기념품 가게로 되어있었다. 코코넛을 사주었다. 그것을 한 모금씩 마셨다. 일부는 가져온 앙코르 맥주를 마시기도 했다. 이층 이상에는 전망이 좋아 사진을 찍기가 좋았다. 저 멀리 수평선을 바라볼 수 있었다. 호수가 주변에는 수상가옥에 사는 난민들이 있었다. 대부분이 베트남 난민이라고 했다. 생활상은 열악하기 그지없었지만 그들의 행복지수가 우리보다 높다는 얘기를 하기도 했다. 호수의 관광과 체험을 마치고 다음으로 향한 곳은 잡화점이었다. 다양한 제품에 대한 설명과 안내가 있었다.

쇼핑을 마친 후에는 저녁을 먹으러 갔다. 현지 식이었는데 주 메뉴가 돼지갈비였다. 식당마다 특이한 점은 주류 등의 반입이 안 된다는 안내 문구였다. 물병에 소주를 담아 반입하는 것도 불가하다는 표식을 해 두었다. 화장실에는 담배를 피우면 나빠요 라는 식의 한글 경고문구가 눈길을 끌었다.

식사를 마친 후에는 곧바로 공항으로 이동했다. 8시 정도까지 도착해야 할 필요가 있었다. 공항의 입구에서 가이드와 작별을 고했다. 그리고 출국 수속에 들어갔다. 짐을 정리해야 했다. 모두들 여름옷을 겨울옷으로 바꿔입었다. 수속 후에는 면세점에 들러 필요한 것을 구매했다. 집사람이 양주 두병을 샀다. 3박 5일 간의 여행 일정이 종료되었다.

앙코르와트 에피소드

1. 한국인 원 달러

캄보디아를 가면 겪어야 하는 것이 비자를 발급받는 절차를 밟아야 한다. 미리 통보한 여행사 준비물에도 사진을 가져와야 한다는 것이 있었다. 세 가지 서류를 작성 제출해야 한다. 첫째가 비자신청서였다. 두 번째가 입국, 출국 신고서, 셋째는 세관 신고서였다. 비자신청서에는 사진도 부착을 해야 했다. 비자발급비용은 1인당 30불이었다. 문제는 원 달러라는 추가비용이었다. 다른 외국인에게는 요구하지 않는데 유독 한국인에게만 1달러를 요구한다.

예전에 그런 일이 있었다. 한국인이 1달러를 주고 급행으로 비자를 발급받아 갔다는 것이다. 그 이후 이런 것이 관행화되고 한국인에게만 유독 요구하는 일이 되었다는 얘기다. 안타까운 노릇이었다. 어떤 이는 사진을 가져오지 않아 2달러를 추가로 내기도 했단다. 서류도 제대로 갖춰져 있지 않았고 또한 풀도 없는 형편이었다. 이리저리 쫓아다니며 서류를 구하고 찾아야 했다. 비자를 발급받고 통과하는데도 꽤 오랜 시간이 걸렸다. 우리나라에 대세 외국인 관광객이 중국인인 것처럼 캄보디아의 대세 관광객은 한국인으로 보였다.

예전에는 한창 일본인들이 붐볐는데 지금은 한국인이 주류를 이루고 있다고 했다. 씨엠립의 한국인 교민은 7천 명 가량 된다고 했다. 북한과 캄보디아는 인연이 깊다고 했다. 60년대 70년대에 북한에서 200억 원을 들여 박물관을 지어 기부했다는 것이다. 그 이후 수익원이 적절치 않자 앙코르와트의 이용권발급을 북한박물관 앞에서 하도록 조치되었다는 식이다. 박물관에는 정교하게 새겨진 미니어춰 등이 잘 만들어져 전시되고 있었다. 캄보디아의 거물 정치인 시누아크, 폴포트 등이 어려움이 있을 때 북한으로 가서 망명하는 등 도움을 받기도 했다. 북한에서는 이들에 대해 궁전을 지어주기도 했고 깍듯이 모시기도 했다.

2. 평양랭면관

메인 도로를 다니다 보면 매일 보게 되는 곳이 평양랭면관이다. 본래는 두 군데가 있었다. 한군데는 평양친선관이었다. 북한의 고위직 자녀들이 이곳에 와서 근무를 한다고 했다. 오로지 그 식당 내에서만 살아야하는 조건이 붙었다. 노래 공연 가무를 보여주기도 하고 악기를 연주하기도 하는 등 공연도 상당히 볼만했다는 전언이다. 일반백반이 정식으로 제공되고 냉면은 후식으로 조금 주어진다. 공연을 한 출연자들이 공연을 마치면 홀로 내려와 서빙을 하고 지원하는 형태라 했다. 술은 검은 찹쌀, 상황술 등이 있었다. 메뉴로 보면 평양쟁반랭면 10달러, 평양랭면 8달러라고 부착되어져 있다. 사진촬영, 공연실황촬영 등은 엄격하게 통제가 된다. 그런데 우리나라 사람들의 대단한 점은 그런 엄격한 통제 속에서도 동영상을 다 촬영해와 유출시킨다는 점이다. 사진도 다 돌아다니고 있다.

지금 북한의 상황으로 인해 한국인의 출입은 통제되는 상황이라고 했다. 예전에 유명한 공연자가 있었는데 정말 유명했다는 얘기였다. 그리고 오로지 그녀만이 6년을 근무하는 행운을 누리기도 했다. 가이드의 설명으로는 남편이 그렇게 평양랭면관을 좋아해서 가끔씩 간다는 호소였다. 15분만 돌아다니면 어디에 있는지 곧바로 찾을 수 있다고 했다. 특별한 일이 있는 것도 아니고 예쁜 북한종업원이 따라 주는 술을 마시는 것이 전부라고 했다.

3. 스위스 의사

그는 스위스 출신이라고 했다. 아이들의 병을 치료해 준다. 그는 결코 치료비를 받는 법이 없다고 한다. 어느 땐가 캄보디아 여행을 왔다가 아이들의 열악한 의료 환경에 충격을 받아 무료진료를 시작했다. 그는 진료 시간이 아닌 때에는 거리에서 첼로를 연주한다고 했다. 그리고 연주를 듣고 기부하는 사람들의 기부를 받는다. 그런데 특이한 부분은 결코 1달러 이상의 기부는 받지 않는다는 원칙을 지킨다. 그는 매일 첼로를 연주해서 받는 돈으로 아이들에게 조제하는 약값을 충당한다.

4. 길거리의 아이들[팔찌 파는 아이들]

관광을 하다보면 마주칠 수밖에 없는 것이 아이들이다. 부모님들이 밤새 만든 팔찌를 들고 관광객들에게 호객을 하는 형태다. 맨 처음 아이들이 만나면 하는 말이 "언니 예뻐"라는 말이다. 아니면 "오빠 멋있어" 그런 다음 수작을 부린다. 5개에서 10개까지 대상에 따라서 차이가 난다. 통상 5개다 그런데 아줌마는 7개 할머니는 9개 10개까지 판다. 읍소할 때는 그렇게 얘기한다. “오늘 하나도 못 팔았어요. 팔아줘요” 그러면 관광객이 얘기한다. “돈 없어” 그러면 아이들이 핀잔을 준다. “그럼 여기 어떻게 왔어” 그리고 또 덧붙인다. “친구에게 빌려” 그래도 관광객이 꿋꿋이 답변한다. “돈 없어” 그러면 아이들이 마지막 일침을 놓는다. “거짓말하면 나쁜 사람이야”

가이드 자신이 겪은 경험담 하나를 얘기한다. 어떤 관광객들이 버스를 타고 관광을 와서 그렇게 아이들과 만났다. 20여명의 일행이 있었다. 그런데 유일하게 사지 않은 한 사람이 있었다. 그 사연을 들어보자. 49세의 모태솔로인 이 관광객은 여자를 구하기에 앞서 캄보디아관광을 온 사람이었다. 50이 넘으면 결혼을 못하는 형국이었다. 이제 남은 시간은 6개월이 채 남지 않았다. “못 팔았어. 여자 친구 갖다 줘.” 그렇게 얘기를 하니 자신의 가슴에 불을 지르는 형국이 되었다. 그러다가 도저히 참을 수 없는 한마디가 더 나왔다. “며느리 갖다 줘.” 참으로 대략난감한 상황이었다.

그들은 곧잘 한국노래를 부르기도 한다. 첫 번째 노래는 곰 세마리, 두 번째는 노사연의 만남. 세 번째는 싸이의 강남 스타일이라고 한다.

5. 앙코르와트

1431년에 37년에 걸쳐 건립된 앙코르와트는 400년간 잠든 도시가 되었다. 중국인이 처음 발견했었으나 제대로 부각되지 못했다. 프랑스 식물학자 앙리 무어가 1831년에 이곳을 탐험하던 중에 발견해서 그곳의 모양을 스케치했다. 그러자 그의 부인이 그 스케치 된 것을 언론에 공개하면서 세상에 알려지게 되었다.

진입로의 복원은 프랑스와 일본이 각각 복원했다. 아직도 미완성인 채로 우뚝 솟아있다. 자야바라만 2세가 자신의 어머니를 위해 지었다고 한다. 우리로 치면 광개토대왕이나 세종대왕 같은 왕이라 여겨진다. 나무들을 제거하면 사원이 훼손되니 다른 방법이 없다. 돌 틈의 접착제들이 부식되면서 성벽이 무너지는 현상이 되었고 태국인들 또는 프랑스 등에 의해 불상이나 보석 등은 도굴이 된 상황이다. 원형에 대한 정확한 기록이나 원형을 추측할 근거가 없어 복원에 애로를 겪고 있다. 일본이 복원한 것은 완전히 새로운 석조로 복원이 되어 색깔이 완전 복원한 티가 그대로 드러나고 있다. 너무하지 않느냐는 주최측의 요구에 관해 일본인들은 그렇게 답변했다. “기다려 달라” 몇 년이 지난 현재 보면 석조물들이 변색되어 어느 만큼은 원형과 비슷한 색깔로 변색이 되는 모습을 보여주고 있다.

앙코르와트의 저주는 그것을 발견하거나 발굴한 사람에 대해서는 저주가 내려진다는 식이다. 중국인도 발견 후에 얼마 되지 않아 죽음을 맞았고 앙리 무어도 캄보디아 국경근처에서 죽었다. 또한 그 부인도 말라리아에 감염되어 죽고 말았다.

사방이 트인 문이 있었는데 적이 침입하면 그곳에 코끼리를 집어놓고 코끼리를 죽였다. 그러면 진입로가 막혀 적들이 침입할 수 없었다. 앙코르와트의 1층은 미물계, 2층은 인간계, 3층은 천상계였다. 천상계는 한 달에 두어 차례식 출입이 금지되기도 했다. 반드시 모자를 벗어야 하고 반바지나 정숙하지 못한 복장은 출입이 통제된다. 100여개의 사원이 널려 있는데 통곡의 방도 있고 보석의 방도 있다. 통상 동쪽으로 들어가 서쪽으로 나오는 형태인 것이 사원의 구조인데 앙코르와트는 서쪽으로 들어가 서쪽으로 나오는 구조라 한다. 꼬리부분에 보석이 박혀 있었기 때문에 모든 석상의 꼬리부분은 훼손이 된 상태로 남아있다.

6. 훈센 총리(1952~)

현재 총리다. 그는 제일 존경하는 사람으로 한국의 박정희 대통령을 존경했다. 첫 번째 한국의 발전 산업화의 결정적인 동인으로 여긴 것은 교육이었다. 두 번째는 해외 파병이었다. 이를 통해서 외화를 벌여 들였고 이렇게 모아진 외화로 자본을 형성시키고 국부를 늘리는 원동력이 되었다. 세 번째는 새마을 운동이다. 농촌의 개량화를 통해서 농업을 활성화시키고 새로운 농업기술과 환경개선을 통해 발전을 이룬 점을 높이 평가한 것이다. 에나 꼬레라는 기독학교가 있어 어린이들을 교육시키고 있다. 중학교까지 의무교육을 시키고 있다. 최고의 직업으로 각광받고 있는 것은 현지가이드이다. 공무원의 4배 급여를 받는다. 일어, 한국어, 불어, 중국어 등의 언어를 배운다. 그런데 가장 어려운 것이 한국어라고 한다. 뜨거운 국물을 먹고 '시원하다' 라고 말하는 것에 그것이 가지는 의미를 정확히 헤아리지 못한다. 그런 부분에 또한 팔도의 사투리가 있으니 더욱 알아듣고 말하기다 쉽지 않다는 것이다. 수원시에서 MOU를 체결해서 지원과 원조를 하고 있기도 하다. 톤레삽호수 옆에는 수상가옥이 많이 있었는데 그 인근에 데일공동체 밥퍼 최도일 목사의 봉사활동이 전개되고 있기도 했다.

7. 두리안과 망고스텐

예전 필리핀 남쪽에 두링이라는 할머니가 살고 있었다. 집 주위로 나무와 식물들이 잔뜩 자라고 있었다. 마을에서는 아이들이 울거나 말을 듣지 않으면 두링 할머니가 잡아간다고 겁을 주었다. 가족을 잃고 난 할머니를 도우려고 할머니를 찾아간 마을사람들에게 할머니는 도움을 필요 없다고 거절했다. 세월이 흘러 어느날 가보니 할머니는 없고 이상하게 생긴 과일이 있었고 지독한 냄새를 풍겼다. 그래서 이름 짓게 된 것이 두리얀이었다가 나중에 두리안으로 변했다고 한다. 양파 썩는 냄새가 나지만 맛좋은 과일로 정평이 났다. 고약한 냄새로 인해 호텔이나 버스 속에 반입하는 것은 불가했다. 그래서 결국 현지에서 비닐장갑을 끼고 손으로 집어서 먹었다. 고 작가가 한턱을 냈다. 가격은 23불이라 했다. 한 개로 25명이 다 맛볼 정도가 되었다.

두리안과 마찬가지로 호텔반입이 되지 않는 과일이 망고스텐이라는 것이 있다. 이것은 그 물로 인해 얼룩이 번지면 세탁에 애로를 겪기 때문으로 알려져 있다.

8. 농산물 판매장의 식겁사건

최 가이드의 경험담이다. 몇 년 전의 일이라고 한다. 우리로 치면 가락동 농산물도매시장 같은 농산물 판매장에 들렀던 때의 일이었다. 관광하고 시장을 둘러보던 터에 갑자기 관람객이 기겁을 하고 튀어나온 일이 있었다. 본래 관광일정에 잘 넣지 않는 코스인데 굳이 그곳을 보겠다고 해서 가게 된 사연이었다. 그렇게 안내를 하고 구경을 하던 중이었다. 그렇게 관광객이 기겁을 한 내용은 이랬다. 우리 같으면 냉장고에 고기나 생선이 다 들어있는 상태일 텐데 이곳은 그런 상황이 아니었다. 문제가 된 고기는 통째로 놓여있었고 구워져있던 통돼지고기 바비큐였다. 그것이 생으로 생체로 나와 있으니 놀랄 만한 일이었다. 그나마 더 충격적이었던 부분은 살갗부분에 새까맣게 파리가 들러붙어져 있었으니 우리로서는 상상하기 힘든 상황과 모습에 기겁을 할 수밖에 없는 상황이었다는 것이다.

9. 길거리 노란병의 정체

버스로 이동을 하다보면 길거리에 병에 노랗게 담겨진 병을 수없이 보게 된다. 과연 저것이 무엇인가 하는 얘기가 나왔다. 첫 번째 얘기는 그것은 망고 엑기스라는 것이다. 또한 그것은 뭔지 모르지만 무척 귀한 것일 것이라는 추측이었다. 그런데 그것의 정체는 놀랍게도 오토바이의 연료인 기름이라는 것이다. 통상 양주병에 담가져 있고 일반 주유소가 많지 않다보니 그렇게 길거리에서 기름을 판매하게 되었다는 것이다. 놀랄 만한 일이었다. 어떤 분들은 꼭 그것을 사오라고 신신당부를 하기도 했다는 웃지만은 못할 얘기도 있었다. 맛이 궁금한 사람은 그것을 한번 사서 맛보라는 얘기도 나왔다.

10. 눈꽃 등

가이드의 가정부에 관한 얘기다. 실제로 눈 위에 간장을 뿌려서 먹기도 한다는 얘기를 듣고는 긴가민가했다는 것이다. 그런데 실상은 눈 위에 간장을 뿌린 형태로 되어져 있는 것이 팥빙수를 얘기하는 것으로 오도된 것이었다. 그 사람들이 그리워하고 동경하는 부분은 한국의 눈을 보고 싶어하고 경험하고 싶어 하는 부분이 있다. 결혼을 하거나 임신을 하면 앙코르와트를 온다는 것이다. 그리고 결혼을 할 때에도 옷을 20벌 정도 입어본다는 경험을 한다는 것이다. 그렇게 옷을 다 사는 것은 아니고 그런 옷을 빌려서 입어보고 결혼하기 전에 모든 것들 하고 싶어 하는 것을 다하고 간다는 것이다.

우리 일행이 앙코르와트를 빠져나올 때 결혼을 위해 웨딩촬영을 하러 앙코르와트로 들어가는 이들을 볼 수 있었다. 비단이 유명한데 누에를 쳐서 아직도 양잠을 한다는 것이었다. 우리만큼 큰 누에는 아니고 훨씬 작은 모양의 누에이고 그 누에에서 실을 뽑아서 비단을 만드는 식이고 누에의 색깔도 푸른 형태가 아니라 노란색을 띄고 있다. 그래서 비단도 노란색이 대부분이라는 것이다. 우리는 관광하지 않았는데 그렇게 양잠하는 모습을 볼 수 있는 관광코스도 있다.

현지인들이 가장 부러워하는 것은 스마트폰을 갖고 싶어 한다는 것이다. 소득수준이 높지 않아 휴대폰을 대부분 갖고는 있지만 폴더폰 형태로 값싼 휴대폰을 소지하고 있다. 인근 국가인 베트남과 태국에 대해서는 대단한 반감을 갖고 있다. 언젠가 태국의 유명인사가 앙코르와트가 자기네 사원이라고 발언했다가 난리가 난적이 있었다. 베트남에 대해서도 자기네 나라를 침공한 점 때문에 무척이나 싫어한다는 것이다. 우리의 관광코스로 베트남 2일, 캄보디아 2일 그런 식인데 베트남에서 기념으로 가지고 오는 베트남 모자를 보면 무척 싫은 내색을 보인다. 이 사람들은 향신료 고수 등의 강한 향을 가진 음식들을 즐겨먹기 때문에 벌레들이 문다는 것은 상상할 수 없는 일이다.

사람들이 순진하고 순수해서 서로 싸우고 윽박지르는 등 갈등이 일어나는 부분은 거의 없는 상황이다. 예전 70년대에는 한국보다 훨씬 경제적으로 풍부했기 때문에 쌀을 원조해주기도 했다. 지난해의 경제성장률이 12%를 넘어서고 있다. 계속적으로 고성장을 거듭한다면 2050년이 되면 한국을 능가할 것이라는 전망을 하기도 한다.

11. 폴 포트 [Pol Pot, 1925. 5. 19~1998. 4. 15]

캄보디아의 정치가. 공산당창당대회에서 중앙상임위원에 선출되고 제2차 당대회에서 서기장이 되었다. 1975년 중국을 방문한 뒤 제4차 당대회에서 서기로 재선되어 중국의 지원을 받아 민주캄보디아의 총리가 되었으나, 1979년 친親베트남군에 의한 프놈펜 함락 후 해임되고 게릴라군 최고위원회 의장 겸 총사령관을 지냈다. 그는 콤퐁톰에서 태어났다. 프놈펜기술학교를 졸업하고 어린 시절에 재기발랄함이 인정되어 1949~1953년 국비장학생으로 프랑스에서 유학하고 귀국한 후 지방에서 반정부투쟁에 가담하였다. 1960년 공산당창당대회에서 중앙상임위원에 선출되고 1963년 제2차 당대회에서 서기장이 되었다. 1970년 5월 민족해방군 최고사령부 부의장 겸 작전부장이 되었으며 1975년 6월 중국을 방문한 뒤 1976년 1월 제4차 당대회에서 서기로 재선되었다. 그해 4월 중국의 지원을 받아 민주캄보디아의 총리가 되었으나, 1979년 친親베트남군에 의한 프놈펜 함락 후 해임되고 게릴라군 최고위원회 의장 겸 총사령관을 지내다가 1985년 총사령관직을 사임하였다. 그에게 프랑스 유학을 갈 때 해주었어야 할 말은 “친구를 잘 사귀어라”였다. 그가 제대로 친구를 사귀었다면 오늘날의 캄보디아는 다른 모습으로 변화했으리라. 그가 프랑스로 유학을 갔다가 봉사활동을 동유럽으로 갔다. 그곳에서 그가 만난 이는 유고슬라비아의 티토였다. 그는 공산주의에 경도되어 돌아오자마자 프랑스공산당에 입당했다. 그리고 유학비의 국고지원이 중단되자 캄보디아로 귀국한다. 그리고 크메르 루저라는 공산당조직을 만들고 공산조직의 체계화를 위해 노력한다. 처음에는 교사로 봉직하기도 했으나 어린아이들에게 공산주의 교육을 했다. 그리고 거의 4년 동안 공산화된 캄보디아의 최고통치자로서 공포정치를 감행했다. 1998년 죽음에 이를 때까지 아무런 정치적 책임에 관해 단죄되지 않은 채 끝나고 말았다.

12. 킬링필드

그때 당시의 캄보디아인구는 7백 5십만 수준이었다. 그런데 학살된 이가 2백 5십만이라고 한다. 국민 4명중 한 명이 학살된 것이다. 지식인, 부자, 선생님 등 자본주의에 물든 모든 이들이 학살의 대상이었다. 첫 번째 안경을 쓰면 학살 대상이었다. 둘째 ‘헬로’라고 부르고 뒤돌아보면 학살 대상으로 체포되었다. 영어를 알아들었고 지식인이라는 식이다. 세 번째 파머를 한사람은 그래도 중산층이라는 이유로 체포되었다. 네 번째는 피부가 하얀 사람이었다. 다섯 번째 배가 나온 사람이었다. 부의 상징이라는 의미였다. 여섯 번째는 악수를 해서 굳은 살이 없는 이는 체포대상이었다. 참으로 얼토당토않고 황당한 사유로 인해 수많은 사람이 학살되었다. 유학을 갔던 중고생, 대학생들을 불러 귀국을 시킨다. 그리고 그들에게 친구 세 명을 얘기하면 살려준다고 얘기한다. 그리고 회유한다. 그러면 대부분 죽음의 공포에서 세 명의 이름을 적시한다. 그러면 사느냐 하면 전혀 그렇지 않다. 자신의 친구들도 똑같은 경우를 당하니 자신의 이름이 호명되지 않는다는 보장이 없다는 것이다.

죽이는 방법도 다양했다. 드릴로 머리에 구멍을 뚫어 죽이기도 했고 나무에 달린 가시로 찔러서 죽이기도 했다. 수많은 유골이 도처에서 발굴되는 악순환이 거듭되었다. 우리의 광주민주화 운동과 유사성이 있는 부분도 있으리라. 영화가 소개되면서 캄보디아의 실상과 폴 포트의 악행이 전세계에 알려지게 되었다.

13. 안젤리나 졸리

안젤리나 졸리는 이곳에서 '톰레이더' 라는 영화를 찍었다. 그리고 영화를 찍는 내내 레드 피아노를 방문하는 일정을 보냈다. 그리고 그것으로 끝나지 않았다. 캄보디아에 관한 애정을 바탕으로 제일 큰아들을 입양한다. 연인과 결별의 원인이 될 정도였지만 그녀는 계속 아들을 키웠다. 그리고 재단을 만들었고 매년 한 번씩 캄보디아를 방문하는 행사를 가진다. 사원의 한켠에 서 있는 뿌리 깊은 나무는 안젤리나 졸리 나무 라고 명명될 정도다.

14. 기부

가이드들이 통상적으로 얘기를 한다. 가급적이면 의미 있는 기부가 있으면 좋겠다. 그래서 어떤 이는 기부물품을 가지고 온다. 한번은 이런 일이 있었다. 먼저 1차로 여행을 다녀간 사람들로부터 소식을 들은 2차 방문단에 그런 것을 감안해서 기부물품을 가져왔다. 그 사람이 가져온 것은 라면박스 3박스정도였다. 기대를 엄청했다. 학교에서 선생님의 입회하에 라면박스를 풀었다. 그렇게 개봉된 박스에서 나온 것은 우리나라의 찜질방 복장이었다. 아래위 한 벌이었다. 캄보디아사람들이 희망하고 원하는 바는 한 벌의 옷이었다. 비록 뒤편에는 찜질방의 로고가 찍혔고 어색했지만 상관없었다. 모든 사람들이 다 좋아했다. 사이즈가 있었고 어린이용, 어른용 그리고 크기별로 별도의 사양이었으니 모두들 만족해했다. 다음에 어떤 관광객은 어린이를 위해 적절한 선물로 생각한 것이 노트와 연필이었다. 그렇게 구걸을 하거나 상행위를 하는 아이들을 위해 공책과 연필을 나눠주었다. 그랬더니 반응이 그랬다. 노트는 수령을 하는데 연필은 팽개쳐버렸다. 연필은 판매가 불가능한데 반하여 노트는 얼마든지 팔 수 있으니 마다하지 않는다는 식이다.

15. 국왕

캄보디아의 국왕은 노르돔 시하모니(1953~)이다. 아버지는 노르돔 사하누크(1922~2012)와 그의 여섯 번째 부인 모니니엇(1953~)와의 사이에 태어났다. 모니니엇 왕비의 본명은 모니크 이지이고 아버지는 프랑스계 이탈리아 인이었고 어머니는 캄보디아인이었다. 1951년 미인대회에 참가한 그녀를 본 시하누크가 첫눈에 반해 그녀를 부인으로 맞았다. 시하모니 국왕은 현재도 미혼인 상태로 있다. 호텔이나 집 등에 초상화가 세 개 부착되어져 있는데 그것이 세 사람의 사진이다.

16. 분실물

오랫동안 호텔에 투숙하다보면 별의별 일이 다 생기기 마련이다. 제일 좋은 옷을 말리는 장소는 스탠드 불빛이 있는 탁자 밑이다. 제일 많이 놓고 가는 것은 휴대폰 충전기다. 그리고 속옷 등도 많이 내버려두고 간다. 한번은 그런 일이 있었다. 거의 한국에 도착하자마자 전화가 온 것이다. 이것은 보통 심각한 문제가 아니겠구나 하고 지레짐작을 했다. 아니나 다를까 보통일이 아닌 듯했다. 그래서 그 속옷의 가격을 물었다. 알아보니 그것은 상상을 초월하는 금액이었다. 백 7십만 원이었다. 도저히 일반 사람들에게는 믿기지 않을 가격이었다. 택시를 타고 급하게 호텔로 갔다. 그랬더니 아니나 다를까 없다는 반응이었다. 결국 어떻게 해볼 도리가 없었다. 1불로도 안되고 결국은 10불을 주었더니 반응이 달랐다. 잠시 기다리라고 하더니 곧이어 분실물을 찾아왔다. 그래서 그것을 포장해서 택배로 부쳤다. 얼마의 날짜가 지났다. 그랬더니 포장상자가 하나 배달되어져 왔다. 거기 들어 있었던 것은 아이들이 좋아할만한 과자들이 잔뜩 있었다. 그리고 상자 바닥에 봉투가 들어있었는데 그곳에는 택배비가 들어있었다. 참으로 특이한 경험이었다. 그분이 조금 체격이 퉁퉁한 편이었는데 맞춤 속옷이었던 것이었다. 아직도 카톡을 하고 있는데 한 번씩 하트를 보내준다는 얘기를 가이드가 했다.

18. 캄보디아 인사말 등

캄보디아 인사말은 '안녕하세요' 에 해당하는 말이 '섭섭하이' 라고 한다. 인사를 할 때는 두 손을 모아 합장을 한다. 5가지의 단계가 있다. 첫째, 자신과 동년배 친구 등을 만났을 때에는 합장한 손을 가슴높이에서 인사를 나눈다. 둘째, 자신보다 선배 또는 사장 등에 대해서는 입술높이에 댄다. 셋째, 코끝 높이에 댄다. 그것은 부모님, 할아버지, 할머니, 선생님, 교수님 등에게 인사할 때이다. 넷째, 눈썹 높이다. 그것은 왕, 스님을 만났을 때 인사법이다. 마지막 다섯 번째이다. 그것은 정수리높이다. 기원하거나 죽은 사람에 대한 인사를 할 때의 인사법이다. 다음은 감사인사이다. 감사인사를 할 때 말은 '어꾼' 이다. '감사합니다.' 라는 의미이다. '어꾼' 에 더 감사를 표할 때에는 '쯔란' 이라는 말을 덧붙인다. '어꾼 쯔란' 이라한다. 더없이 감사할 때 최상의 감사를 표할 때 하는 인사는 '쯔란' 을 두 번 붙인 '어꾼 쯔란 쯔란' 이라고 하는 것이 최상의 감사표시이다.

19. 특산물 [보석, 상황버섯, 라텍스, 잡화]

보석은 매월별로 탄생석이 있다. 1월 가넷, 2월 자수정, 3월 아쿠아마린, 4월 다이아몬드, 5월 에메랄드, 6월 진주, 7월 루비, 8월 파리도, 9월 사파이어, 10월 로드마린, 11월 시트린, 12월 블루 토파즈였다. 가넷은 힐러리석으로 알려져 있기도 했다. 어린 시절 부모님이 힐러리의 목에 걸어주기도 했다고 해서 선풍적인 인기를 끌었다. 그 의미가 여자의 성공을 뜻한다고 했다. 여자아이들의 탄생석을 하나씩 사고는 그곳을 빠져나왔다.

다음은 상황버섯이다. 이는 뽕나무에서만 자라는 버섯이었다. 그 효능이 제대로 알려진 것이 요즘에 와서다. 항암효과를 아는 이도 없다. 일본에서 사원을 복원해주고 얻은 대가가 밀림의 뽕나무 벌목권과 상황버섯 채취권이었다. 아이들이 밀림으로 상황버섯의 채취를 위해 간다.

필수적으로 가져가야 하는 것이 세 가지다. 첫째 마약이다. 몰핀인 것이다. 부상을 당했을 때 진통제로 필수품인 것이다. 둘째 지혈가루다. 피가 나거나 상처를 입었을 경우 지혈을 위한 것이다. 세 번째는 붕대다. 목숨을 걸고 가는 것이기 때문에 엄청 위험을 감수하고 가는 것이다. 지뢰가 너무 많기 때문에 요즘에는 군부에서만 군인만이 채취를 할 수 있도록 허용이 되었다. 최소한 100일을 먹어야 한다는 얘기였다. 결코 주전자에 끓여서는 효능을 볼 수 없다는 얘기였다. 물을 끓여서 먹거나 아니면 술을 담가서 먹는 복용법 밖에 없다. 주씨네 자매들이 연합해서 상황버섯을 사고 말았다.

세 번째는 라텍스였다. 고무나무에서 추출된 것으로 만든 것이었다. 베게가 있었고 또 다른 것은 매트리스 또는 침실용이었다. 모두들 베게, 침대 등에 누워보고 그 효험에 쏙 빠졌다. 결코 햇볕에 말려서는 안 되고 물에 세척도 안 되는 것이 라텍스였다.

마지막은 잡화점이었다. 계피와 꿀이 있었고 천리향으로 추출한 향수 등 여러 가지 제품 등이 진열된 잡화점이었다. 관광용 기념품 등도 즐비했다. 제대로 품질을 보증하기도 힘들 것으로 여겨졌지만 짝퉁이 있는 것 같아 보이진 않았다. 모두들 잔뜩 사들고 왔다. 그리고 그렇게 산 계산의 일정부분은 좋은 일에 기부가 된다고 하니 기쁜 마음으로 쇼핑을 했던 듯했다.

20. 봉사활동을 온 사람들의 눈물

통상의 봉사활동을 온 사람이 있었다. 여러 사람들이 왔다. 통상의 관광일정은 똑같이 진행이 되었고 하루만 봉사를 하는 날이었다. 아이들도 왔다. 그래서 아이들이 하는 것은 도넛을 만드는 것이 일이었다. 도넛을 튀기고 만들어서 그것을 시장에 가서 팔아서 식재료를 사온다. 그러면 그것으로 음식을 만들어 아이들에게 나눠주는 배식을 하는 것이다. 처음에는 무덤덤하게 배식을 하다가 그 어린 아이들이 너도나도 한 끼의 배식을 받기위해 오는 것을 보고 나중에는 결국 눈물을 흘린다는 것이다. 그리고 배식이 끝나고 나면 자기들이 식판에 밥을 받아먹으면서 흐르는 눈물을 참지 못할 지경에까지 이르게 된다. 한아이의 경우는 배식을 받으러 왔는데 그런다는 것이다. 비닐봉지를 하나 달라는 것이다. 그리고 식판에 받은 음식을 모두 한꺼번에 비닐봉지에 받아서 그것을 밥을 먹지 못하고 있는 동생에게 가져다 주기위해 그런다는 얘기다.

21. 호텔에서의 에피소드

첫 번째는 정전의 사태가 있었다. 자주 있었던 일은 아니었지만 한창 회합을 하던 중에 갑자기 정전이 되는 일이 있었다. 두 번째는 키를 놔둔 채로 문이 잠겨 대략난감해진 일이 있었다. 로비에 가서 인터넷으로 찾은 영문을 보여주었다. '키를 놔두고 왔는데 문이 잠겼어요' 라는 항목이 있었는데 그것을 보여주자 룸 넘버를 물었다. 그래서 넘버를 가르쳐주었더니 룸에 가서 기다리라고 했다. 곧 직원이 와서 문을 열어 주었다. 또 다른 하나는 알람을 잘못 맞춰준 탓에 한국시간으로 착각을 해서 두 시간을 일찍 일어난 경우가 있었다. 한국시간과 캄보디아 시간을 착각한 탓에 잠을 깨버린 경우가 생긴 것이다. 잠이 달아났으니 다시 잠들기는 어려웠다. 세 번째는 매너팁을 깜빡한 경우였다. 체크아웃을 하는 날이었는데 로비에 앉아 대기 중에 곰곰이 생각을 했더니 매너팁을 놔두지 않고 온 것이었다. 다시 방으로 갔을 때에는 문은 이미 잠긴 상황이었다. 결국 문틈으로 팁을 넣어두고 나왔다.

대만여행기

1일차 [중식 – 충렬사 – 국립고궁박물관 – 101 빌딩 – 석식 – 호텔]

새벽 4시에 알람을 맞췄다. 4시 40분까지 신대방삼거리역 공항버스 정류장으로 가야했다. 부산하게 채비를 하고 준비를 해서 집을 나섰다. 캐리어, 중형 끄는 가방, 그리고 각각의 손가방을 어깨에 메고서 나선 것이다. 아들은 잠에 빠져 있었다. 연휴때에도 4일간 집을 비웠는데 이번에도 마찬가지였다. 예상시간보다 10분쯤 일찍 도착했다. 공항버스는 서울공고를 지나고 공군회관을 지난 후 여의도를 지나 88로 접어들었다. 손님은 좌석을 꽉 채울 정도였다. 88부터는 일산천리였다. 아침이 아직 밝아오지 않은 상황이어서 컴컴한 상태였고 부부간에 같이 앉아서 가지도 못했다. 눈을 감고 잠을 청해보기도 했으나 여의칠 않았다. 이번에 새로 생긴 제2터미널로 가야 했기에 한참 시간이 더 걸렸다. 버스에서 내려 여행사에서 알려준 3층 하나투어 부스로 갔다. 예정시간이었던 6시 30분보다 10여분 일찍 도착이 되었다. 곽사장은 이제 막 버스에서 내렸다고 했다. 우리가 곽사장 부부의 서류까지 챙겨서 B구역으로 갔다. 그곳에서 곽사장을 만났다. 서류를 전해주고 줄을 섰는데 수속 창구가 달랐다. 또다시 끝쪽 구역으로 가서 모니터를 통해 전자발권을 해서 짐을 부치는 수속을 하고 출국수속을 마쳤다.

아직까지 출발시간까지는 꽤 많은 시간이 남았다. 면세점에 들렀다. 처음에는 수정방을 찾았는데 매진되었는지 찾을 수가 없었다. 결국 발렌타인 21년산을 샀다. 9시가 출발시간이었는데 비행기 정비에 문제가 생겼다고 하면서 거의 30분이 지체되었다. 부부가 이산가족이 되었다. 옆사람에게 양해를 구하고 좌석을 바꿨다. 본래 비행기 좌석은 잘 바꿔주지 않는 것이 관례인데 다행이었다. 곧 아침 기내식이 나왔다. 식사를 하고 나니 그래도 조금은 편안한 기분이 되었다. 북새통을 이뤘던 인천공항을 빠져나오니 그나마 좀 혼잡이 덜했다.

11시 30분쯤에 타이페이 공항에 도착이 되었다. 안소영이라는 가이드가 피켓을 들고 기다리고 있었다. 부산팀은 이미 도착해서 차를 마시면서 기다리고 있는 중이었다. 곧이어 일행과 합류했다. 지난 8월의 몽골, 러시아 여행 이후 6개월 만의 해후였다. 새로운 부부도 한명 있었다. 곧바로 버스에 탑승해서 점심을 먹으러갔다. 정식으로 가이드가 자기소개를 했고 대만에 관한 개괄적인 설명을 했다. 만두, 닭고기, 계란말이 등 현지식이었다. 식사 후 본격적인 관광이 시작되었다.

처음 간 곳은 충렬사였다. 애국지사들의 위패, 흉상 등이 모셔져 있었다. 날씨가 갑자기 악화되어 비가 내렸다. 미리 준비한 사람은 우산을 썼고 일부는 버스에 있는 낡은 우산을 사용했다. 일부는 우산의 살대가 부러져 애를 먹기도 했다. 입구에는 위병들의 교대식이 진행되기도 했다. 아주 절도있는 동작으로 교대식을 진행했다. 사진을 찍었고 경내를 둘러보았다. 꽃들이 만발해 있는 상황이었다. 겨울의 끝자락이라 이제부터는 본격적인 봄을 맞이할 것으로 여겨졌다. 일부 소철나무 등은 잎이 거의 말라있었다. 다음으로 찾은 곳은 고궁박물관이었다. 70만점이 전시되어져 있다. 세계 4대 박물관에 들어있을 정도다. 가이드의 안내와 설명이 이어졌다. 이어폰을 꼽고 혼잡한 속에서도 가이드의 안내를 들을 수 있었다. 입추의 여지가 없다는 것이 실감날 정도였다. 취옥백채, 육형석, 모공정, 상아투화운룡문투구, 옥병풍 등 이루헤아릴 수 없는 명작들이 즐비했다. 결코 명성이 헛되지 않았다. 루브르를 보았던 것과는 또다른 감흥을 주었다.

다음은 101타워에 올랐다. 다른쪽 건물로 들어가 에스컬레이터로 5층까지 가서 다른 통로로 빌딩의 5층 입구로 갔다. 처음에 줄을 서서 기념사진 촬영부터 했다. 포토샵을 해서 기념사진을 87층에서 판매를 한다는 설명이었다. 곧바로 사진의 모습이 TV화면 모니터로 확인이 되었다. 그렇게 오랫동안 기다린 것은 아니었다. 엘리베이터 안내요원이 있었다. 거의 82층을 오르는 데 걸린 시간이 고작 37초 정도였다. 천정에는 네온사인이 밤하늘의 모습을 수놓고 있었다. 북두칠성 정도를 구분해 볼 수 있었다. 시간이 거의 해질녘이어서 사방분간은 큰 것만 겨우 분간할 수 있을 정도였다. 중심추 윈드 댐퍼 라는 것이 매달려 있었다. 엄청난 크기였고 황금색이었고 커다란 구모형으로 매달려 있으면서 건물의 중심을 잡고 있었다. 지진방지시설이라고 했다. 지상에서 조금씩 이동을 시켜 88층에서 조립해서 매달았다고 한다. 무게 660톤 직경이 5.5미터나 된다. 1.2센티미터 정도 이동이 되었다고도 한다. 우리 생의 윈드 댐퍼는 무엇이었을까를 생각해 보게 만드는 것이었다. 위에서도 기념촬영을 했고 아래쪽에서도 살펴보았다.

2일차 [조식(호텔식) – 금용천 – 중식(현지식) – 야류지질공원 – 지우펀 – 스펀 – 석식]

여행 2일차였다. 9시에 호텔로비에 집결해서 버스에 올랐다. 1시간여를 달려 도착한 곳은 금용천이라는 노천온천이었다. 금산지역을 대표하는 온천이었다. 해수심청온천수를 이용했다. 청조6년 11월에 있었던 대지진 당시 발견되었다. 금용천이 포함하고 있는 온천수가 4가지 성분이었다. 해수, 탄산, 유황, 철이다. 닥터피쉬라고 불리는 물고기가 있는 탕이 별도로 마련되어져 있었다. 일반 동남아의 경우는 물고기 색깔이 짙은고동색이고 크기가 피라미 수준임에 반해 이곳은 금붕어처럼 붉은 색의 물고기도 섞여 있었고 크기도 훨씬 컸다.

일단 입구로비에서 수영복과 수영모를 대여해서 탈의실로 들어갔다. 남탕 여탕이 분리되어져 있었고 안쪽으로는 목욕탕이 별도로 있었다. 쑥찜 사우나와 증기식 사우나도 2층에 별도로 마련되어져 있었다. 온천을 찾는 사람이 우리뿐인지 손님이 없는 탓인지 많이 퇴색한 느낌이었다. 노천탕에는 각용 각색의 탕이 별도로 구획되어져 있었다. 온탕 열탕의 느낌이 나는 곳이 많은 사람이 들어갈 수 있게 넓었다. 조그맣게 만들어진 곳에는 당귀, 인삼, 기타 여러 약재가 들어간 듯한 느낌을 주었다. 물의 색깔도 다양했다. 큰 타월을 하나씩 주었다. 귀중품은 라커에 넣고 20원 정도의 동전을 넣어야 키를 받을 수 있었다. 우리로 치면 신발장처럼 조그맣게 칸칸이 만들어져 있었다.

VIP용은 별도로 있었다. 우리식의 사우나를 연상하면 될 것이었다.

한켠에는 샤워시설이 다른쪽에는 온탕, 냉탕 등이 있었다. 한시간 30분 정도 온천욕을 즐겼다. 단연 인기는 닥터피쉬였다. 각질제거에 좋다고 하니 너도나도 뛰어들었다. 온천을 마치고 버스로 이동했다. 지나온 야류지질공원이었다. 4대구경거리를 일컬어 예스진지이라고 한다. 예에 해당하는 것이 야류였다. 스에 해당하는 것은 스펀이고 진은 진과스, 지는 지우펀 이다. 우리의 관광에는 예스지까지만 되어져 있었다. 진과스는 예전 황금을 캐던 광산지역이었는데 지금은 관광지로 변했다.

야류공원의 입구에 있는 해산물전문 식당에 가서 중식을 했다. 밥이 좀 잘못되었다. 결국 가이드에게 항의해서 새로운 밥으로 가져왔다. 식사를 마치고 본격적으로 공원구경에 들어갔다. 1지구, 2지구, 3지구가 있었다. 1지구는 가이드와 함께 2지구는 자유롭게 관광하는 식이었다. 관심의 초점은 여왕두라는 바위였다. 이집트의 여왕 네페르티티를 닮았다고 한다. 입구에도 모형이 하나더 세워져 있었지만 실물을 보려는 이는 줄을 서야했다. 성질급한 한국인은 뒤로 가서 사진을 찍고 나왔다. 하트바위 아이스크림바위 촛대바위, 화석 등 곳곳에 특이한 모양의 바위들이 줄지어 있었다. 한쪽에는 어부인 듯한 이의 동상이 세워져 있었다.

다음의 목적지는 지우펀 거리였다. 우리식으로는 구분이었다. 9명의 사람이 공동생활을 영위한데서 유래되었다. 영화촬영지로 유명한 곳이었다. 비정성시라는 유명영화였다. 탄광지였는데 퇴색하면서 관광지로 변신한 곳이다. 땅콩아이스크림 등 많은 먹을거리들이 있었다. 맨 끝자락에 위치한 산해관이란 찻집에서 차와 생맥주를 마시면서 환담했다. 기념촬영을 부탁하기도 했다. 서로간에 기념촬영을 해주기도 했다. 멋모르고 사람수대로 차를 시켰는데 그 차는 한 주전자씩 나왔다. 물배를 채운셈이 되었다. 시간이 좀 지체되는 바람에 가이드에게 양해를 구하기도 했다. 가이드의 얘기로는 일정에 차질이 불가피하다는 얘기였다.

다음은 스펀이었다. 천등날리기를 하는 곳이었다. 철길위에서 날리는 것이었다. 다섯가지를 해야 하는 곳이다. 붓으로 소원을 적고 두쌍씩 한 천등을 날렸다. 직원이 기념촬영을 해 주었고 사인을 주었다. 등에 불도 붙여주었다. 네면의 소원을 돌려가며 기념촬영을 했고 마지막으로 다시 한번 등을 날린 후 또 촬영을 했다. 우리의 소원등 풍등과 유사했는데 재질이나 색깔 등이 달랐다. 크기도 무척 컸다. 거의 1미터 이상이었다. 다음의 관광지는 징안치아오였다. 도보용 현수교로 128미터에 달했다. 기념사진을 찍고 하루의 일정을 마무리하고 석식을 하러갔다.

3일차 [홍모성 – 단쉐이 –서문정 – 중식 – 발마사지 – 용선사 – 화시지애 야시장 – 석식(샤브샤브)]

여행 3일차였다. 실질적으로 여행의 마무리되는 날이다. 첫행선지는 단쉐이에 있는 홍모성이었다. 정식명칭은 홍마오청이다. 1629년 스페인에 의해 건립된 요새였고 후에는 영국의 영사관으로 사용되었다. 스페인, 네덜란드, 영국이 거쳐간 요새로 독특한 건축양식을 자랑하고 아름다운 석양을 감상할 수 있는 언덕위에 위치해 있다. 네덜란드인을 빗댄 붉은 머리털의 의미를 가졌다. 옆에는 진리대학이 있었다. 집사람이 화장실에 간 사이 가버려서 길이 어긋났다. 입구에서 기다렸는데 집사람은 다른길로 내려갔다. 하는 수없이 찾으러 들어갔으나 허탕이었다. 집결지에서 겨우 조우할 수 있었다. 다시또 비가 내리기 시작했다. 다음 목적지는 단쉐이였다. 항구도시였고 강물과 바닷물이 만나는 곳이었다. 이 강이 타이페이까지 연결되었다. 영화 말할 수 없는 비밀의 촬영지로 유명했다. 예전에는 강을 가로질러 배를 타는 코스도 있었는데 2016년 세월호 사건이후로는 배를 타는 관광코스가 사라졌다.

길 양옆으로 먹을거리를 파는 상점들이 길게 줄지어 있었다. 군것질거리로 유명한 것은 테단(간장에 졸인 계란), 위완탕(어묵탕), 대왕 오징어 튀김(오징어를 통째로 튀긴 것을 잘라서 컵그릇에 담아 판매), 대왕카스테라 등이었다. 오징어 튀김과 대왕카스테라를 샀다. 오징어 튀김은 인근 강가에서 먹었다. 카스테라는 집결지 부근의 평상에서 앉아서 스타박스에스 테이크아웃한 커피와 같이 먹었다. 윤사장은 딸들을 위해 우산을 기념으로 사기도 했다. 입구에는 역이 있었고 자전거 주차시설도 있었다. 다음은 서문정이었다. 우리로 치면 명동이나 강남쯤이었다. 방향별로 가로등의 색깔이 달랐다. 노란색, 붉은색, 파란색 등 다양했다. 우연찮게 그곳을 돌아보다가 부산순두부집이란 곳을 발견했다. 한국음식들을 파는 한국식당이었다. 기념으로 촬영을 해 두었다. 붉은 가로등 열에 있었다. 영화관이 즐비했고 젊은이들로 넘쳐났다.

어떤 국수집 같은 곳에서는 컵에 국수를 팔았는데 앉을 자리가 없었는지 인근의 거리에서 모두들 국수를 먹고 있는 진풍경이 벌어지기도 했다. 우리같으면 상상을 할 수 없는 모습이었다. 한 가게에 들어가 아이스크림을 먹었다. 식당의 지하로 들어갔는데 온통 낙서투성이었다. 한국사람들이 한 모습에 놀랄뿐이었다. 한쪽 벽면에는 한국의 연예인 사진이 붙여져 있었다. 남희석, 김상희, 젊은 남자탤런트 성훈, 이연복셰프 등이었다. 다음의 일정은 중식을 먹으러 갔다. 요리는 두부, 숙주나물, 계란찜, 브로콜리, 생선요리, 야채, 돼지고기 등 열가지쯤의 요리가 나왔다. 고추장을 뿌려 먹기도 했다. 식사를 마치고 찾은 곳은 발마사지 숍이었다. 손님이 만원이어서 15분쯤을 버스에서 대기했다가 들어갔다. 숍 입구에는 뿔달린 사슴의 박제모형이 위치하고 있었다. 마사지사는 남자도 있었고 여자도 있었다. 제법 나이들어 보이는 분도 있었다. 광고지 같은 것을 두 장 주었다. 부위별로 지압위치를 설명한 것 등이었다. 한쪽은 8명 다른쪽은 12명이 받을 수 있는 구조였다. 다른 방에는 누워서 받는 곳도 있었다. 매너팁으로 천원을 주었다. 다음으로 찾은 곳은 용선사였다. 타이베이 중심부에 위치해 있어 엄청난 인파로 붐볐다. 향을 하나씩 받아서 기도를 하고 뒤쪽으로 갔다. 각종 신들이 있어 그것에 맞게 찾는 것이 필요했다. 우리는 시험합격을 위해 문창대군에게 기원을 하고 빠져나왔다. 설을 지난 후 정월대보름을 앞둔 시기여서 참배객이 많았다. 지난주에는 아예 입장도 할 수 없을 지경이었다는 가이드의 설명이 있었다.

용선사 참배를 마치고 바로 길 건너에 있는 화시지애 야시장을 찾았다. 가이드가 안내해 준대로 들어갔는데 너무 복잡하고 혼란스러워 충분히 야시장의 매력을 느껴볼 재간이 없었다. 돼지꼬리요리와 과일 그리고 즉석튀김요리인 어묵을 사서 맛을 보았다. 어묵에는 계란이 들어가 있기도 했다. 여행의 일정을 마치고 저녁을 먹으러갔다. 그곳은 샤브샤브 음식점이었다. 각자 개별로 화로가 주어지는 식이었다. 야채, 고기, 기타 여러 가지들이 셀프로 구비되어져 있어 더 가져다 먹을 수 있었다. 한국 소주도 매장에 진열되어져 있었다. 거의 포식수준이었다. 식사를 마치고 호텔로 돌아왔다. 여행의 마무리가 되었다.

4일차 [조식 – 9시집결 – 공항 – 출국 수속 – 타이페이 – 인천공항(김해공항)]

오늘은 대만여행을 마치고 귀국하는 날이다. 7시 40분경에 모닝콜이 울린 10분 뒤에야 겨우 식사를 위해 1층으로 내려갔다. 3일동안 조식을 했던 곳이라 익숙했다. 입구에서 조식용 티켓을 제출하고 뷔페식 식당에 입장했다. 야채, 고기, 음료(커피, 쥬스, 과일음료, 등), 빵 등 다양하게 준비되어져 있었다. 밥은 흰죽, 밥, 볶음밥 등이 준비되었다. 시리얼도 먹을 수 있도록 되어져 있었다. 열대과일 패션프루츠 바나나, 등도 있었다. 거의 70%정도가 한국인으로 보였다. 밥옆에는 김치도 준비되어져 있었다.

식사를 마치고 다시 호텔로 올라가 짐을 챙겨서 호텔로비로 내려왔다. 호텔로비에는 세계를 누볐던 배가 모형으로 비치되었다. 또한 청동상도 몇 개있었다. 기념촬영을 했다. 입구 중앙에는 큰 화분이 있었다. 꽃을 활짝피우는 모습을 보여주었다. 체크아웃을 하고 버스로 이동했다. 날씨는 여전히 흐릿했다. 대만여행에서 기억에 남는 것을 애기해 보라고 하고서는 가이드가 자문자답했다. 고궁박물관, 지우펀, 천등날리기 등 아기자기한 맛이 있다는 애기였고 가족단위로 여행을 많이 온다는 애기였다. 30분 정도를 달린후 공항에 도착했다. 3일간 일정이 더있는 곽사장 부부도 일단은 작별을 고하기 위해 공항까지는 함께했다. 공항에서 작별을 고하고 출국수속을 위해 안으로 들어갔다. 가이드와도 작별을 고했다. 출국수속후 게이트앞 로비에서 휴식을 취하다 탑승했다. 대한항공편으로 귀국했다. 조금더 일정이 있었으면 하는 바램을 가졌었다. 김해공항으로 간 친구들은 벌써 도착해서 거제로 가는 버스에서 소식을 전해오기도 했다. 추진위원장과 사무총장에게 감사를 표했다. 그리고 다음의 여행을 기대하게 했다.

대만여행기 에피소드

1. 고궁박물관 취옥백채와 이건희

고궁박물관에 들어갔다. 세계4대 박물관이란다. 두 번째로 박물관을 보게되는 셈이다. 아직 영국과 미국의 박물관에는 가보지 못했다. 르브루가 나폴레옹의 작품이라면 고궁은 장개석의 작품이었다. 요즘은 러시아까지 포함해서 5대박물관으로 칭한다는 얘기였다. 중국공산당과 국민당이 한창 싸우던 시절 장총통은 이를 운반할 생각을 했다. 북경 자금성에 있던 보물들을 최초로 옮겼던 곳은 상해였고 또다시 옮긴 곳은 남겨이란다. 우여곡절 끝에 1947~1948년까지 거의 옮겼다. 현재 자금성에 남은 것은 건물만 남았다는 것이고 알맹이는 모두 이 고궁박물관에 있다는 얘기다. 옥, 도서, 회화, 도자기, 서예작품 등 거의 70만점이 소장되었다. 어떤 경우에는 취옥백채가 이동전시되는 경우에는 볼 수 없는 경우도 있다는 설명이었다. 취옥백채만은 변함없이 자리를 지킨다. 청조말 광서제 왕비 서비가 혼수로 가져온 것이다. 서태후가 무덤까지 가져가고자 할만큼 애지중지했던 것이다.

우리나라 최고부자 이건희 회장이 고궁박물관에 왔다. 관장이 직접 안내하고 설명해서 관람을 시켰다. 취옥백채를 보기위해 구름떼처럼 몰려드는 인파를 보고 회장이 감탄해 마지 않았다. 그리고 물었다. 저것을 나에게 팔 수 있느냐. 그러자 관장은 난색을 표했다. 그리고 덧붙였다. 한국의 제주도라면 한 번 고민해보겠다는 얘기였다. 영국에서는 인도를 다 준다고 해도 세익스피어와 바꾸지 않겠다고 했다. 우리나라의 국보 양주동 선생은 자칭 국보였다. 백색과 배추색인 연두빛이 절묘하게 조화를 이루고 있었고 그 배추속에 여치와 메뚜기가 붙어있었다. 이 여치와 메뚜기는 다산을 상징한다고 한다. 여치의 날개부분은 좀 부러진 흔적이 남아있다는 얘기였다. 예전 대만이 UN가입을 못하고 있을 때 배추를 돌려주면 고려해보다고 중국에서 얘기를 하기도 했단다.

두 번째 보물은 육형석이다. 유명한 소동파가 돼지고기를 좋아했기에 동파육이라고도 한다는 설명이고 별명은 삼겹살이라고도 칭해진다. 본래는 털도 있었다는 얘기를 하기도 한다. 돌임에도 꼭 고기모형을 하고 있는 것으로 백옥비채와 같이 나란히 전시되고 있었다.

세 번째 보물은 모공정이다. 솥모양을 하고 있는 것으로 서주시대 유물이다. 솥의 안쪽으로 글자가 새겨졌다. 모공정을 만든 모공에게 강기의 숙정, 정치의 부층을 명했다는 내용이 적혀있는데 32행 497글자가 정교하게 새겨져 있다. 또다른 형태의 모공정이 하나더 있기도 하다. 백옥비채와 모공정은 박물관의 10대 소장품에 들어간다.

네 번째는 계영배다. 세계에 있는 것이 10개정도라 한다. 조그만 그릇같은 것인데 선색깔의 수채기법을 적용한 독특한 문양이 이색적이다. 닭의 모습이 정교하게 새겨져 있다. 2014년 홍콩경매에 상하이 갑부 류이첸이 375억원에 낙찰을 받았다.

다섯 번째는 상아투화문특구다. 조구만 구모양으로 되어져 있는데 상아에 조각을 해서 17번으로 싸고 싼 형태로 되어져 있다. 거의 조그만 탱 자정도의 크기 또는 탁구공크기 정도로 되어져 있다.

여섯 번째는 상상의 동물 피사상이다. 별칭으로 천록, 비휴, 백해라고도 한다. 금은보화만 먹는 것으로 되어 있다. 잔뜩 먹고 똥을 쌌는데 이를 옥황상제가 밟고는 기분을 잡쳤다. 그리고는 똥꼬를 막아버렸다. 또다른 얘기는 엉덩이를 때렸는데 똥꼬가 막혀버렸다. 4가지 동물의 형태를 조금씩 갖고 있다는 얘기다. 엉덩이를 만지면 복을 받는다. 오른발이 앞으로 나온 것은 암컷 왼발이 나온 것은 수컷이다.

일곱 번째는 아기모양의 베개였다. 세계에 3개밖에 없는 베게인데 두개가 대만에 있다는 것이다. 이것을 베고자면 잠도 잘오고 아기도 잘 갖게된다는 속설이 있다.

여덟 번째는 옥으로된 병풍이다. 황제에게 바치기 위해 제작한 것이 아니라 일제 강점기 대만 총독이었던 일본인 총독에게 바치기 위해 제작된 것이란다. 총독이 소중히 간직했다가 일본으로 가져가기 위해 배를 타고 갔는데 풍랑을 만나 죽을 뻔 했다는 얘기다. 병풍때문인 것을 알고 반환하고 갔다는 얘기였다.

기타, 당나라시대 미인상도 있었고 여러 가지 불상도 있고 건륭황제시절 유물들도 특별전시되고 있었다. 유일하게 이색적인 곳이 한 곳 있었는데 그곳은 중국에서 생산 제작된 것이 아니고 외국에서 사절들이 선물로 황제에게 진상한 것 들이었다.

2. 한국의 용과 대만의 용

용은 본래 전설속의 동물로 되어있다. 우리나라에서는 이무기가 물을 만나 승천한다. 그런데 대만의 용은 잉어가 물을 만나 승천하는 것으로 되어있다. 황허에서 나온 얘기다. 산시성에는 폭포가 세곳 있다. 잉어가 물을 만나면 승천하다는 얘기가 전해져 온다.

3. 101빌딩과 윈드댐퍼

타이페이 중심부에 101빌딩이 있다.(509.2m) 우리나라 63빌딩은 85년 당시 아시아에서 가장 높은 빌딩이었다. 101빌딩은 2000년대 초반까지 세계 최고빌딩이었고 최고 빠른 엘리베이터 기네스 기록을 가지고 있었다. 88층에는 직경 5.5m 무게 660톤의 윈드댐퍼가 있었다. 88층에 건물의 중심축으로 되어져 있고 지진방제시설로 되어있다. 자존심이 상한 대만인들이 은행 13개가 각자 컨소시엄을 구성해서 출자를 해서 금융센터로 지은 것이 101빌딩이다. 우리의 롯데타워(555m)는 123층으로 되어져 있다. 대만인들은 빚을 무척 싫어한다. 그리고 카드를 사용하지도 않는다. 오로지 저축하고 재산이 모아졌을 때 집을 산다. 그리고 집도 다 지은 후 분양을 하지만 내부시설을 각자 취향에 따라 구성하고 설계한다는 식이다.

세계의 빌딩은 두바이의 부르즈 힐리파(829m), 중국 상하이 타워(632m), 사우디아라비아의 아브라즈 알바이트(601m), 홍콩 ICC타워(484m), 말레이시아 페트로나스 트윈타워 (452m) 등 나라를 대표하는 랜드마크가 있다. 우리나라는 제주도에 고층빌딩을 세운다는 얘기도 있다.

4. 여왕머리

야류지질공원의 대표적인 형상이다. 공원1구역에 하나가 있다. 입구에도 별도로 모조품이 하나있다. 풍화작용으로 계속 여왕의 목부위가 가늘어지고 있는 상황이다. 그대로 둘 것인가 위치를 옮길 것인가 여러 가지로 대책을 모색했으나 그대로 두는 것으로 결론을 냈다. 이집트의 네프리피티라는 왕비의 모습이라고 한다. 아케나돈의 왕비로 이집트 최고의 미인이란다. 3명의 미인이 있는데 클라오파트라, 아낙수나문, 네프리피티가 그들이다. 세상에서는 클라오파트라가 최고라고 하고 이집트인은 네프리피티가 최고라 한다. 그녀의 목상이 발견되었는데 오른쪽 눈동자가 없는 것으로 발굴되기도 했다.

5. 천등날리기

천등날리기의 소원은 무엇이었을까. 우리의 경우 큰아들의 승진시험 합격, 둘째아들의 변리사시험 합격, 그리고 며느리의 아기 소식을 적었다. 꽃보다 할배도 우리가 찾았던 집에서 소원을 적었다. 나영석 PD의 소원은 "이서진을 평생 노예로"라는 소망을 적어서 날렸다고 한다.

우리 멤버의 일원은 가화만사성이라고 간단명료하게 쓰기도 했다. 또 한가족이 쓴 것을 보자.

두아들 주원이 주훈이가

사리를 분별할 줄 아는 힘과

자신을 잃지 않는 용기와

자신이 한 일에 책임을 질줄 알고

굳건한 인생을 이루어가게 하소서

인생을 엄숙하게 살아 가면서

삶을 즐길 줄 아는 마음과 겸손한 마음과

열린 마음을 갖게 하소서

우리가족 건강하고 행복하기를 기원합니다.

6. 발마사지

전신마사지는 미국달러로 60달러였다. 우리는 발마사지에 어깨를 추가했다. 앉은 상태로 받았다. 나무통에 보랏빛 가루를 뿌리고 양 발을 담근채 어깨를 먼저 받았고 다음은 발이었다. 로션같은 오일을 발랐고 악력이 대단해 아픈부위는 무척이나 아픈 상태였다. 허리쪽이 부실하다는 진단을 내려주기도 했다. 기념촬영을 하고 그곳을 빠져나왔다. 가이드도 가끔씩 마사지를 받는다는 얘기를 해 주었다.

7. 용천사

타이페이 중심가에 있는 오래된 사찰겸 도교사원이 복합화된 곳이었다. 불교가 35% 도교가 33%를 차지했다. 먼저 향을 하나씩 들고 들어가 불을 붙이고 소원을 빌고 향로에 향불을 꽂았다. 그리고 뒤쪽에 있는 제신들에게 갔다. 평안장수를 빈다고 한다. 관성제군이 있었다. 삼국지의 관우를 신격화했다. 안전 건강을 책임지는 신이란다.

다음은 화타선사였다. 말 그대로 병환을 낫게 해달라는 대상의 신이었다. 다음은 문창대군이었다. 공부의 신이었다.

다음은 주색난명은 생명을 기원하는 신이었다. 천상성모는 여신이었다. 사업번창을 기원하는 곳이었다. 원호신군은 결혼을 성사시키는 신이었다. 나무모양의 반달모형이 있다. 그것을 두 개 던져서 서로 다른 모양이 나오면 신이 자신들의 소원을 들어준다는 의미를 담고 있다는 것이다. 우리의 윷개념과 유사하다. 그것이 모형태로 나오면 소원이 불가능하다는 얘기다. 우리의 윷에 해당하면 한번 더 던지라는 의미다. 세 번을 해서 안되면 방법이 없다는 얘기였다.

한가지 특이한 것은 2차세계대전시 포격에도 불구하고 용천사는 영험한 기운때문인지 무사했다는 얘기였다.

꽃보다 할배에서 백일섭은 한번에 성공했다. 가족들 편안하게 해주세요라는 소원을 빌었다.

8. 야시장

대만은 곳곳에 야시장이 즐비하다. 우리가 간 곳은 용천사옆에 있는 화시지야시장이다. 예전에는 홍등가가 인근에 있기도 했다. 한쪽으로는 뱀, 자라 등 보양식이 인기인 곳이 있기도 하다. 우리는 그곳에서 돼지꼬리, 과일, 그리고 쏘시지 구이 등을 샀다. 돼지꼬리 등은 야식으로 회식때 먹기로 했다. 즉석에서 튀겨주는 오뎅이 있었는데 순수 오뎅이 아니고 안에 계란이 들어 있었다. 통로로 오토바이가 돌아다니는 등 혼잡이 극에 달했다. 대나무 같은 모양이 있었는데 나중에 알고보니 사탕수수였다. 해산물도 여러 가지 있었다. 눈에 띈 것은 참치회였다. 여기서도 낚시를 하는데 회로 먹는 것은 참치 정도라고 했다. 멍게나 해삼 등은 보이지 않았다. 좌판을 놓고 앉아서 먹을 수 있는 곳도 있었다. 부부가 하는 듯한 쏘시지를 굽는 곳에는 숯불에 부인이 계속 풀무질을 해서 화력을 높였다.

9. 마지막 회식

첫째날에는 휴식을 취했고 매일밤 그래봐야 이틀이지만 호텔 옆에 있는 호프집 같은 같은 곳으로 집결했다. 핸드폰의 충전기 충전을 부탁해보았는데 허탕이었다.

둘째날에는 맥주를 시켜서 먹었다. 생맥주가 병에 들어있었다. 18일간의 유통기간이라는 설명이 있었다. 안주로 시킨 것은 부추같은 야채, 재첩, 오징어볶음이었다. 오징어 볶음 안에는 생강조각 같은 것이 들어 있었다. 브루투스를 갖고가서 음악을 틀었다. 김연자의 아모르파티, 안동역에서 등이었다. 사모님들이 흥에 겨웠는지 어깨춤을 추었다. 그러자 위원장이 동영상을 촬영했다. 술기운 탓이었는지 모두들 흥겨운 기분이 되었다.

3일차 저녁은 마지막 회식자리였다. 양해를 구하고 화지애 야시장에서 사온 것을 추가해서 먹을 수 있었다. 마지막부분의 돼지꼬리는 위원장이 먹었다. 족발도 먹었다. 오징어, 부추비슷한 야채, 그리고 닭날개, 등의 안주를 시켰다. 여자분들은 대부분 맥주를 마셨다. 나머지는 금문고량주를 얼음물에 칵테일 해서 마셨다. 김치가 있었다. 오늘 저녁에 샤브샤브집에 갔는데 그 식당 건너편에 패밀리마트가 있었다.

대만에서 우리보다 흔하게 볼 수 있거나 많은 것이 둘 있다고 했다. 하나는 은행이고 또하나는 편의점이라 했다. 그곳에서 김치를 샀다. 조그만 프라스틱 병에 담겨져 있었다. 모자라서 결국 두병을 더 사가지고 왔는데 남은 것이 이곳까지 이월된 것이다. 다음의 추진위원장을 선임하고 여행에서 얘기된 내용을 회상하며 좋았던 점 등 얘기꽃을 피웠다.

10. 대만

가. 개요

대만은 수도가 타이베이다. 인구 2천3백만(2009년) 명이다. 종교는 불교, 도교, 유교 등 여러종교가 혼재해 있다. 현금을 좋아하고 카드 등은 빚이라 생각해서 결코 사용하지 않는다. 집도 빚을 내서 산다는 것은 상상되지 않는다. 북위 23도에 위치해 있고 위쪽은 아열대성 기후이고 아래쪽은 열대기후이다. 고속철도, 지하철, 등이 발달되어 있다. 49년 장개석이 본토에서 이주해서 집권했다. 일본의 지배를 50년간 받았지만 일본에 대한 반감은 덜하다. 그들이 철도, 다리 등을 건설해 주었기 때문이고 그들 외에도 스페인 네덜란드 등의 지배를 받은 경험에서 그렇게 많은 반감을 갖고 있지는 않다. 우리 같으면 조선총독부 건물 등은 다 철거했는데 대만에서는 그 건물을 그대로 현재도 사용하고 있다.

우리나라와는 92년 단교가 되었다. 무척이나 한국에 대해서 불쾌한 감정을 갖고 있다. 한국이 월드컵 4강에 오르고 하자 배가 아파 죽을 것 같이 원통해 했다. 한국이 2004년이후 1인당 GNP가 대만을 압도하자 그들은 명목소득이 아닌 실질구매소득으로 하면 아직 자기들이 우위라고 억지를 쓰기도 했다.

원산대반점(그랜드호텔)이라는 호텔은 장개석의 부인 송미령이 운영하던 호텔이라고 한다. 유명인으로 박정희 대통령이 묵었던 곳이라 한다. 배용준도 2003년에 들렀다. 꽃보다 할배에서도 마지막 밤을 지낸 곳이다.

나. 정치

대만은 5권분립이라 했다. 고시와 감찰이 따로 분리되어 있다. 공무원의 채용과 감사원이 따로 독립된 셈이다. 국회의원 수는 113명 정도 수준이고 국민당이 70여석 야당이 40여석이었다. 지금은 장총통 시대를 지나고 야당이 집권한 상태라 한다. 우리가 여행하던 중에 개각이 있었던 모양이다. 남쪽 지방은 우리의 영호남 사람들과 기질이 좀 비슷하다. 타이베이 시장이 한때 합법화된 성매매를 근절시켜 이후에는 그런부분이 해소된 셈이었다.

다. 군사

대만의 군사력에 관해 가이드에게 물었다. 아는바 없단다. 30만 정도의 군인이 있다. 육군이 20만명 공군5만 해군5만 수준이다. 해군력이 강하다는 설명이다. 거리에서 군인을 본 적은 없었다.

얼마전까지 징병제 였으나 최근에 모병제로 바뀌었다는 얘기다. 6.25 전쟁때 대만에서는 파병의사를 비췄으나 우리가 싫다고 해서 실질적인 파병은 이뤄지지 못했다. 20개월씩 근무를 의무복무를 했다가 16개월까지 줄었다.

라. 문화

방송국, 영화, 신문 등은 활발하게 보도하고 영화도 만들고 하는 모양이다. 한때는 한류에 열풍이 몰아치기도 했으나 요즘은 좀 시들해졌다. 예전 '등려군' 이라는 가수가 있었는데 '첨밀밀' 이란 노래를 불렀다. 이것이 중국 본토에 상륙하자 중국에서는 금지곡으로 지정했다. 그때 주석이 등소평이었는데 그런 얘기가 나왔다. 낮에는 등소평이 밤에는 등려군이 지배하는 얘기가 나오기도 했다.

대만에서 한 태권도 여자선수가 올림픽에서 금메달을 땄는데 이선수가 국적을 중국으로 변경하기도 해서 공분을 사기도 했다. 대만으로 입국하는 중국 관광객 수도 일정 수의 제한이 있었는데 지금은 연간 2백만명 정도로 대폭 확대가 었다. 대만 돈에는 사람이 인쇄된 것이 아니라. 국기인 야구하는 모습 등 다른 분위기의 지폐모습이었다.

바. 기타

대만사람들의 50%는 식사를 집에서 요리해서 하는 법이 없다는 얘기가 나왔다. 아침은 샌드위치 등으로 해결하고 점심은 돈까스 등을 식당에서 사서 먹는다. 그리고 저녁은 면이나 만두 등으로 해결하는 식이다. 굳이 집에서 밥을 해서 먹지 않는 이유는 날씨가 습해서 불을 사용하는 것이 위험하여 삼가는 식이다.

경조사 부조문화도 다르다. 사용하는 봉투도 조사와 경사가 다르다. 그리고 부조금 축의금도 각각 짝수, 홀수로 다르다. 산 속의 묘소도 매장을 하고 거의 집처럼 꾸며놓고 관을 세워두는 형식이다. 할아버지 묘소가 있으면 다음에 아버지가 돌아가시면 할아버지 시신을 꺼내고 화장해서 버리고 아버지 시신을 그 자리에 모시는 식이다. 무덤에서 사진찍는 것은 금기시 된단다. 귀신이 붙어서 오기 때문에 불행이 온다는 식이다. 또한 우산도 집에서 결코 펴서 말리지 않는다. 그 우산안쪽으로 귀신이 온다는 식이다.

대만에 새롭게 함께 온 권사장은 이미 할아버지가 되어 있었다. 손자가 둘이나 되고 매일 손자들과 영상통화를 하지 않으면 안된다는 얘기였다. 딸네들이 해외여행을 보내 줄 정도이니 부러움을 샀다. 아쉬움이 남는 부분은 호텔이나 이런 곳에 비데가 설치되어 있지 않은 부분이 있었고 구두 주걱이 없었다. 아무튼 짧은 기간에 멋진 여행이었고 다시한번 남부쪽을 가보고 싶어진다. 그리고 지진으로 인해 못가본 화련쪽도 가보았으면 하는 부분이다.

사. 사족

쇼핑

첫 번째 간 곳은 펑리수를 파는 가게였다. 파인애플을 활용한 과자류였는데 무척이나 독특한 향과 맛을 지니고 있었다. 선물용으로 적당할 것으로 보였다. 모두들 열심히 쇼핑을 했다. 사모님들이 적극적이었는데 반해 남편들은 다 데면데면해 했다.

두 번째로 간 곳은 면세점이었다. 여러분야별로 품목별로 분류되었다. 입구에서 여직원이 할인용 티켓을 나눠주었다. 한국인이 설명을 했고 맨 먼저 가본 곳은 역시 요즘의 대세로 뜨고있는 품목 게르마늄 팔찌와 목걸이였다. 술도 있었고 옥제품 목각조각품 기타 차종류 등 각양각색의 제품들이 즐비했다. 대부분의 멤버들이 금문고량주 또는 양주류를 샀다. 우리는 양주와 금문고량주 그리고 우롱차를 샀다. 여기에서 결제를 하고 공항면세점에서 물건을 수령하는 방식이었다.

세 번째로 간 곳은 잡화점이었다.

최종적으로 가이드가 설명하는 것은 수고한 기사를 위한 안내였다. 3가지 상품을 안내했다. 하나는 등긁이였다. 쇠로 된 것이고 끝에는 귀이개와 드라이버가 부착되어져 있었다. 다음은 연고였다. 통상의 호랑이 연고보다 큰 크기였는데 성분이 효능은 비슷한 느낌이었다. 마지막 것은 나무젓가락과 주걱이었다. 모두 한국돈으로 12천원 수준이었다. 위원장이 사는 것으로 해서 6개를 사서 나누었다. 대부분 나무젓가락 그리고 일부는 등걸개였다.

대만인의 한국인에 대한 시각

무척이나 싫어한다는 얘기였다. 자신들이 우리의 종주국이었는데 의리를 배신하고 대륙 중국에 붙었다는 것에 자존심을 상해한다는 얘기다. 우리가 88올림픽을 할 때 무척이나 부러워 하면서도 시기하고 질투했다. 2002월드컵에서 이 조그만 나라가 사강에 가자 승부조작이나 기타 부정한 방법에 의한 것이라는 등의 루머를 퍼트리기도 했다.

처음 한류열풍이 불었다. 대만 방송에서 제대로 드라마나 기타 방송 분량을 소화시키지 못하자 처음에 접촉한 곳이 일본이었는데 무척이나 비쌌던 모양이다. 그래서 다음으로 손길을 뻗친 곳이 한국이었다. 처음 진출한 것이 마지막승부였다. 열풍이 불기도 했는데 어느날 갑자기 시들해져버렸다. 한국이 경제적으로 대만을 뛰어넘은 것은 2004년이다. 그렇게 되자 대만이 내세운 것은 실질적인 구매력으로 비교해 보자는 것으로 훨씬 자기네가 우위에 있다는 식으로 항변을 했었다. 안타까운 노릇이다. 한참 예전에 4마리의 용으로 한국, 대만, 싱가포르, 홍콩 이렇게 4개 나라가 이름을 날렸다. 지금은 겨우 싱가포르와 한국 정도만이 제대로 성장을 하고 선진국의 진입을 코앞에 두고 있는 상황이다. 이제는 5강국으로는 브라질, 러시아, 인도, 중국, 남아공화국. 브릭스(BRICS)라 칭해지지만 이제는 이들 국가들의 욱일승천하던 기세가 시들해지고 있다.

보충자료

용의 승천 설화

찢어지게 가난한 사람이 처자식을 거느리고 살고 있었다. 도저히 가난을 벗어날 길이 없어 처자식을 두고 돈을 벌기위해 집을 나섰다. 깊은 산길을 가다 불빛이 새어나오자 그곳을 찾아들어갔다. 대궐같은 집이었다. 처자 혼자 살고 있었다. 아릿다운 처녀가 나와 반갑게 맞아주었다. 목욕물을 받아주었고 맛있는 음식도 대접했다. 깨끗한 옷도 대령했다. 극진한 대접을 받은 그는 하룻밤을 지내며 만리장성을 쌓았다. 바둑도 두고 재미나게 처자와 살림을 차렸다. 그렇게 3년을 살았다. 그러다보니 처자식도 걱정이 되고 부모님의 제사를 모시는 선영봉사도 생각하지 않을 수 없게 되었다. 그러나 차마 말을 꺼내지 못하고 있는 차에 처자가 먼저 두루마기를 준비해 주며 다녀오라고 했다. 집으로 가려는 전날밤 자다가 처녀의 몸에서 이무기의 꼬리를 발견하였다. 처녀는 자신의 정체가 발각된 사실을 알고 걱정하지 말고 눈을 감고 자신의 얘기를 들으라 했다. 당부사항이었다. 첫째, 밖에서 노인을 만나면 일체 답을 하지말라 했다. 둘째, 두루마기를 입고 제사를 지낼 때 간장을 두루마기 옷고름에 세 번 적셔오라고 했다. 셋째, 집을 나올 때 대문을 닫고 어떤 일이 있어도 뿌리치고 나오라고 했다. 넷째, 두루마기의 옷고름을 자신에게 가져와야 한다고 했다. 남자는 돌아오는 길에 지네가 변신한 노인을 만났다. 노인은 간장을 적신 옷고름을 달라고 했다. 남자는 옷고름이 없다고 답하고 옷고름을 처녀에게 가져다 주었다. 처녀는 남자덕분에 천상으로 용으로 변신해서 승천했다. 그리고 남자는 집으로 돌아와 처자식과 행복하게 살았다. 옥황상제의 딸로 천상에서 죄를 지은 처녀는 옥황상제의 노여움을 사 이무기로 변신한 것이다. 이로 인해 그녀는 사람의 신뢰와 사랑을 얻어 용으로 승천해서 천상으로 돌아갈 수 있었다. 땅에서 천년, 산에서 천년, 물에서 천년 도합 3천년을 살아야 이무기가 용으로 변신해서 승천할 수 있는 조건이 갖춰진다는 얘기다.

사령수四靈獸과 비휴

성인이 나타난다거나 어떤 길조가 있을 때 나타나는 것이 사령수다. 불교에서는 사천왕의 한 종류다, 기린, 용, 봉황, 거북을 일컫는다.

비휴는 용의 아홉 자식 중의 하나다. 염황과 헌원의 전쟁에서 수훈을 세운 공로로 인해 천록수의 직위를 하사받는다. 비휴는 천록이라고도 하고 피사 또는 백해라고도 한다. 용의 머리, 말의 몸, 기린의 다리, 회백색 털을 지녔고 봉황의 날개, 봉황의 꼬리를 가졌다.

에필로그

에필로그

지난 일년여간의 교육원장 생활을 하는 동안 틈틈이 써온 글을 이제 한권의 책인 "해취解醉, sober"로 내어놓게 되었다. 항상 성장하는 삶을 살아야 한다고 했던 톨스토이의 얘기가 귓가에 남아있다.

끊임없이 발전해가고 더할나위없이 좋은 방향으로의 모색을 위해 천착해가다보면 보다 진일보한 삶을 꾸려갈 수 있으리라. 지독한 한파가 연말에 몰아치고 있다. 연이어 화재참사 등도 이어지고 있다.

얼마전 강좌를 들은 바에 의하면 우리는 이제 새로운 과제를 맞고 있다고 한다. 70년대부터 시작된 산업화를 성공적으로 이뤄내었다. 그리고 민주주의의 새로운 시도로 일컬어 지는 민주화도 성취했다. 산업화 과정에서 피땀흘린 이들이 모토로 했던 하면 된다는 신념을 가지고 가족을 위해서 나라를 위해서 헌신했고 봉사했던 덕택에 우리는 이제 국민소득 3만불 시대를 코앞에 두고 있다.

중동에 나가서 열사의 나라에서 외화를 벌여들였고 서독에 가서 외화를 벌었다. 탄가루를 마시며 고국의 번영을 위해 가족의 행복을 위해 모든 대한민국 국민이 혼연일체가 되어 잘사는 나라를 위해 매진했던 결과로 성취해냈다. 한강의 기적을 이뤄낸 것이다.

얼마전 개봉해서 그렇게 대히트를 쳤던 국제시장이란 영화에서 우린 우리의 지난날을 반추해 볼 수 있었다. 6.25 한국전쟁으로 폐허가 된 나라를 세계에서 우뚝선 나라로 성장시켜놓았다.

예전 선지자들이 그렇게들 얘기를 했었다. 한국이 일본을 결코 따라잡을 수 없을 것이다. 일본의 올림픽개최는 동경올림픽으로 64년 개최가 되었다. 한국은 그 이후 24년이 지나서야 올림픽을 개최할 수 있었다. 이로 인해 우리는 새롭게 성장하고 세계에 대한민국의 위상을 드높이게 되었다. 세계경제를 좌지우지 하는 나라로 일본이 성장하는 것을 지켜봐왔다. 그러던 중에 1998년에는 외환위기까지 겪었지만 이를 잘 극복해 내었다. 그리고 2002년도에는 월드컵을 개최했다. 세계 4강이라는 금자탑을 쌓았다. 주최국의 프레미엄이 있었지만 5천만의 나라에서 세계에서 4위의 축구강국으로 올라설 수 있었다. 그리고 2018년에는 평창 동계올림픽까지 개최하는 나라가 되었다. 세계의 축제를 다 치러내는 멋진 나라로 발돋움했다.

다음은 민주화다. 우리는 4.19라는 의거를 통해서 독재정권의 종식을 시켰던 나라였다. 5.18 그리고 1987년 민주화 등 그리고 2016년의 촛불을 통해서 대한민국의 저력을 온 세계에 보여주었다.

예전 우리가 아주 열악한 지위에 있었을 때 어느기자가 그런 얘기를 했었다고 했다. 정말 치욕적인 평가였다. 그것은 "우리나라에 민주주의가 꽃피우기를 기대하는 것은 쓰레기통 속에서 장미가 꽃피기를 기다리는 것과 같다."라는 말이었다. 그렇지만 우리는 폐허가 된 나라를 반석위에 올렸고 정치적으로 민주화라는 엄청난 업적을 이뤄냈다. 언론이 살아있고 제대로 인권이 보장받는 그런 나라로 변화발전시켜 나가고 있는 것이다.

우리는 얼마전 일련의 국정농단 사태에서 결코 지도자가 법과 원칙을 무시해서는 안된다는 것을 준엄하게 심판해냈다. 2017년 경제성장률 3.1%라는 성장을 이뤄냈다. 유혈혁명이 아니라 시민혁명으로 제대로된 지도자를 뽑고 민주주의가 뿌리내리고 열매맺을 수 있도록 나라를 만들어가고 있는 것이다. 아직까지 난제들이 산적해 있기는 하지만 말이다. 남북관계의 악화로 인해 지난해에는 일촉즉발의 위기까지 가기도 했을 정도로 위태로운 국면이었지만 지금은 그래도 화해무드로 관계개선이 이뤄지고 있다. 향후 남북정상회담이 판문점에서 열릴 것이다. 그리고 5월에는 북미정상회담도 계획되어져 있다. 비핵화의 진전이 있으리라 기대된다.

이제 우리에게 남은 것은 선진화라고 한다. 서구 민주주의가 활짝 개화한 나라에서와 같이 우리도 모든 나라들이 부러워하는 선진화된 나라를 만드는 것이 과제일 것이라는 것이다. 잘살고 풍요로워진 삶이 문제가 아니라 이제는 행복한 국민이 행복한 나라를 만들어가야 하는 것이 필요해질 것이라는 것이다. 양극화된 국민들의 잘못된 부분들이 해소되고 모두가 더불어 잘 살고 어느만큼은 그런대로의 기초적인 삶이 보장되고 기본적인 생존의 문제가 무리없이 해결될 수 있는 정도의 토대를 마련하는 것이 필요하리라.

사람의 생명이 존중받고 인권이 제대로 보호받고 지켜지는 것이 선진사회일 것이다. 위기가 닥쳤을 때 지도층이 솔선수범하고 맨먼저 앞장서고 발벗고 나서는 나라가 되어야 하리라. 전후 이렇게 산업화와 민주화를 동시에 성공적으로 이뤄낸 나라는 유례를 찾아볼 수 없을 지경이라고 한다.

1부에서는 일상적인 일상사의 소소한 내용들이 얘기되고 있다.

다음의 2부에서는 영화라든가 문학작품 등에 대한 내용을 감상해 볼 수 있도록 엮어 보았다. 마지막 3부에서는 단편도 있지만 장편의 여행기 또는 컨퍼런스 참관기 등이 수록되어 있다.

얼마전 열대지방으로 여행을 다녀왔는데 사계절이 뚜렸한 우리가 얼마나 좋은 조건과 여건 그리고 환경 속에서 삶을 살아가고 있는지 새삼스럽게 느껴볼 수 있는 기회였다. 추운 지방으로 여행을 가보면 그들의 열악한 기후 환경이 얼마나 삶에 악영향을 끼치는지 절실하게 느껴볼 수 있었다.

열대지방 사람들은 겨울이라는 것을 실감하지 못하고 눈이라는 것에 환상을 갖고 있다는 부분이 색다르게 느껴졌다. 역시 인간에게는 겨울이라는 환경이 절실하게 필요하다는 것을 새삼느껴보는 요즘이다.

모쪼록 첨단의 4차산업혁명시대를 맞아 더욱 충실하고 성장하는 삶을 살아가는데 이 책이 조그만 밑거름이 되고 이정표가 되길 기대해 본다.

이책이 나오기까지 물심양면으로 지원을 아끼지 않은 이미애 작가, 그리고 기꺼이 삽화를 맡아준 주나영 작가에게 감사를 표한다.

2018. 4. 신대방동 우거에서

삽화

- 주라영 -

작가 주라영은 인도에서 고대벽화를 전공하였고 한국에서 미술학 박사학위를 받았다. 2003년 귀국전을 시작으로 인도, 서울, 광주, 뉴욕 등 12회의 개인전과 약 100여회의 기획전, 그룹전에 참여하며 한 방향으로 맹목적으로 달려가는 사람들을 독특하게 대규모로 설치하는 조각가로 알려져 있다. 뉴욕 맨하튼 첼시 초대 기획전, 싱가포르 아트페어, 뉴욕 첼시 초대 개인전, 말레이시아 조지타운페스티발, 뉴저지 모라 뮤지움 기획전 등 국내외 초대전들을 통해 대량 군상 설치전으로 작품을 발표하고 있으며, 작품이 현행 중등교과서와 고등교과서에 등재되어 있다.

p14 무술년 새해맞이

p18 무술년 새해맞이 2

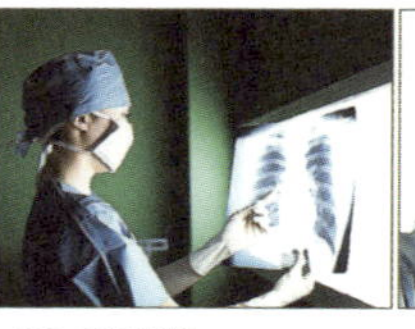
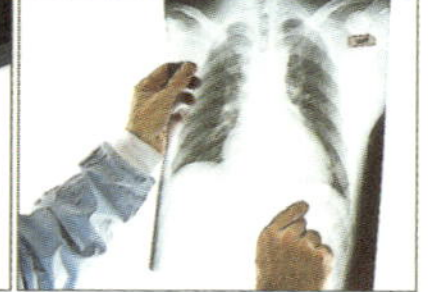

p22 갈비뼈

p28 건강검진

p32 정유년 중추절

p37 청첩장을 접으며

p43 축사

p47 장뚱어 잡는 아내

p51 은둔자의 삶

p55 역경 극복

p59 알렉스 퍼거슨

p64 상견례

p69 산수연

p73 팔순 잔치

p77 경주 가족행사

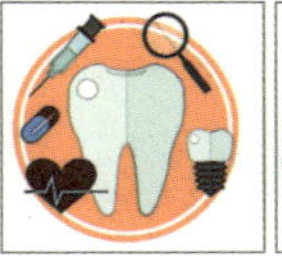
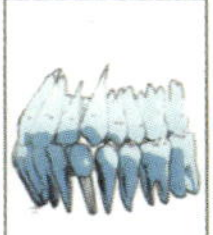
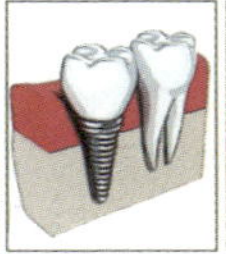
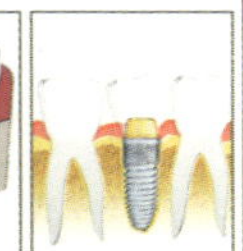
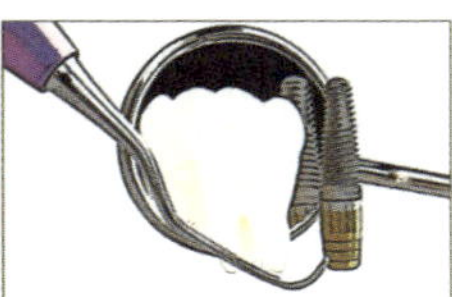

p82 임플란트

p88 남한산성

p93 레일웨이맨

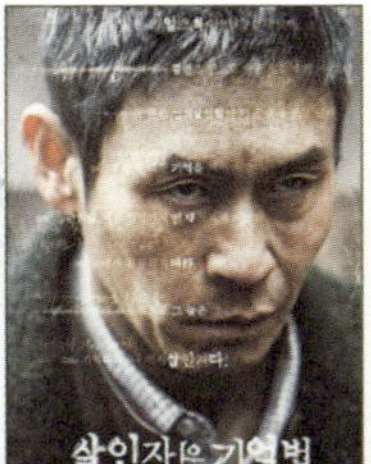

p97 살인자의 기억법

p102 스틸 앨리스

p106 언브로큰

p110 엑스 마키나

p115 일 포스티노

p119 택시운전사

p125 티베트에서의 7년

p130 핑거스미스와 아가씨

p135 침묵 그리고 침묵의 목격자

p140 돈키호테 1

p144 돈키호테 2

p150 누님의 고희연

p154 늦가을 하루

p158 도리사와 금오산에서

p164 커피

p169 민물매운탕

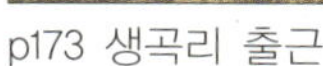

p173 생곡리 출근

p177 아내의 생일

p181 직장생활 7

p189 직장생활 8

p199 화순에서

p203 2016 리더십 컨퍼런스

219 돌아갈 배를 침몰시켜라

p237 몽골 러시아 여행기

271 앙코르와트

p287 앙코르와트 에피소드

305 대만여행기

p315 대만여행기 에피소드

주라영

블로그 | http://blog.naver.com/rayoung40

〈학력〉
전남대학교 미술학 박사
India, Visva-Bharati Kala-Bhavana 석사

● 개인전 12회 (인도, 서울, 광주, 뉴욕)

〈주요기획전〉
2017. ● 보령시 국제미술문화교류전, 보령박물관 기획전시실, 보령
● 제1회 제주비엔날레, "43518-AMMA도", 제주현대미술관, 제주
● "Autumn Aura"-기획초대전, K&P Gallery(New York)/ Mora Museum(New Jersey)
● 조지타운페스티발 "시간의 공간"전, 조지타운 특별실, 말레이시아
● 조형아트서울2017, 삼성코엑스, 서울
● Singapore Contemporary Art Show 2017, Singapore

2016. ● "Autumn Sonata", K&P Gallery 기획초대전, New York
● 조형아트서울2016 특별전, 삼성코엑스, 서울

2013, 2014, 2016. ● 서울국제조각페스타 부스개인전, 예술의 전당, 서울

2013. ● "교과서 속 현대미술을 만나다", 제주도립미술관 기획초대전, 제주

2012. ● "STEEL LIFE"-기획초대전, 포항시립미술관, 포항

2009. ● 현대미술 영상과 설치전 "소통과 멈춤" 대구문화예술회관, 대구

2008. ● 광주비엔날레특별전 "모놀로그", 광주시립미술관 금남로 분관, 광주

2007. ● "KIAF", COEX, 서울
● "미술과 놀이", 한가람미술관 기획초대전, 예술의 전당, 서울
● 포천아시아비엔날레 특별전, 포천

외 100여회 국내외 기획전 및 단체전